Les pierres d'épanouissement

Pratique de la Lithosophie

Julia Boschiero

Les pierres d'épanouissement

Pratique de la Lithosophie

2018
Améthyste Éditions

L'auteure, Julia Boschiero

Formatrice et praticienne en lithothérapie depuis 2007, elle travaille depuis lors à approfondir ses techniques de soin et à élaborer ses propres méthodes, cherchant ainsi à améliorer notre connaissance des pierres et de leurs vertus. Sa pratique s'inscrit dans une démarche de sérieux et de réalisme faisant souvent défaut dans le monde des énergies et n'a d'autre but que d'être applicable par tous afin qu'un maximum de personnes puissent bénéficier des propriétés des pierres de façon saine et adaptée à leurs besoins, avec pour objectif un idéal :

Permettre à toute personne cherchant une lithothérapie saine, sensible et pourtant rationnelle de cheminer en toute quiétude.

www.julia-boschiero.com

Facebook : @JuliaBoschiero

Twitter : @JuliaBoschiero

Instagram : @JuliaBoschiero

YouTube : @JuliaBoschiero

Améthyste Éditions
72, rue Riquet - Bât. C
31000 Toulouse
FRANCE

www.amethyste-editions.com

Retrouvez-nous sur les réseaux sociaux

Facebook @AmethysteEditions

Twitter @AllianceMagique

Instagram @alliancemagique

Couverture : Arnaud Thuly et Sandrine Pennard

Mise en Page : Alexis Baldassari

Un Label des Éditions Alliance Magique
ISBN : 979-1097154080

Dépôt légal : 2e trimestre 2018

Achevé d'imprimer en Octobre 2019
sur les presses de l'imprimerie ANMAN
Barberà del Vallès - Espagne

Sommaire

Partie 1
Clefs de compréhension de la lithosophie

Introduction

L'exploration sensible des pierres nous parle de miroir, de reflet extériorisant entre la nature humaine et l'existence parfois similaire, souvent différente du minéral et des matières naturelles. Plus précisément, elle nous entraîne dans un vécu de ce reflet, et non dans l'idée que nous nous en faisons, imposant de ce fait une métamorphose structurelle touchant le cœur de nos habitudes et de nos considérations. Quelles que soient la démarche et la quête nous conduisant aux pierres, ces dernières sont issues d'un besoin de transformation, d'évolution, d'ouverture de nos perspectives. Dans l'attente de cette révolution du sens de nos vies, nous ne sommes toutefois que très rarement prêts à lâcher prise face à la restructuration profonde de notre façon même de vivre, d'expérimenter, et par conséquent de concevoir et conscientiser notre existence.

Le premier pas de notre cheminement avec les pierres est une découverte enfantine, joueuse. L'influence de ce nouvel élément nous est alors diffuse, le temps est à l'expérimentation, à la mise à l'épreuve. Quel est ce « rayonnement » bienfaisant ? Comment agit-il et comment le ressentir là où les yeux ne peuvent le voir ? Ce premier pas, j'ai eu le plaisir de le franchir avec vous dans mon premier ouvrage, *Les Pierres au Quotidien*. Il était alors question de s'accompagner dans notre vie de tous les jours de ce soutien sensible, à même de fluidifier chacune de nos actions, d'améliorer notre confort de vie, de générer des bonheurs de l'instant et de rendre les passages décisifs de notre existence moins effrayants ou moins pénibles, le tout en nous entourant de compagnons de vie d'une beauté sans pareil. Interviennent au cours de cette exploration première le vécu et la prise de conscience qui l'accompagnent. Nous ne le répéterons jamais assez, l'influence de la pierre ne se lit pas dans les livres, elle ne se théorise pas dans les discours. Elle se vit dans nos chairs et dans nos cœurs, dans ces mouvements et messages d'inspiration qui font vibrer nos âmes. Leur essence même réside dans l'univers du sensible, nos perceptions et notre subjectivité étant nos seules portes d'accès à cette part discrète, fugace et pourtant on ne peut plus réelle du monde matériel qui nous entoure.

Intervient ensuite la maturité, celle qui a intégré l'expérience et son constat premier, qui se laisse porter par la prise en considération d'un nouveau champ de découvertes, de nouvelles modalités d'exploration du réel. C'est cette seconde étape qui nous permet de traverser le voile, de dissiper la frontière, et d'amener notre lucidité et notre conscience de nous-mêmes vers une connaissance plus juste, plus entière et plus respectueuse de notre humanité dans sa globalité. N'aurions-nous pas perdu de vue que si l'humain se caractérise par la complexité de son esprit, il ne saurait s'y restreindre ? Ne nous serions-nous pas perdus dans les dédales de l'ego en pensant que notre être entier puisse se soumettre à la maîtrise d'un intellect tout puissant ? N'en serions-nous pas devenus des bourreaux de nous-mêmes en nous imposant des idéaux indissociables d'un mépris de notre propre nature ? Il aura fallu plus d'un siècle à l'être humain occidental pour considérer qu'un inconscient puisse participerde nos actions, intercepter nos décisions. Plusieurs décennies auront été nécessaires pour dépouiller cet inconscient des formatages idéologiques l'ayant premièrement légitimé, et attendre l'apparition des neurosciences et du comportementalisme pour nous autoriser un constat pourtant simple : l'humain dispose d'émotions, ces émotions sont structurelles de sa nature, ces émotions peuvent être elles aussi étudiées, comprises, et éduquées. Quel bonheur que de voir notre considération de l'humain s'enrichir, bien au-delà des frontières figées du « cogito ergo sum » alors même que notre expérience des pierres nous somme d'écouter notre être dans sa globalité, de faire tomber les murs nous maintenant prisonniers d'une définition de nous-mêmes limitée à un simple esprit pensant.

Notre route avec les pierres doit à présent réaliser son indépendance, s'affranchir du cocon rassurant dans lequel elle a pu germer pour enfin réaliser son plein potentiel. *Les Pierres au Quotidien* nous invitait à tendre l'oreille vers l'intérieur de nos êtres et à considérer les messages qui ne manquent jamais d'en émerger lorsque l'écoute est attentive, et à les reconnaître pour ce qu'ils sont : les informations les plus fidèles et pertinentes pour élaborer notre propre utilisation des pierres. Cette démarche d'indépendantisation peut à présent aboutir et révéler toute l'étendue de l'évolution qu'elle nous offre. Il est à présent temps de considérer les pierres comme des révélateurs de nous-mêmes, des amplificateurs de notre regard intérieur. La confiance que nous leur offrons ne sera pas vaine tant leur soutien au cours de nos démarches d'évolution et d'amélioration de notre existence est infaillible et enrichissant. Le minéral nous permet d'éveiller nos instincts à des dynamiques absentes de notre potentiel individuel. Outre leur capacité à ouvrir notre conscience, les pierres deviennent ainsi capables d'ouvrir au changement notre existence la plus profonde bien au-delà de nos espérances, à condition de les comprendre et de les accepter inconditionnellement, à condition de nous comprendre et de nous accepter inconditionnellement.

Nul chercheur ne saurait toutefois sacrifier son esprit critique, aussi sûrement que nul aventurier ne saurait abandonner le récit de ses découvertes. Il serait illusoire de croire que l'exploration de la pierre au travers de notre miroir de vécu empêche la compréhension et la connaissance de son influence. Utiliser la subjectivité comme outil de récolte d'informations ne nous condamne aucunement à la folie ni à la démence. Bien au contraire, celui qui se refuse à cette écoute du vécu s'aliène immanquablement, assurant un obscurantisme de l'être aussi appauvrissant que les époques les plus sombres de nos civilisations. Étudier grâce au radar subjectif nous impose d'appliquer les aptitudes de l'esprit avec souplesse et adaptation. La systématique laisse place à de l'anticipation, la preuve par le calcul laisse place à la confirmation par l'expérience, la reproductibilité laisse place à la mise en perspective, le savoir absolu laisse place à une conscience de l'évolution de toute chose. L'état actuel de notre connaissance de l'influence des pierres permet d'anticiper les réactions sensibles d'un individu à une variété spécifique, un certain nombre de mécaniques propres à l'information issue de chaque pierre permettant une grande stabilité de fonctionnement malgré le caractère étrange et « invisible » de la circulation de cette émanation. J'inviterai chaque sceptique, chaque explorateur avide de compréhension à se diriger sans modération vers l'expérience elle-même afin d'éprouver chaque dire de ces pages. Les plus audacieux des esprits scientifiques trouveront alors une discipline cohérente et pensée, éprouvée et technique, à laquelle le dogme du savoir moderne rend aveugle.

Le présent ouvrage vous invite à ouvrir les portes de la connaissance de votre être. Non la connaissance qui couvre, voile ou masque nos instincts sous une construction lisse et irréaliste produit de notre esprit conscient, mais bien la connaissance qui fait face à nos plus profondes pulsions, les écoute, les accepte, et apprend à comprendre leur nature. Le présent ouvrage vous invite à conquérir votre plein potentiel. Non pas en vous sacrifiant à un idéal ni en poursuivant indéfiniment un mirage promettant au loin la reconnaissance des autres, mais en découvrant les merveilles de vos propres cavernes, celles que vous transportez depuis toujours sans vous en douter et dont nous nous coupons en ignorant nos ressources d'inspiration, celles qui ouvrent la voie à la satisfaction de notre propre épanouissement. Enfin, et avant toute chose, le présent ouvrage vous invite à parcourir le chemin de la réalisation et du bonheur. Non pas le bonheur qui viendra demain, mais celui qui naît en nous à chaque avancée,

qu'aucune école ne nous a appris à identifier, qu'aucun langage ne nous a appris à comprendre et qui pourtant n'est jamais hors de notre portée. Il est issu de plus de dix années de pratique professionnelle de son auteure, autodidacte mue par un besoin insatiable de comprendre pourquoi les prétendues superstitions ésotériques apportent de tels résultats concrets, et ne vous invite à rien de plus qu'à ouvrir les yeux sur une réalité pleinement présente dans nos vies, bien que trop souvent décrite comme un simple fantasme par ceux n'ayant jamais pris la peine de l'observer. Si des années de pratique et d'expérimentation empirique acharnées ont été nécessaires pour construire les graines de compréhension de l'invisible que ces pages renferment, la transmission de cette richesse reste une simple formalité face à l'esprit curieux, prêt à remettre en question sa vision du monde par de nouvelles expériences, tout comme une montagne infranchissable face à l'esprit craintif, prêt à refuser de voir une nouvelle réalité pour ne pas risquer ses certitudes. Il n'est rien dans ces lignes que vous ne pourrez constater par vos propres moyens, rien qui nous demande de la foi. Votre propre expérience y sera maître de votre constat, pour vous ouvrir à l'aspect le plus ignoré et dénigré du monde réel.

À l'image des pierres dont l'existence simple ne permet ni jugement ni négation de la nature propre, puisse l'infini de ressources et d'évolutions que vous croiserez dans vos pérégrinations intérieures être la plus précieuse des lumières, le plus fidèle des guides.

Existence intérieure et analogies

Ressentir… Le terme est simple, de même que son expérience. Plusieurs siècles de culture conditionnée par la seule primeur laissée à l'esprit conscient en ont toutefois fait un sujet de moquerie, puis une chimère. Tant et si bien que tout individu souhaitant arpenter la route, pourtant si omniprésente au cours d'une existence humaine, de la connaissance de soi doit aujourd'hui faire face à un univers fantasmatique où l'incohérence côtoie la plus pure négation. Comment expliquer que l'humanité, dans son besoin de rationnaliser et de comprendre, ait technicisé sa perception du monde au point d'en faire taire l'évidence la plus inaliénable : le propre vécu de l'être lui-même ?

Bien heureusement, cette réduction de la conception intellectuelle de ce qu'est un être humain ne saurait en transformer la nature. Aussi les ressentis, si obscurs et inaccessibles puissent-ils paraître à quiconque se familiarise avec l'introspection, continuent de nous accompagner en chaque instant de notre existence. Et pourtant leur approche reste complexe, comme s'il nous était demandé de définir une couleur inconnue jusqu'alors et pour laquelle il n'existe aucun terme descriptif. Comment procèderions-nous d'ailleurs si nous rencontrions une telle situation ? Il est fort probable que nous tenterions tout de même de témoigner ce que nos yeux perçoivent, à tâtons, en nous rapprochant au mieux et en assemblant les images les plus proches pouvant être traduites en mots… Il en va de même pour les premières descriptions de ressentis. J'ai eu la chance d'assister à de nombreux débuts en ce domaine au cours des stages pour particuliers. Il est étonnant de voir à quel point les difficultés rencontrées par chaque individu au cours de ce processus sont similaires, bien que la teneur des expériences elles-mêmes varie en fonction du vécu propre à chacun. *Je ne sais pas si je vais ressentir les pierres… Peut-être n'ai-je pas le don… De toute façon je ne les ai jamais ressenties…* Autant de craintes et de doutes qui n'ont pour source que l'ignorance de ce que sont l'introspection et le vécu sensible. Si toute une éducation est à faire, sa portée est toutefois immanquablement accessible, dirigée vers ce qui nous est à la fois le plus proche et le plus étrange à observer : nous-même.

Le sens oublié

Lorsque nous parlons de nos perceptions il nous est aisé d'aborder nos sens physiques. On nous enseigne depuis notre plus jeune âge que le monde extérieur nous est accessible grâce à cinq sens : vue, ouïe, goût, odorat, toucher. L'ensemble des informations ainsi récoltées seraient ensuite traitées par notre intellect afin de nourrir la pensée, caractéristique de l'existence humaine à même d'élaborer la meilleure résolution aux situations rencontrées. Si les émotions et les instincts ont bien entendu fait partie de l'équation à toute époque, ces deux aspects étaient jusqu'alors traités tels de pénibles éléments perturbateurs, troublant le parfait processus de l'esprit. C'était sans compter avec les recherches sur le cerveau et le cognitivisme, qui découvrent dans les dédales de ce « computer » organique une série de zones et de liaisons spécifiquement dédiées à la génération d'émotions et à leur traitement. Les « troubles de l'âme » n'étaient dès lors plus de simples lubies empêchant le bon fonctionnement de notre rationalité toute puissante, mais bien des informations, générées et traitées par le cerveau comme toute pensée qui se respecte.

Plus rapide à nous parvenir que les réflexions lucides, les émotions et impressions que nous classerons dans les « ressentis » permettent de nous alerter de manière immédiate de l'impact des stimuli de notre environnement sur… notre subjectivité ! Elles sont par ailleurs essentielles à toute mise en perspective, des notions comme « l'importance », « l'enjeu »

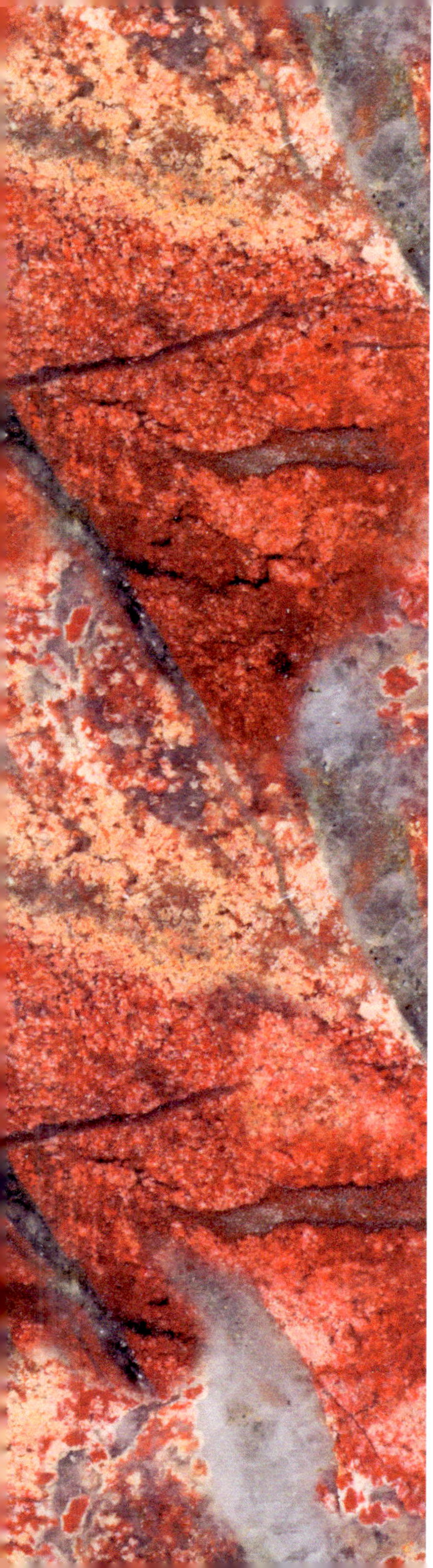

ou la « priorité » étant générées quasi exclusivement par nos ressentis, et non comme nous aurions tant souhaiter l'imaginer, par notre vision lucide d'une situation. Ainsi si les performances d'un acteur, sa capacité à incarner un être aux attitudes et comportements très éloignés des siens, pèsent dans la balance au moment de juger de son talent, la plupart des critères décisifs seront affaire de « goûts » individuels ou collectifs et se baseront sur le charisme, la beauté, l'ajustement des choix de rôles avec l'air du temps, ou encore la correspondance avec ce qui est ressenti comme sérieux par le collège décisionnaire. Si la chose peut paraître naturelle dans la cadre de l'appréciation d'un art, qu'en est-t-il au moment de choisir un collaborateur de travail ? La meilleure voie d'études et de carrière ? La meilleure personne pour partager notre vie ? L'endroit où poser ses valises ? Le candidat méritant de diriger un pays... ? Et oui, lors de toutes ces décisions clefs, l'estimation de nos priorités ne saurait encore une fois se faire sans le concours de nos ressentis émotionnels et instinctifs, faisant de fait la part belle aux confiances naturelles et peurs spontanées.

La question que nous soulevons en ces pages n'est toutefois pas celle de l'opposition entre lucidité et émotions. Le fonctionnement du cerveau humain n'est qu'une affirmation de plus venant appuyer l'évidence d'une cohabitation permanente entre les forces rationnelles et instinctives de l'être, et bien que l'attrait d'une sempiternelle guerre de clocher entre raison et passions ne manque pas de venir chatouiller notre cerveau émotionnel, comment saurions-nous résister aux charmes et à la fraîcheur d'une perspective de dépassement des divergences au doux parfum de libération intérieure ?

L'introspection

Un monde extérieur, celui-là même dans lequel sont censées se réaliser nos vies, ne pouvant être estimé de manière rationnelle. La nouvelle peut être déroutante, effrayante pour certains. Dans son tumulte, cette vision porte toutefois en elle un germe d'une richesse infinie : si la route conduisant à notre plein épanouissement ne peut être parcourue selon un modèle extérieur, c'est que tant les repères permettant de la définir que les commandes permettant de la parcourir se trouvent à l'intérieur de nous-mêmes. Ce simple état de fait est à lui seul cause et explication de la plupart de nos errements… Lorsque nous n'en pouvons plus de notre situation professionnelle, familiale, des périodes de course en avant ou de stagnation, c'est parce que nous les subissons en « pensant » faire au mieux plutôt que de constater notre ressenti et d'entendre ses alarmes. Là où de l'écoute intérieure permettrait de nous offrir le « temps » de faire évoluer les choses progressivement vers des sensations d'épanouissement, nous nions jusqu'au point de rupture, jusqu'à ce qu'il ne nous soit plus possible d'avancer en l'état, ou jusqu'à ce que notre environnement ne nous en laisse plus le choix.

Le monde intérieur nécessite de réapprendre les règles du jeu, que ce soit dans la récolte des informations nécessaires à nos avancées ou dans les procédés efficaces pour y parvenir. Pour ce faire nous allons débuter par l'exploration de principes clefs. Que rencontrons-nous dans une exploration introspective ? Comme les oppositions traditionnelles l'ont parfaitement identifié, nous rencontrons des pensées et des instincts pouvant être définis comme suit :

- Les pensées véhiculent un sens. Il peut être explicite ou implicite, imagé ou formulé, cohérent ou confus, mais il y est question de sens. Toute interprétation fait ainsi partie de la sphère de la pensée au même titre qu'une réflexion logique. On y trouvera également des images, des souvenirs, des représentations imaginaires, etc.

- Les instincts véhiculent des sensations. Elles peuvent être physiques ou émotionnelles. Une sensation ne porte pas de sens en soi, elle aura besoin d'être interprétée afin de passer du « miasme » des ressentis à la « clarté » de l'esprit (s'associant ainsi à une ou des pensée(s)). Tout instinct véhicule toutefois un vécu pouvant être défini en termes de confort, d'appréciation, de paradoxe… Identifier et définir des instincts est un exercice nécessitant de la pratique, afin de se forger des points de repères comparatifs entre différents vécus.

Cette opposition entre des pensées maîtrisées et des instincts hors de portée nous rappelle de nombreux schémas classiques de la culture occidentale : l'ange et le démon intérieur, l'homme (sous-entendu sa pensée) et la bête, le conscient et l'inconscient… Tous ces modèles ont pour point commun de définir les instincts comme vils, dangereux, devant être enfermés ou étant naturellement inaccessibles. Si tout cela n'est pas sans fondement, l'identification de ces ressentis comme des informations et signaux de l'interaction entre environnement et vécu personnel en change considérablement le statut et l'utilité.

Logique et analogies

Se pourrait-il que notre culture occidentale, malgré tous les outils dont elle dispose pour comprendre le monde extérieur, soit passée à côté des fondamentaux mêmes de l'exploration intérieure ? Se pouvait-il qu'en tentant de parler le langage de nos instincts, nous ayons zappé vocabulaire et grammaire pour en définitive attester de l'incohérence des messages transmis ? Pour nous en assurer, reprenons dès le commencement.

Que se passe-t-il lorsqu'un instinct s'éveille ? Le début de toute chose peut aisément se constater dans un bilan introspectif tel que nous venons de l'aborder. Le premier mouvement est celui des sensations déclenchées intérieurement suite à une stimulation extérieure. Il peut s'agir d'émotions ou de sensations physiques, accrochées à un sens interprétatif (individuel ou collectif) ou simplement issues du corps lui-même (choc, contact physique, etc.). Dès lors qu'une dynamique instinctive est lancée, le fonctionnement n'est plus celui de l'esprit, qui lie les éléments entre eux de manière « logique » par corrélation de cause à effet, mais celui des perceptions qui s'articulent par analogies.

Une analogie est un lien entre deux éléments en raison d'une ressemblance partielle. Le jaune est ainsi associé au Soleil, alors que la couleur elle-même n'est pas issue du luminaire, et que l'astre ne saurait « découler » de la teinte. Il n'y a pas lien de cause à effet, et pourtant le lien de ressemblance est bien là. Dès lors que nous parlons analogies il est important de comprendre le fonctionnement de ce mode d'association. Si notre éducation nous a formés et préparés à l'usage de la logique, nous débarquons dans l'univers de l'analogie tels des enfants ayant tout à apprendre. Puisque s'il est des associations illogiques, les fautes analogiques existent elles aussi.

Notre intériorité communique en permanence au travers de ce mode de pensée. Lorsque nous ressentons une pierre, son contact stimule nos sensations et laisse émerger avec elles les images, représentations, impressions et inspirations qui « ressemblent » aux sensations éveillées. Ce cas du travail avec un élément extérieur de stimulation ne fait qu'augmenter notre perceptivité du fonctionnement courant de nos sensations et des informations qu'elles nous apportent. Ainsi la familiarité que nous développons avec ce mode de fonctionnement lors d'une quête introspective spécifique nous aidera globalement dans notre vie à percevoir avec clarté les messages de nos sensations.

Fonctionnement et caractéristiques de l'analogie

Une analogie est ainsi un lien de ressemblance partielle, centré sur la perception et l'inspiration de celui qui établit l'analogie. Aborder sainement les analogies demande ainsi que nous fassions le deuil d'un monde pleinement objectif pour embrasser notre subjectivité avec une justesse appropriée. Pour estimer et comprendre rationnellement une analogie, il faudra la définir selon deux critères bien distincts :

- L'échelle : une ressemblance partielle peut apparaître à différentes échelles. Il peut s'agir d'une association culturelle, issue d'une tradition, d'une œuvre renommée, d'un événement historique… L'échelle est alors celle d'un collectif rassemblé par des codes communs. De la même manière une analogie peut se construire à échelle personnelle, issue de l'éducation, d'une œuvre peu connue mais marquante à titre personnel ou encore d'un événement clef de la vie de l'individu. Dans les deux cas l'analogie est pertinente mais ne provient pas de la même échelle. Plus l'échelle d'analogie est large, plus l'analogie aura de chances d'être collectivement marquante et adoptée, plus l'échelle est proche de l'individu plus la pertinence et la précision à titre personnel est forte. Une échelle définit ainsi la part de population pour laquelle l'analogie sera fonctionnelle, allant de toute l'humanité à un peuple, une communauté, un seul être humain...

- L'imprégnation : si n'importe quelle association hasardeuse porte en elle le germe d'une analogie, encore faut-il pour que cela devienne le cas qu'elle puisse s'installer et se stabiliser. Deux types d'expériences peuvent transformer une simple juxtaposition en analogie, ce sont les vécus de forte intensité ou les vécus répétés. Lorsqu'une expérience de vie revêt un caractère intense en positif ou en négatif elle deviendra marquante. La chute du mur de Berlin et les attentats de Charlie Hebdo sont par exemple deux symboles de liberté, l'un par espoir d'atteindre, l'autre par peur de perdre. Dans les deux cas il s'agit d'événements intenses à échelle collective ayant résulté en une association analogique entre les faits et le concept de liberté. De la même manière la répétition permettra à une association de devenir analogie en rendant le lien admis, puis habituel, puis naturel, puis installé. C'est ainsi que se forgent les symboles traditionnels ou appartenant à un cadre culturel. Plus un rapprochement est marquant, stable, ou les deux, plus il est à même de constituer une analogie naturelle et efficace. L'imprégnation détermine ainsi la qualité d'un lien analogique.

Ces clefs attirent notre attention sur quelques caractéristiques des analogies. Tout d'abord, aucune association de ressemblance, aussi puissante et marquante soit-elle n'est universelle ni perpétuelle. Toutes correspondent à un cadre, à une culture, à une époque, à des individus. Si les associations les plus anciennes sont également les plus respectées, c'est parce qu'elles sont fondatrices de repères d'un collectif étendu ayant perduré (comme la civilisation occidentale par exemple). En revanche à échelle individuelle, elles peuvent s'avérer peu adoptées, peu ressenties et donc peu pertinentes, ou encore entrer en contradiction avec un naturel instinctif porté par l'individu et ainsi constituer un conflit de sens (symbole de tranquillité et de sécurité du foyer rencontrant une expérience d'enfance et de cadre familial instable par exemple). La pensée analogique nécessite ainsi une certaine adaptabilité afin de demeurer pertinente. Des ajustements peuvent sans cesse être apportés, et des liens ayant été évidents pendant des générations peuvent nécessiter des remises en question pour nos enfants.

Nous sommes ainsi face à un modèle de pensée basé sur les sensations, permettant des variantes autres que le « vrai/faux » d'un raisonnement logique. Outre le fait qu'une analogie soit fonctionnelle ou non, elle peut être fluide ou source de conflit interne, libératrice ou encore contraignante, circonstancielle ou universelle… la précision résidant dans le fait de définir la teneur de l'analogie face à laquelle on se trouve. L'expérience est alors le meilleur des maîtres, les analogies n'étant pas une somme de règles mathématiques à apprendre mais bien des nuances face auxquelles chaque élément de comparaison apportera des éclairages par ses similarités comme par ses différences.

Les mirages analogiques

Si les analogies ne sont pas binaires elles peuvent en revanche être fonctionnelles ou non. Suivre une trame analogique est comme dérouler un fil. Une ressemblance en amène une autre, elle-même associée à une troisième conduisant à la quatrième, qui pourra elle-même ressembler partiellement au 2e élément… et ce jusqu'à dessiner un paysage, identifier une « trame ». Il est aisé de se perdre dans ces associations et de voir des ressemblances là où il n'y en a pas. On parlera alors de « mirage analogique », l'impression d'un lien fonctionnel s'évaporant lorsqu'on y regarde de plus près.

Afin de veiller à ce que chaque analogie d'une trame soit pertinente en soi, on développera quelques réflexes importants, assurant la cohérence d'une réflexion analogique.

Règle interprétative n°1 : « Une analogie est toujours un lien de ressemblance partielle ». Deux éléments (sensation, symbole, souvenir, événement, etc.) liés par analogie sont corrélés et non confondus. Si le Soleil et le jaune sont en lien, l'un est un astre portant également des symboliques comme l'extériorisation, l'affirmation, la réalisation, tandis que l'autre est une couleur empruntant au Soleil ses symboliques de joie et de rayonnement, tout en véhiculant des notions comme l'image de façade, la duplicité ou la tromperie. Lier des éléments par analogie ne doit en aucun cas permettre l'économie d'une définition distincte et précise de chacun. Plus la part de ressemblance est identifiée et séparée du reste des archétypes caractéristiques de chaque élément, plus l'analogie reste naturelle. Plus les concepts sont confondus plus l'ensemble tend à dériver vers des amalgames culturels ne s'appuyant plus sur une expérience concrète (et pouvant aisément perdre en pertinence et en portée) ce qui nous conduit directement à notre règle n°2.

Règle interprétative n°2 : « Chaque analogie est un lien unique, participant de la trame sans en dépendre ». Prenons la trame précédemment énoncée. Le Soleil est relié au jaune, lui-même relié à la notion d'Image trompeuse. Pour autant le Soleil ne saurait être symbole d'Image trompeuse. Il est physiquement une sphère de feu émanant de lumière produite de ses propres ressources et selon un naturel inaliénable… Bien que des associations par glissement culturel tentent d'associer au Soleil une notion de superficialité, cette construction ne saurait tenir durablement face au rayonnement entier et inné de l'astre. Créer un lien artificiel (fondé sur une idée et non une sensation ou une expérience concrète) entre Soleil et Image trompeuse au travers du pont constitué par les symboliques historiques du jaune (couleur peu stable et donc peu fiable aux yeux des teinturiers du Moyen Âge) génère une analogie peu naturelle, sans assises, et aisément remise en question. Ces décalages dépouillent le lien de sa dynamique instinctive pour le réduire à une construction conceptuelle. Il s'agit tout simplement d'une incohérence analogique.

Bien que peu enseignées et approchées au cours de notre vie, les analogies sont constamment présentes dans notre perception du monde, et le travail avec les pierres constitue un excellent moyen d'en faire un atout. Gardons à l'esprit que des mirages analogiques peuvent aisément apparaître dans nos associations, le meilleur moyen de s'en prémunir étant de rester simple et cohérent avec nos sensations. Afin de débuter dans les meilleures conditions, apprenons à considérer chaque lien de ressemblance dans son unicité, afin de comprendre notre intériorité mot par mot. N'ayez crainte, en ce domaine le temps ne manquera pas de se faire plume de vos phrases.

Un cheminement d'épanouissement par la pierre

Le collectif propose, l'individu dispose

Lorsque l'on aborde la question de l'épanouissement de la vie humaine, centrale en lithosophie et constitutive de l'ensemble de cette discipline, de nouvelles définitions auxquelles nous sommes peu familiarisés interviennent très rapidement. L'épanouissement est ainsi la tendance d'une vie humaine à se développer dans le sens d'un sentiment de réalisation, que ce soit par le bonheur, le dépassement de soi, l'accession des aspirations personnelles ou encore l'identification des mérites et apports de notre cheminement passé… La notion même d'un sentiment de réalisation implique une grande subjectivité dans ce processus. Un même modèle de vie pourra apporter ce sentiment chez un individu comme s'avérer totalement inadapté pour le susciter chez son voisin.

Que faire lorsque notre mariage n'est pas le plus beau jour de notre vie ? Lorsqu'un emploi fixe nous étouffe ? Lorsqu'on ne se sent vivant qu'au contact des passions au détriment des raisons ou encore lorsque la réussite professionnelle n'éveille pas chez nous la soif de « gagne » tant vantée dans la pop culture des compétitions sportives ?

Ce ne sont là que quelques exemples de « décalages » personnels face à un modèle dominant dans lequel l'individu devrait se sentir heureux au risque de se voir jugé porteur d'un « problème », ou dans les cas de plus grande résistance du collectif, d'une « pathologie ». Si le terme peut sembler fort il n'en est rien. Rappelons-nous qu'il y a moins de 15 ans de cela l'homosexualité était encore internationalement classée dans les névroses méritant d'être assujetties à un traitement, et qu'il y a à peine un siècle Freud diagnostiquait une « hystérie » lorsqu'une femme ne se trouvait pas positivement stimulée par des avances forcées et des rapports physiques non consentis. Développer une discipline « d'épanouissement de vie » nous demande ainsi de ne pas laisser le jugement collectif devenir tyran des choix de vie comme des préférences individuelles, et de poser clairement la limite entre suggestions extérieures de possibilités de bonheur et constat personnel de l'existence ou non de ce sentiment en réponse.

Tout se comporte ainsi comme si nous avions tout simplement oublié une donnée incontournable : l'épanouissement comme le bonheur n'existent que dans le ressenti de l'individu. Ils sont tributaires du vécu et non des stimuli extérieurs. Quelles que soient les conditions de vie, les facilités et chances rencontrées, la réalisation n'adviendra que si les clefs d'épanouissement personnelles sont respectées. Aussi est-il possible de vivre malheureux dans un palace comme heureux dans une bicoque, et cet état de fait ne dépend ni de la sagesse d'un individu ni de son niveau spirituel, mais bien de ses caractéristiques instinctives personnelles (leviers du sentiment de sécurité, leviers du sentiment de valorisation, impulsions d'ambition, besoin de tranquillité, etc.). Si des conditions extérieures pourront favoriser une existence humaine heureuse, seul le constat du sentiment intérieur pourra l'attester.

De l'éducation du ressenti

À force d'habitudes et de répétitions, de modèles extérieurs promettant le bonheur sans en écouter le sentiment, nous nous trouvons dans une posture d'atrophie de nos perceptions qui est loin d'être naturelle. Nos émotions, signaux essentiels de notre état et des conséquences de notre environnement sur nos êtres, sont éduquées à se taire pour de nombreux prétextes. Elles seraient source de faiblesse, cause d'influençabilité, et comble du comble, mauvaises conseillères. Là où tout comme notre esprit, nos émotions, sensations et réactions instinctives, auraient besoin d'être approchées, explorées, identifiées dans leur nature unique et propre à notre vécu, pour être ensuite canalisées au profit de notre réalisation, elles sont le plus souvent tues et ignorées. Dans le même temps que nos esprits se forment à développer réflexion, performance et culture, nos émotions et instincts en restent aux balbutiements de leur maturation, rendant difficiles la gestion de l'acceptation nécessaire, des frustrations inévitables, des chocs et autres contraintes inhérentes à une existence humaine.

Mais laissons derrière nous ce piètre constat pour nous ouvrir aux perspectives d'amélioration. L'être humain dispose, grâce à ses perceptions émotionnelles et à ses réactions instinctives naturelles, d'un merveilleux champ d'identification de ses besoins. Nos ressentis positifs nous indiquent des interactions profitables avec notre environnement, tandis que nos ressentis négatifs mettent en évidence des situations nous demandant une adaptation, une sortie de nos repères ou encore une distanciation sécuritaire. Sans une prise en considération et une exploration de nos sensations, de telles informations ne peuvent nourrir constructivement notre lucidité et voient leur bénéfice perdu. Par ailleurs, les besoins les plus intrinsèques d'un individu ne sauront être transformés par un environnement non correspondant, et les sensations en charge d'informer du problème tendront alors à se cumuler et à s'intensifier dans le temps. Au fil des années on pourra dès lors voir apparaître des fragilités émotionnelles récurrentes ainsi que des points de rupture comme les dépressions, burn-out et somatisations entraînant des conséquences physiques. Si toutes ces manifestations critiques sont considérées par nos disciplines médicales institutionnelles, l'éducation de notre identification des ressentis permettant d'en repérer les signes annonciateurs et l'adaptation de la vie courante en fonction de préférences personnelles identifiées ne font tout simplement pas partie de notre culture.

Tout commence ainsi par l'identification des ressentis. Ces mouvements, sensations et tendances intérieures pleinement à notre disposition ne demandent rien de plus que de nous forger une expérience d'observation. Puisque si nous sommes constamment baignés d'un champ de sensations, ces dernières ne sont pas prédéfinies, et il nous faudra développer une expérience comparative. L'effort de définition systématique de notre état intérieur nous permet d'identifier des sensations plus lourdes, plus légères, plus agréables, plus pénibles... C'est par le cumul de comparaisons des différentes sensations entre elles qu'il nous est possible de les expliciter par des mots et d'en identifier des nuances de plus en plus précises. Ainsi notre bagage et notre vocabulaire émotionnel se développent-ils comme on développe son expérience culinaire, d'odeurs et de saveurs.

De la pierre au miroir de l'âme

C'est dans cette optique de connaissance et de développement de nous-mêmes par une approche sensitive que la pierre intervient avec sa plus grande richesse. Avant d'aboutir à la lithosophie que nous pratiquons aujourd'hui, la lithothérapie s'est constituée de manière empirique. Grâce au cumul de près de 50 ans de pratique méditative par les pierres dans les divers pays du monde, nous avons pu parvenir à deux constats :

- Tout d'abord, le contact des pierres apporte de manière évidente une modification de nos perceptions et sensations. Chaque variété fait intervenir une dynamique lui étant propre pouvant avoir un impact doux ou très percutant en fonction des affinités individuelles.
- Les résultats sont par ailleurs propres à chaque individu, bien que des généralités marquées puissent apparaître. Ainsi des variétés comme le quartz rose et l'améthyste seront très largement apaisantes pour le plus grand nombre avec une expérience individuelle pouvant se manifester par des nuances variées. Le jaspe rouge est quant à lui dynamisant avec des proportions de résultats similaires, souvent accompagnés de réactions de chaleur ou encore d'accélération du rythme cardiaque.

Notre réaction à chaque pierre dépend ainsi de la teneur de notre affinité, les pierres nous étant familières apportant des sensations neutres ou agréables et celles s'apparentant à des expériences hors de nos repères suscitant des sensations de gêne ou de tension. Notons par ailleurs que ces interactions sensitives sont constatées dans toutes les utilisations des pierres en lithothérapie (pierres portées sur soi, placées dans notre environnement de vie, etc.) indépendamment d'une obligation de contact physique, et se trouvent d'autant plus détaillées dans la pratique méditative qui sous-tend la lithosophie que notre conscience et notre attention y sont pleinement consacrées à leur description.

L'hypothèse la plus probante dont nous disposons actuellement pour expliquer le fonctionnement de ce lien sensible constaté par empirisme entre pierres et humains est l'idée qu'outre l'échange physique pouvant exister entre deux matières il y aurait une circulation d'information émanée. Ainsi notre radar instinctif serait en mesure de réagir à la présence de la pierre sans que les éléments de composition chimique de cette dernière ne se transfèrent à l'organisme. Certaines démarches de recherches scientifiques vont dans ce sens, que ce soit dans les sujets d'étude des réactions instinctives animales et humaines (préssentiment des catastrophes naturelles, capacité à se sentir observé sans voir l'observateur…) ou ceux posant cette même hypothèse d'une action informationnelle comme les études sur la mémoire de l'eau. Loin de la physique quantique et de sa dimension incompréhensible tant pour les néophytes que les confirmés que l'on voit le plus souvent utilisée pour justifier d'une preuve cachée à nos disciplines d'influence, ces recherches sur la circulation et la perception sensible d'une information sont elles aussi empiriques et parfaitement aisées à comprendre. Elles ne souffrent par ailleurs pas de leurs mauvais résultats, mais bien d'un tabou scientifique, avec une institution qui ne souhaite pas voir une modalité d'action si subtile, généralisée et incontrôlable être admise et normalisée. L'idée qu'une influence véhiculée à distance, par simple existence ou intention, puisse avoir un impact concret sur les individus fait peur… la norme de stigmatisation des superstitions et croyances populaires jugées ridicules et sans fondement s'occupe du reste. En définitive nous nous trouvons face à un milieu scientifique sclérosé, enfermé sur ses certitudes et confondant « convention » et « preuve », qui ne souhaite tout simplement pas légitimer l'étude de certains sujets, et qui préfère la marginalisation de ses propres équipes de recherche franchissant la ligne invisible (mémoire de l'eau par exemple) à la remise en question. Tout cela va évidemment à l'encontre de l'esprit scientifique lui-même, censé favoriser le constat et l'expérience face aux normes établies… à croire que la modélisation mathématique s'est muée en nouvel opium, garant d'un nouvel obscurantisme.

Si ce type de point de vue peut paraître farfelu à qui ne prend pas la peine de forger sa propre expérience du sujet, il en devient une évidence à qui utilise les pierres en écoute de ses propres perceptions dans la vie de tous les jours. Les différences sont là, indéniablement. Avec et sans pierres, entre les différentes variétés et leurs divers impacts… notre sensation de nous-mêmes bouge et s'anticipe. Loin d'une chimère flattant l'imagination et le manque d'aventure de quelques illuminés, nous sommes bel et bien face à un constat tout ce qu'il y a de plus réel.

La dimension très personnelle des réactions constatées au contact des différentes variétés de pierres constitue en outre la plus grande richesse de cette discipline. Une pierre n'aura pas un impact normé, exclusivement lié à sa variété, mais bien un résultat découlant de la réaction sensible de l'utilisateur à son influence. Les quelques 50 années de recul sur l'utilisation méditative des pierres et le travail d'identification de l'influence propre à chaque variété mis en place en lithosophie, nous permettent aujourd'hui d'identifier les caractéristiques apportées dans cette équation par la présence du minéral. Dès lors, la teneur de notre réaction face à une influence identifiée et comprise constitue en soi une clef d'information sur nous-mêmes. Après un long parcours et le cumul de nombreuses expériences individuelles, de nombreux travaux d'auteur, et les efforts de mise en perspective des lithosophes, nous pouvons aujourd'hui affirmer qu'une réaction donnée au contact d'une pierre permet l'identification fiable de nos affinités et de caractéristiques déterminantes de notre caractère comme de notre mode de vie.

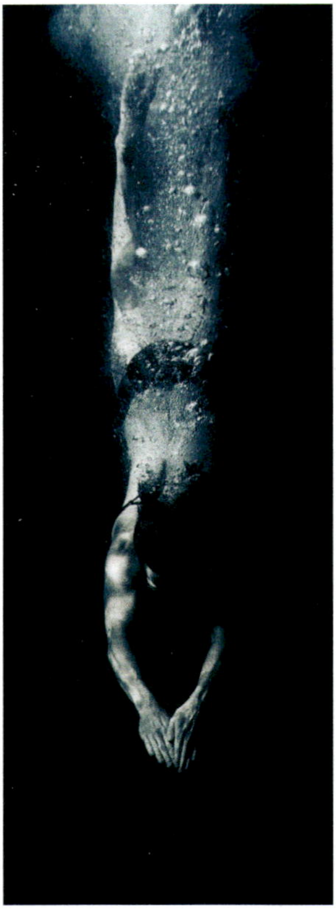

Dans cette optique, les pierres deviennent un miroir permettant l'extériorisation visible de tendances vécues trop omniprésentes pour être conscientisées et définies. Cette facette de « révélation » de nos sensations par la mise en regard d'une influence extérieure est au centre d'une riche pratique de bilan introspectif essentielle en lithosophie. C'est bel et bien par l'écoute et la connaissance de soi que tout commence, que tout s'ajuste.

Révéler, nourrir, complémenter le naturel

Outre cet aspect d'identification du naturel personnel, la pierre interviendra également au moment d'apporter un changement. Par le choix des influences que nous intègrerons dans un travail, les différentes variétés pourront maximiser l'expression d'un naturel instinctif jusque-là ignoré ou renié, renforcer des ressources naturelles qui peinent à adopter le mouvement choisi, ou encore nous familiariser avec un type de dynamique étranger à notre caractère comme à nos expériences.

Afin d'opérer un choix éclairé il nous faudra considérer chaque pierre comme un « cocktail », un rassemblement de facteurs d'influence donnant un résultat unique. Nous étudierons cet aspect en détail grâce au principal cadrage utilisé en lithosophie, celui des classes lithosophiques, permettant le recoupement des deux principaux facteurs ayant un impact de développement personnel : la couleur et le système cristallin. Ces deux éléments incontournables nous permettent de définir 88 types de dynamiques que nous explorerons dans la seconde partie de cet ouvrage, tant pour les informations que les sensations à leur contact nous apportent que pour le mouvement qu'elles génèrent lors de l'application d'un changement.

On notera toutefois qu'il existe une différence certaine entre l'épanouissement de vie et le strict bien-être. Si la sensation d'une relaxation ou d'une tranquillité immédiate peut apporter un confort de vie indéniable, des méthodes conciliantes ne sont toutefois pas aptes à dépasser les blocages posant des entraves sur les avancées souhaitées dans nos aspirations, et ne permettent pas le développement de qualités nouvelles et étrangères à notre champ d'expérience dont l'exploration ne pourra qu'être laborieuse. Afin de faire évoluer le cœur de notre vécu et de nos aptitudes, il est nécessaire de passer par des étapes de contrainte, d'effort, de peur, le tout en vue d'un dépassement apportant un mieux durable, un réel épanouissement. L'approche de la lithosophie est ainsi un cheminement profondément profitable qui implique des étapes incontournables pouvant s'avérer aussi intenses que difficiles. Une fois de plus la présence des pierres rendra l'ensemble de ce travail raisonnable, le panel de près de 400 variétés pouvant être utilisées dans la pratique professionnelle d'un lithosophe permettant d'accélérer les passages difficiles de n'importe quelle expérience humaine. Si le présent ouvrage

se concentre sur l'auto-soin en lithosophie il est toutefois indispensable de garder à l'esprit que les caps les plus pénibles peuvent nécessiter de faire appel à un accompagnement extérieur par un lithosophe. Même les plus aguerris des professionnels seront confrontés à une évolution bien moins claire et bien moins directe de leur travail personnel en auto-soin qu'il n'est possible de le faire avancer grâce à un bilan et un accompagnement géré par un tiers. Il est ainsi important de considérer qu'une problématique apportant des sensations excessivement lourdes ou pénibles se verra plus favorablement résolue en cabinet, entre autres en raison des dégâts collatéraux qu'un tel état pourra avoir sur la vie courante (vie professionnelle, familiale, etc.) s'il se maintient durablement dans le temps. Gardez à l'esprit que le « mal de guérison » ne mérite ce statut que s'il n'est pas lui-même à l'origine de difficultés toutes neuves. En cas de tension ne permettant pas un déblocage immédiat on reviendra à une approche bien-être (se laisser guider par ses sensations agréables) jusqu'à maturation du passage de cap.

Une fois ces quelques clefs de sécurité intégrées (ne pas insister sur une problématique demandant une résolution forcée, revenir à une approche bien-être et faire appel à un professionnel) il vous sera possible d'explorer, d'améliorer et de faire évoluer l'ensemble de vos potentiels. Nos objectifs de vie peuvent ainsi être atteints non pas en générant un comportement artificiel répété en vue d'une adoption spontanée, mais en éduquant nos instincts naturels à devenir les alliés de nos choix lucides pour construire en profondeur et en toute intégrité l'être que nous souhaitons devenir.

Transcender nos vécus

Outre l'entretien d'une image de soi décalée de nos vécus concrets, la coupure de notre sensation de nous-mêmes entretenue par notre vision de l'humain comme un stricte être pensant génère également une entrave plus active : elle rigidifie nos vécus.

Tout se comporte comme si nous manquions d'expérience et de pratique de nous-mêmes. Les émotions sont basiquement considérées comme des perturbations, elles sont reléguées dans les miasmes les plus inaccessibles de notre être… par conséquent nous n'observons pas les moments de gêne, de malaise, et de tension, et lorsque les sensations délaissées viennent à déborder nous sommes à la fois confrontés à une tâche incommensurable et démunis, ne disposant ni d'outils ni d'habitudes salutaires pour s'y atteler.

Commençons donc par des fondamentaux essentiels :

- Si notre esprit lucide est relativement fixe (les images, représentations et cheminements logiques qu'il se crée restent identiques à moins d'être confrontés à une remise en question volontaire), nos sensations et vécus sont quant à eux en constante évolution. Si un vécu négatif (lacunes d'estime, complexe, trauma) n'évolue pas vers des sensations plus légères voire agréables ce n'est en aucun cas à cause d'une impossibilité naturelle à le faire, mais bien en raison d'une stagnation de l'expérience concernée, généralement entretenue par l'image mentale adoptée.

- Les sensations et vécus sont uniquement générés par notre expérience concrète. C'est en vivant une sensation qu'on en découvre le concept. Il n'est pas possible en ce domaine d'anticiper par l'esprit, on ne peut que générer un champ des possibles grâce à notre expérience de vie. La mobilité d'expérience prend alors une seconde dimension d'importance : sans évolution de nos situations vécues, nous restons limités dans un registre de sensations restreintes, qui pour les vies les plus difficiles peuvent se cantonner en majeure partie à des traumas, des complexes et des dénigrements.

Une fois de plus, notre tendance globale à considérer le « modèle extérieur » comme une loi de ce qui génère le bonheur est un véritable frein à l'épanouissement de fait, en nous coupant du sentiment de légitimité à explorer des modes de vie autres lorsque notre modèle éducatif et culturel s'est révélé inadapté à susciter de la réalisation personnelle dans nos vécus. Rares sont les familles qui parviennent à accompagner avec bienveillance les expériences personnelles de leurs enfants lorsque ces dernières contredisent les modèles parentaux, or le soutien et la protection qui ne seront pas trouvés dans le cadre familial auront encore moins de chances d'être rencontrés dans le grand monde. Pourtant, dans les quelques cas où l'individu parvient à connaître cette situation d'acceptation et de soutien par la suite, le champ de vécu en sera tout de même élargi. Si le sentiment de sécurité alors développé devra cohabiter avec la blessure première, il n'en reste pas moins possible de rendre ce second sentiment plus fort et déterminant par un travail de développement personnel. C'est ce que l'on nomme de la transcendance de vécu.

Mettre en œuvre le changement

À la suite d'une prise de décision, la pratique de la transcendance des vécus nous permettra de mettre en œuvre le mouvement qui apportera un changement concret, que ce soit de notre mode de vie ou de nos comportements. Ainsi le travail de la confiance en soi en lithosophie se fera par la transcendance des vécus de complexes et d'interdictions par un plein sentiment de confiance intérieure, pour ensuite laisser émerger les comportements personnels et naturels qui découlent de cette confiance. Ce déroulement est à l'inverse de celui opéré habituellement en développement personnel, le comportement étant généralement forcé en vue d'un retour extérieur. C'est alors ce changement dans le regard que le monde porte sur nous qui est censé apporter le sentiment de confiance intérieure, rendant l'individu quelque peu fragile, soumis à une correspondance hasardeuse entre comportements attendus et instincts personnels et espérant un sentiment qui pourrait bien ne pas apparaître dans une telle situation de contrainte.

Une approche sensitive aura, au regard des approches comportementales plus répandues en développement personnel, ses propres caractéristiques avantages et inconvénients que nous pouvons résumer comme suit :

- En l'absence de réponses extérieures arbitraires, le travail sensitif d'observation et d'expérience de soi peut nécessiter des tentatives, des essais, des retours vers nos préférences et donc du temps.

Paradoxalement chaque objectif identifié sera atteint très rapidement, mais la présence de nos sensations amène constamment des évolutions et des ajustements. Aussi la lithosophie se révèle-t-elle être une discipline de résultats rapides mais de cheminement durable.

- Si le temps de cheminement peut paraître contraignant, les premiers pas s'avérer laborieux, avec une quête débutant dans la brume et dans le flou, ces efforts s'avèrent en définitive payants, puisque les comportements et choix ainsi mis en place se montrent adaptés à nos besoins au-delà de ce que nous aurions espéré atteindre au premier abord. Les manques de confiance passés deviennent de simples images dépouillées des complexes, et notre évolution est non seulement profitable pour notre vie mais également intègre. Adieu les contradictions et tiraillements qui nous maintenaient dans un compromis malaisant avec les obligations extérieures ! Ce qui est investi en temps de cheminement se trouve ainsi gagné en solidité de nos avancements acquis, où chaque pas nourrit un peu plus notre réalisation de vie.

Afin de maximiser les résultats obtenus il nous faudra toutefois garder à l'esprit que l'exploration sensitive ne doit pas nous empêcher d'observer, de réfléchir et de penser. Seule la conscience d'esprit permet d'apporter cohérence et évidence à la route empruntée. Nos sensations guident la barque, nos décisions la dirigent.

Le symbolisme comme clef de communication sensible

De l'art du conditionnement

Nous commençons à avoir à notre disposition de bonnes clefs pour comprendre le travail élaboré en lithosophie. Les bilans nous permettent de comprendre les dynamiques de notre vécu grâce à l'explicitation des analogies qui s'y jouent, et l'inspiration apportée par les différentes variétés minérales offrent quant à elles des voies de transcendance de nos vécus. Il nous manque toutefois une dernière pierre à l'édifice afin de parvenir à atteindre des objectifs précis et spécifiques.

Si les pierres insufflent des dynamiques de vécus pouvant complémenter nos propres lacunes, leur influence naturelle ne contient toutefois pas un « sens » inné. La signification, l'interprétation, la précision, sont du ressort de l'esprit lucide et nécessitent pour exister de mettre en œuvre l'usage de la pensée. Toutes « vivantes » et source d'interaction que soient les pierres, elles ne disposent toutefois pas d'un système nerveux à même de générer une précision d'intention. Elles seront ainsi capables d'émaner un mouvement, une dynamique, une tendance identifiable et définissable, mais ne pourront pas mettre en œuvre de l'image ou du but. Nous sommes ici dans la considération de l'existence de la pierre dans sa nature propre, le réalisme sur son fonctionnement (y compris dans ses distinctions avec l'humain) étant intimement lié à notre possibilité d'apporter au minéral un respect adapté à ses caractéristiques propres. Rappelons qu'humain et pierre ne fonctionnent pas selon les mêmes déterminantes, et que les nécessités et soins s'appliquant à l'un ne pourront être appliqués à l'identique à l'autre.

Une fois le mouvement instinctif généré par la pierre, il nous faudra ainsi finaliser la retombée grâce à ce que l'on appelle un « conditionnement ». En lithothérapie courante le conditionnement intervient de manière plus induite que dans sa définition en lithosophie, mais reste tout de même omniprésent. C'est au travers de la posture de l'auteur que l'on identifie les caractéristiques de conditionnement, notamment au travers des propriétés données à chaque variété minérale. Les auteurs orientés Nouvel Age attribueront beaucoup de propriétés de transcendance, et de connexion métaphysique à leurs pierres, tandis que des auteurs plus généralistes se centreront sur des impacts physiques, émotionnels et psychiques spécifiques. Dans les deux cas, chaque précision posée sur une pierre, correspondant à un résultat donné et non à un type de dynamique constitue un conditionnement. Une pierre tout particulièrement réputée pour lever les non-dits sera ainsi prédéfinie avant toute constatation sensible et apportera plus régulièrement un tel résultat auprès des lecteurs de l'auteur se faisant le relais de cette propriété. Un conditionnement induit par ces propriétés reste somme toute plus discret que des propriétés culturelles issues de l'énergie collective. Il faudra au minimum une importante conviction de groupe pour qu'un de ces conditionnements induits devienne une forme-pensée naturellement active (cf. Partie 2).

En lithosophie, afin de laisser le champ libre à un travail volontaire de construction de soi (levier essentiel des avancées humaines comme nous le constaterons dans le cheminement à venir) nous veillerons à identifier les conditionnements et à les définir. On fera ainsi appel à des descriptifs des dynamiques de pierres grâce aux 88 classes lithosophiques pour ensuite construire le conditionnement correspondant à l'expérience que nous souhaitons explorer lors d'un exercice de mise en place du changement. Pour générer de la confiance rayonnante, nous ferons appel à une pierre présentant une dynamique d'expansion et d'extériorisation, et placerons en exercice un cadre permettant de générer ce sentiment. Pour ce faire on s'appuiera sur une clef qui découle du principe d'analogies précédemment explicité : le symbolisme pratique.

De l'image au sens

Dans la mesure où notre instinct témoigne de ses expériences par associations de ressemblance (analogies), on imaginera aisément qu'il soit également plus facile de lui apporter des informations neuves et les vécus qui les accompagnent par ce même moyen de communication. Seule difficulté, si nos images introspectives témoignent de nos propres vécus, elles sont fatalement dépouillées des représentations porteuses de nos manques. C'est d'ailleurs là un constat permanent lors des travaux de groupe : les images, couleurs, présences dont nous visualisons difficilement la présence correspondent par symbolisme aux domaines que nous investissons peu. Réciproquement, maintenir la représentation symbolique d'un domaine que nous connaissons peu s'avère tout aussi laborieux, malgré la volonté mise en œuvre. Si le marron peine plus que d'autres couleurs à prendre place lors de mes bilans introspectifs, il y a fort à parier que je transporte par conséquent des lacunes de vécu dans le secteur de la stabilité, des repères matériels et du sentiment de sécurité. De la même manière, pour installer un sentiment de légitimité d'existence également régi par cette teinte, il me faudra faire appel à des images auxquelles mon instinct peinera à s'accrocher en l'absence de ce même sentiment.

Bien qu'ayant en lithosophie la chance de pouvoir « générer » du sentiment grâce aux pierres qui nous accompagnent, il sera ainsi précieux de veiller à une bonne précision de conditionnement symbolique. Plus on souhaitera chercher un résultat spécifique (dénouer un sentiment d'insécurité se présentant dans un lieu précis ou en compagnie de certaines personnes par exemple), plus nos représentations seront précieuses afin de lier les sensations ressenties au sujet de notre travail. Cette canalisation des ressources instinctives générées au cours d'un exercice est d'autant plus importante que nos réactions naturelles tendront systématiquement à se tourner vers le plus agréable et à laisser nos vécus difficiles entre les mains du refoulement inconscient. Chaque occasion de transcender une douleur avant qu'elle ne redevienne inaccessible s'avère ainsi précieuse. Une fois notre symbole associé à une expérience ressentie, il devient alors familier et vient enrichir notre champ de représentation et donc de compréhension intérieure.

Utilisation pratique du symbolisme

Comment mettre en œuvre du symbolisme pratique ? Le domaine paraît obscur, ésotérique et donc par définition caché, et parcourir tout un cheminement en alchimie ou autre voie initiatique semble long et laborieux… Et si toutes ces contraintes dans la considération d'un symbolisme « légitime » n'étaient qu'une fois de plus une illusion véhiculée par l'aveuglement de nos émotions ? Si le symbolisme ésotérique, de toute voie initiatique et de compréhension de soi (alchimie, franc-maçonnerie, tarot, astrologie pour ne citer que quelques exemples…) constituent de merveilleux viviers d'images d'une richesse culturelle et humaine incroyable, le symbolisme en soi débute bien avant tout cela. Il débute quand une marmotte qui « met le chocolat dans du papier alu » vous inspire un sentiment de doux n'importe quoi. Il débute quand le paysage de vos rêves vous inspire des vacances et de la détente. Il débute quand une maison de campagne vous inspire la tranquillité sereine et le ressourcement loin des dangers et des inquiétudes. Le symbolisme peut être simple, et c'est en cela que réside toute sa richesse : il s'étend des petites choses

les plus évidentes jusqu'aux plus élaborées sagesses de nos civilisations.

Alors que l'on souhaite parcourir quelques pas curieux dans ce secteur ou que l'on vise les plus hautes sphères de l'exploration humaine, faisons du simple, puisque nul ne saurait faire du grand sans faire de l'authentique. Utiliser le symbolisme pratique commence par l'identification du sens que véhicule pour nous chaque image. Pour ce faire nous allons faire appel à un exercice qui permet de laisser émerger ce sens, et cet exercice va faire appel non pas à nos sensations, mais bien à notre lucidité. Il s'agit de la pratique des associations d'idées.

EXERCICE : Réalisation des associations d'idées

Installez-vous posément à un bureau ou à une table, avec une feuille de papier et de quoi noter. Puis, choisissez une image qui vous intéresse à travailler. Enfin, laissez venir tous les mots qui s'associent à cette image, les sentiments qu'elle vous évoque, les souvenirs ou références dont elle se rapproche à vos yeux… Chaque association doit se corréler à l'image de départ. Puis, identifiez les différentes tendances des associations rendues, si certaines se rassemblent autour d'un sentiment positif, d'autres autour d'un sentiment négatif… Une fois ce tri réalisé vous disposez d'une idée des différents champs symboliques dans lesquels votre image pourra s'investir.

Exemple pratique :

Une maison de campagne, seule au milieu d'un champ, est apparue au sein d'une méditation et je souhaite l'expliciter. Me viennent la concernant les mots suivants : Tranquillité, sérénité, sécurité, isolement, solitude, repères, rigidité, besoin de voir autre chose, pouvoir y retourner... Nous sommes ainsi face à deux tendances qui cohabitent, la première parlant de repères et de stabilité sécure, la deuxième d'enfermement.

Chaque association d'idée sera ainsi personnelle, bien que parfaitement pertinente dans un travail individuel de symbolisme pratique. L'exemple ci-dessus correspond donc à mes associations d'idées du moment, dans cette période d'écriture, qui pourront perdre en force ou s'ajuster, se transformer dans d'autres périodes de ma vie. Pour les chercheurs aguerris souhaitant explorer les aspects plus élaborés et complexes du symbolisme pour en nourrir leur travail d'épanouissement personnel, n'oublions pas que cet aspect de vécu d'un symbole reste présent tout au long du chemin. Un arcane XII (Le pendu) pourra être vécu comme une entrave aux avancées ou comme un moment de méditation plein de clarifications et d'ajustements, un Mars puissant pourra être vécu comme une ressource d'affirmation ou comme une impulsivité destructrice, et des telles évolutions du sens vécu pour un même symbole pourront apparaître au cours d'une même et unique vie.

Ces images imprégnées de sens nous seront d'une immense aide dans une étape ultérieure de notre cheminement : l'écriture de nos méditations orientées.

Le cycle de développement personnel

Notons pour clore ces fondamentaux qu'un cheminement d'épanouissement de vie quel qu'il soit s'articule sous forme de cycle. Tout au long de notre vie, notre vision du monde, de nous-mêmes, nos expériences et nos besoins évoluent, et les cycles accompagnent ces changements en permettant les mises à jour et ajustements.

On peut résumer un cycle complet d'évolution en cinq étapes.

1. Bilan

Appliqué grâce à des pierres incolores, il permet de mettre en évidence afin de mieux recueillir les sensations, impressions et images témoignant de notre vécu du moment. Cette prise d'information est cruciale, puisqu'elle permettra non seulement d'identifier le terrain sur lequel nous débutons nos efforts, mais également d'ajuster notre vision lucide pouvant être déformée ou « datée » sans cette mise en contact volontaire avec les instincts.

Outils : pierres incolores, interprétations analogiques.

2. Stabilisation

Si les bilans instinctifs sont précieux pour que notre construction de nous se fasse avec justesse, l'émergence des dynamiques instinctives latentes peut générer un tumulte intérieur paraissant incohérent et troublant. Avant toute prise de décision, il est ainsi essentiel de stabiliser le mouvement, revenir à un équilibre, pour assurer la libre intervention d'une lucidité claire. Cette étape fait appel à des pierres spécialisées (de couleur), souvent « douces » ou « medium » (cf. *Les Pierres au Quotidien* du même auteur), et correspondant à nos repères de confort (sensations agréables et réconfortantes).

Outils : pierres de vie quotidienne et de confort, retour sur bilan.

3. Prise de décision

L'étape de prise de décision se fait à « froid » une fois le tumulte instinctif retombé, et de préférence dans un moment de « pause à soi », sans influence extérieure que ce soit humaine ou minérale. Si les décisions seules face à soi-même peuvent paraître difficiles dans les premiers temps, elles sont également sources des avancées les plus stables et durables de notre vie. Cette courte « coupure » du monde nous permet à la fois de laisser place au sentiment « d'évidence personnelle » qui devrait accompagner toute décision majeure, et d'éviter d'avorter notre choix dans les moments difficiles en en attribuant la responsabilité à une source extérieure (réaction instinctive de défense lors des phases d'effort). Une fois la démarche de changement entamée nous modifierons jusqu'à notre perception des situations rencontrées, il est donc important de profiter de chaque étape en temps et en heure, sans presser le pas.

Outils : clarté d'esprit et auto-détermination.

4. Mettre en œuvre le changement

Nos éléments d'amélioration identifiés, les pierres spécialisées (de couleur) reviennent nous apporter leur soutien. Dans une démarche volontaire conduisant à un but identifié, il peut être précieux de faire appel à des variétés aux dynamiques spécifiques, ou à l'impact plus percutant (puissantes). On pourra sélectionner ses variétés en fonctions de critères théoriques (classes lithosophiques de la Partie 2), mais c'est toujours la sensation qui donnera le dernier mot. Si l'on ressent un naturel d'avancée vers notre but, alors la pierre est adaptée.

Outils : pierres de couleur, symbolisme et orientation d'exercice.

5. Constatation des résultats

Notre bilan de fin de cycle est essentiel pour identifier les changements intérieurs opérés et ajuster notre perception lucide aux nouveaux mouvements instinctifs constituant notre vécu. Il se fait, tout comme notre bilan d'ouverture, avec des pierres incolores qui viendront mettre en évidence nos sensations et éclairer les dynamiques naturelles qui nous animent à l'instant présent. Il peut être nécessaire d'attendre un temps entre l'apparition des changements souhaités et cette dernière étape de bilan, afin d'appuyer notre constat sur un état stable et plus durable.

Outils : pierres incolores, retour sur le journal de développement personnel.

Notons que tout au long de notre pratique de la lithosophie, et plus encore dans les périodes de forts changements, il sera essentiel de consigner nos expériences. La tenue d'un journal contenant nos bilans, témoignages d'exercices, observations, prises de décision, et passages de caps majeurs nous permettra de préserver la cohérence lucide de notre parcours là où nos instincts seront soumis à rude évolution et nos souvenirs transformés en conséquence.

Les chakras
Portes de perception dédiées

Dernière étape avant de plonger pleinement dans la pratique de la lithosophie : il nous faut nous assurer la possibilité de travailler sur toutes les problématiques instinctives, y compris les plus difficiles d'accès, celles qui éveillent en nous les plus grandes résistances.

Puisque si la lithosophie opère un travail sensitif au contact direct de notre naturel, elle est également confrontée de plein fouet à nos réactions de défense. Ces dernières peuvent être prédisposées par notre potentiel inné, mais viendront dans tous les cas se calquer à notre vécu, aux difficultés rencontrées, et à notre perception subjective des événements. Certains sujets et domaines de travail nous seront ainsi plus difficiles d'accès que d'autres, tant pour le bilan sensitif que lors du travail. Tout domaine de travail soumis à des tensions, des conflits, des contradictions entre volonté lucide et besoins instinctifs, ou encore tout bonnement délaissé dans notre parcours sera naturellement esquivé lors d'un travail global. Il nous faudra dès lors canaliser nos ressources pour accéder à ces zones de nous-mêmes. Pour ce faire nous aurons un outil pleinement adapté : le cadre des chakras.

Historique de la notion de chakras

Le concept des chakras connaît de nombreuses variantes. Des chakras issus du yoga Kundalini (tradition première) aux versions occidentalisées véhiculées en méditation et en spiritualités Nouvel Age il y a un monde. On trouve de nombreux modèles des chakras présentant 7 portes distinctes, mais certaines écoles en considèrent 8, 10, 24… La plupart du temps ces centres énergétiques se situent sur le corps, mais parfois on en voit placés au-dessus ou en dessous dans « l'aura ». Enfin certaines voies les considèrent comme des étapes de l'âme, d'autres comme des ouvertures de circulation énergétique, leur forme peut être tantôt conique, tantôt répartie dans la périphérie du corps, les centres peuvent disposer d'un sens de rotation ou non… En somme il existe un nombre incalculable de variations sur ce concept.

Lorsqu'on ne s'y retrouve plus face à un concept énergétique, le plus pertinent est bien souvent de reprendre son historique et de voir quelles en ont été les évolutions. Dans le cas des chakras cela nous ramène en Inde, au contact d'une école spécifique du yoga : le yoga Kundalini. Première voie à avoir développé cette notion, les chakras y sont considérés comme des étapes de l'âme (force de manifestation au travers de laquelle l'essence universelle s'expérimente) lors de son incarnation. Une fois cette dernière aboutie au moment de la naissance, cette force se concentrerait au niveau du chakra de la base, pour y rester logée jusqu'au décès à moins que le yogi opère le cheminement d'exploration initiatique en sens inverse jusqu'à quitter volontairement l'incarnation grâce à l'accession de l'unique voie de libération : le sommet. Notons qu'il s'agit ici d'un système de croyance spécifique, accompagné de sa propre philosophie distincte des valeurs culturelles occidentales. Ainsi la vie est-elle perçue comme une épreuve, l'équivalent du purgatoire, et non comme un don de Dieu. Se libérer de l'incarnation devient le but ultime, et non un affront comme dans la considération occidentale du suicide, et la notion d'une vie qu'on délaisse, qu'on dépouille, qu'on met au service d'une échappée plutôt que d'une appréciation de ce qui est offert est très présente. Les voies puristes du yoga rendent ainsi le développement personnel inaccessible, en visant à un détournement de l'existence. Notons enfin que dans les textes premiers du yoga Kundalini[1], ces derniers ne sont à aucun moment considérés comme des portes, mais bien définis comme des caps de cheminement qui se recréent au fur et à mesure que le yogi les atteint.

Intervient ensuite un mouvement ésotérique du nom de société théosophique, précurseur du Nouvel Age, ayant apporté une vision neuve bien que discutable de la spiritualité. L'idée première, très belle en soi, veut que toutes les spiritualités du monde soient en réalité une seule et unique spiritualité, dont les aveuglements individuels empêcheraient de voir la trame universelle. Dans la pratique la société théosophique souffre des considérations universitaires de son temps, et considère qu'il existe une hiérarchie de maturité spirituelle, les peuples « plus primitifs » permettant à l'Occident de reconnecter avec les origines de ses croyances, et l'Occident éclairant leur chemin vers la sagesse et la pensée aboutie. En ressort des appropriations d'éléments de cultures étrangères amalgamés à une morale judéo-chrétienne et qui ouvrira la voie à de nombreux concepts spirituels et syncrétismes du XXIe siècle. Dans le cas des chakras l'importation de la notion s'est faite au travers d'un auteur, C.W. Leadbeater, qui en 1926 écrit *The Chakra*, premier ouvrage occidental sur le sujet. Dès cette première entrée en contact entre notre culture et les chakras on peut observer des différences par rapport aux textes fondateurs du yoga Kundalini. Les centres y deviennent préexistants à la naissance,

1. TARA Michaël, *Corps subtil et corps causal : La description des six Cakra et quelques textes sanscrits sur le kundalini yoga*, Paris, Courrier du Livre, 1998.

les sages ayant la capacité de voir les auras (concept occidental) y étant décrits comme percevant des roues qui tournent chez tout individu, et se voient attribuer leur rôle de « portes » permettant à l'énergie interne du corps de venir nourrir notre émanation extérieure. Difficile de savoir si Leadbeater a ainsi opéré une adaptation de la notion de chakra à l'ésotérisme occidental (rapprochement à l'aura et identification à une réalité matérielle) ou s'il a rencontré des écoles définissant les chakras comme dans ses écrits (les croyances et pratiques pouvant s'écarter substantiellement des références écrites en Inde), mais quoi qu'il en soit la cohabitation des différentes versions est d'ores et déjà présente.

C'est enfin lors de ces dernières décennies, depuis les années 70 ayant vu naître l'essor du Nouvel Age et de la pratique de la méditation en Occident, que la notion de chakra s'est véritablement installée et développée. De nombreux discours différents cohabitent dès lors, des plus proches de la tradition Kundalini aux plus « novateurs ». La « fin du monde » de 2012 et les croyances d'élévation spirituelle de l'humanité dans cette période ont par exemple été le siège d'une surenchère du nombre de chakras, chaque auteur prétendant que « l'augmentation du taux vibratoire mondial » permettait l'apparition de nouveaux centres. Une telle logique s'appliquerait à une organisation du corps physique qui pourrait changer avec une évolution de génération en génération, mais pas à un cadre énergétique comme celui des chakras. Explorons quelques fondamentaux à ce sujet afin d'y voir plus clair.

Nature et organisation des chakras

De nombreux ouvrages tentent de disséquer et définir une « anatomie énergétique », idée découlant de la notion qu'un « corps énergétique » se superposerait, chez l'être humain, au corps physique. Si on observe en effet une émanation d'influence autour des individus, il serait bon

d'y appliquer ce que nous savons du comportement et de la circulation de ces dernières ici aussi. Les influences issues d'un être conscient (doté d'une pensée) auront tendance, dans la mesure du possible (quantités disponibles, potentiel instinctif pour nourrir l'intention), à suivre la forme, les attributs, les mouvements, dictés par cette conscience. C'est ce que nous appelons le pouvoir de l'intention, et cela constitue la base de l'efficacité de la prière, une partie du fonctionnement de la pensée positive, et à échelle collective, le terreau des égregores et formes-pensées. Dans le cas de l'énergie du corps d'un individu, cette dernière est l'émanation directe de l'existence physique. L'état de santé déterminera les quantités disponibles, les tendances instinctives et de mode de vie donneront des facilités à nourrir certains domaines symboliques… Mais le « format », le cadre même des chakras (nombre, emplacement, forme, couleurs associées, sens de rotation, attributs, etc.), sera quant à lui déterminé par les associations culturelles et personnelles lucides du sujet lui-même.

Ainsi nous ne naissons pas naturellement avec des chakras, mais les constituons au contact de la culture, des symboles et visualisations que nous intégrons. Toutefois ce cadre symbolique s'appuie tout de même sur une énergie physique, issue du corps, et de ce fait quelques nécessités restent malgré tout présentes. Aucun modèle des chakras ne laisse par exemple des parties du corps dépourvues d'énergies, ni exposées. S'il y a originalité ce sera sur des centres supplémentaires autour du corps et non en dépouillant une partie. On aura également tendance à représenter l'ensemble des domaines de la vie humaine. On pourra faire des centres très spécialisés (conscience spirituelle des vies antérieures par exemple), mais chaque enjeu de l'expérience individuelle devra trouver sa place sur l'un d'eux.

Enfin, certains facteurs permettront une intégration plus naturelle d'un modèle chakra donné. Plus l'on se rapproche des associations classiques de notre culture native, plus le modèle pourra s'intégrer dans nos instincts et se montrer effectif au cours du travail. Dans un cadre occidental, on utilisera ainsi les couleurs « arc-en-ciel » communément associées à ces centres dans la pratique méditative telle qu'elle a pris forme dans notre culture, et non celles des représentations classiques du yoga Kundalini. Les attributs sont également posés au plus proche des associations symboliques des parties du corps (sensation du concret aux jambes, contact aux émotions au cœur, conscience intellectuelle au front...).

Le cadre chakra proposé dans cet ouvrage est ainsi une version pratique, fondée sur une correspondance à la culture occidentale. Sachant que n'importe quel modèle pleinement intégré se révèlera effectif et applicable au travail avec les pierres, le but est d'offrir un format de repère aux personnes ne disposant pas d'une pratique préalable impliquant un cadre chakra. Dans le cas contraire nous vous conseillons de préserver les repères que vous vous êtes déjà construits dans votre pratique, et d'y adapter le travail d'épanouissement de vie par les pierres que nous développons au long de ces pages.

Les sept chakras
Structure et utilisation

Les chakras utilisés en lithosophie, également appelés « portes de perception » nous permettent ainsi d'investir le travail d'une pierre et les sensations qu'elle nous apporte dans un domaine humain spécifique. Ils sont incontournables tant dans la pratique des bilans que dans la mise en œuvre des changements, et correspondent à un cadrage humain, neutre d'influences spirituelles. En l'absence d'une utilisation préalable d'un cadrage chakras spécifique, il vous est ainsi possible de vous appuyer sur celui qui vous est proposé en ces pages et d'y intégrer votre cheminement spirituel en fonction des traditions qui guident votre route.

Une fois cette structure intégrée, les instincts correspondant à chaque domaine tendront à s'investir sur l'emplacement du corps lui étant dédié. Les domaines les plus investis dans votre vie auront ainsi une plus grande quantité d'énergie à disposition et ceux ayant été délaissés seront naturellement moins renforcés. On parlera alors de déséquilibres quantitatifs correspondant au surinvestissement et au sous-investissement. Si le détail de ces déséquilibres seront explorés dans le chapitre suivant, les utilisateurs les plus expérimentés ayant déjà bien identifié leurs affinités couleur dans « Les Pierres au Quotidien » pourront trouver des premiers repères grâce aux associations à ces dernières.

Chakra de la base

Localisation : Périnée.

Zone d'influence : Du bas du bassin jusqu'aux pieds en intégrant l'ensemble de la longueur des jambes.

Domaines de vie : Introspection, sensation et identification de soi-même ; Force d'action, de volonté, de mise en mouvement, pulsions actives ; Ressources physiques ; Sensation du concret environnant, stabilité, assises.

Émotions développées : Confiance, sécurité, légitimité d'exister.

Expression dans : La vie privée principalement, dans les vécus seul avec soi-même ou avec les personnes nous apportant une confiance instinctive.

Points d'astrologie liés : Ascendant, Fond du ciel, Maison 2, 6 et 8, Soleil, Mars, Pluton, astres en signe de Terre, Taureau, Scorpion, Bélier…

Couleurs associées

Noir

Équilibre : Écoute de soi, facilités à distinguer le personnel de l'influence extérieure.

Manque : Peu de connexion à soi-même, nombreux doutes et remises en question.

Excès : Enfermement dans ses ressentis personnels, perception de l'extérieur comme intrusif.

Marron

Équilibre : Sensation de stabilité, repères, confort de vie quotidienne, confiance.

Manque : Difficultés à construire des repères, fragilités physiques, confiance fragile.

Excès : Dépendance à ses repères de vie quotidienne, enfermement dans des habitudes.

Rouge

Équilibre : Force d'action, de volonté, impulsions et ressources physiques.

Manque : Ressources actives et physiques manquantes, motivation ou volonté défaillante.

Excès : Impulsivité, explosivité, agressivité, tension interne.

Améliorations de développement personnel associées :

- Identifier nos besoins, désirs et préférences
- Développer l'écoute de soi
- Améliorer notre sensation du corps
- Développer notre sentiment de sécurité et de légitimité (confiance en soi)
- Nous connecter à l'existence concrète de ce qui nous entoure
- Développer l'affirmation de soi
- Entrer dans la mise en action, dans la quête de nos objectifs

Chakra sacré

Localisation : Limite basse du ventre.

Zone d'influence : Bassin et hanches.

Domaines de vie : Moment présent, appréciation des stimulations extérieures ; Création dans le monde, donner vie à… ; Développement sensitif ; Mise en marche des mouvements spontanés.

Émotions développées : Appréciation, plaisir, émerveillement, confort spontané.

Expression dans : La vie privée, les loisirs ou activités plaisantes, les plages de liberté active.

Points d'astrologie liés : Lune, Vénus, Maison 3 et 5, astres en signe d'Eau et de Feu, Taureau, Gémeaux, Cancer, Lion…

Couleur associée

Orange

Équilibre : Mouvements et réactions spontanés, appréciation des bons moments.

Manque : Interactions avec le monde vécues comme peu stimulantes, absence de spontanéité.

Excès : Consommations ou mode de vie compulsif, qu'il est difficile de refréner.

Améliorations de développement personnel associées :

- Connecter à nos sensations agréables et plaisantes
- Identifier ce qui nous insuffle une sensation de vie
- Développer l'appréciation du moment présent
- Nourrir l'enthousiasme, la spontanéité, la sincérité
- Investir les interactions de plaisir avec l'entourage

Chakra du plexus solaire

Localisation : Creux du diaphragme, entre les côtes

Zone d'influence : Ensemble de la zone du ventre

Domaines de vie : Existence dans le monde, rayonnement ; Valeur de soi, présence, charisme ; Prendre place, réaliser dans le collectif ; Confiance affichée, présentation de soi, gestion de notre image.

Émotions développées : Estime, sensation de la valeur personnelle, appréciation de soi.

Expression dans : La vie collective, qu'il s'agisse de groupes familiaux, amicaux ou professionnels.

Points d'astrologie liés : Soleil, Jupiter, Milieu du ciel, Maisons 5, 10, ou encore 11, astres en signe de Feu, Lion, Sagittaire, Capricorne…

Couleur associée

Jaune

Équilibre : Joie et bonne humeur, rayonnement spontané et extériorisé.

Manque : Difficultés à entretenir une légèreté joyeuse, ressources de prestance défaillantes.

Excès : Hyperactivité ou pression de présence investie dans l'image de soi ou la position occupée.

Améliorations de développement personnel associées :

- Développer l'estime de soi
- Extérioriser la confiance en soi
- Rayonner et prendre place dans le collectif
- Identifier les rôles qui nous conviennent
- S'approprier l'image que l'on donne de soi

Chakra du cœur

Localisation : Centre du thorax.

Zone d'influence : Ensemble de la zone du torse.

Domaines de vie : Centre de gestion des émotions, de régulation de l'investissement émotionnel ; Attachement émotionnel et émotions de lien ; Principes, idéaux, émotions reliées à des concepts ; Circulation et flux émotionnel.

Émotions développées : Levier d'intensité de toutes les émotions ressenties, sentiment amoureux, attachement, sentiment de foi.

Expression dans : L'ensemble des domaines de vie, associé à des instincts ou à des concepts.

Points d'astrologie liés : Lune, Vénus, Uranus, Neptune, Maisons 4 et 7, astres dans les signes d'Eau, Cancer, Balance, Sagittaire, Poisson…

Couleurs associées

Rose

Équilibre : Émotions de lien ressenties et identifiées, bonne estimation de ce qui compte.

Manque : Émotions instinctives en veille, peu d'attraits spontanés ou d'appréciations naturelles.

Excès : Débordements d'émotions instinctives, hyperémotivité difficile à canaliser.

Vert

Équilibre : Principes et idéaux porteurs, sensation d'être porté par les idées qui nous animent.

Manque : Peu d'ouverture aux émotions de principes et de mise en perspective émotionnelle.

Excès : Enjeu puissant ressenti sur les idéaux, tendance à déshumaniser l'émotion.

Améliorations de développement personnel associées :

- Identifier les éléments précieux de notre vie
- Renforcer notre investissement affectif avec les proches
- Nourrir nos idéaux et nos rêves
- Renforcer notre foi, en une religion ou simplement en la vie
- Cicatriser les blessures émotionnelles
- Dépasser les désillusions et abattements

Chakra de la gorge

Localisation : Creux des clavicules

Zone d'influence : Cou et zone ORL

Domaines de vie : Communication, échanges d'informations ; Choix des modes d'expression, transmission, extériorisation des messages ; Posture d'écoute, ajustement de la réceptivité, traitement des messages ; Contact informatif avec l'inconnu.

Émotions développées : Ouverture ou préservation, tolérance, curiosité.

Expression dans : La vie « publique », en contact avec les connaissances ou les étrangers. Plus rarement avec les proches pour prendre du recul sur les rapports instinctifs.

Points d'astrologie liés : Mercure, Gémeaux, Maison 3, Maison 9, astres en signe d'Air, Descendant, Balance, Poissons…

Couleur associée

Bleu clair

Équilibre : Fluidité, tranquillité, légèreté et partage aisé.

Manque : Peu de ressources pour prendre de la hauteur et donner de la légèreté aux perceptions.

Excès : Attention focalisée sur la forme ou détriment du fond, superficialité.

Améliorations de développement personnel associées :

- Améliorer la clarté de l'expression
- Se faire comprendre et adapter son langage
- Développer de la disponibilité d'écoute
- Interpréter plus précisément les messages d'autrui
- Entretenir une posture de tolérance et d'ouverture face à l'inconnu

Chakra du 3e œil

Localisation : Au milieu du front, juste au-dessus des sourcils

Zone d'influence : Haut du visage

Domaines de vie : Compréhension, conscientisation, élaboration des pensées ; Acquisition et préservation des connaissances, structure de l'esprit, précision des pensées ; Anticipation, imagination, création par l'esprit ; Détermination lucide, vision du monde.

Émotions développées : Liberté intérieure, tempérance, maîtrise.

Expression dans : Toutes les tâches humaines nécessitant de la gestion.

Points d'astrologie liés : Mercure, Saturne, Uranus, Maison 9, astres en signes d'Air, Vierge, Gémeaux, Verseau…

Couleurs associées

Bleu foncé

Équilibre : Concentration, focalisation, présence d'esprit. Dispositions à la réflexion

Manque : Troubles de la concentration, pensées lucides peu claires, troubles, fuyantes.

Excès : Esprit très actif ou très fixe dans ses positions, conservateur, dogmatique.

Violet

Équilibre : Anticipation, innovation, imagination, création par l'esprit.

Manque : Difficultés à générer des ouvertures par l'esprit, liberté intérieure entravée.

Excès : Fuite dans des considérations hypothétiques, des fantasmes, ou de l'imaginaire plaisant.

Jaune (secondairement)

Équilibre : Pertinence d'esprit, vivacité, répartie. Éclat de l'intellect rayonnant.

Manque : La pensée reste linéaire, sans panache, n'explore pas les dynamiques d'humour.

Excès : Hyperactivité intellectuelle, tendance à favoriser la formulation au détriment du message.

Améliorations de développement personnel associées :

- Développer la présence et la clarté d'esprit
- Maximiser les capacités d'apprentissage et de mémorisation
- Élaborer notre vision du monde
- Ouvrir l'imaginaire et le champ d'hypothèses
- Se libérer et se préserver par l'idéalisation

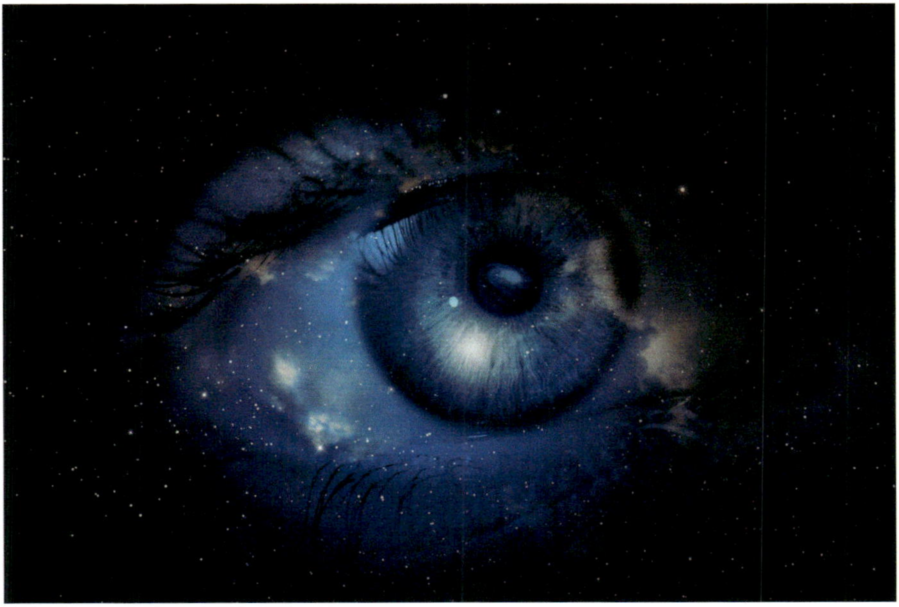

Chakra du sommet

Localisation : Sommet du crâne

Zone d'influence : Haut et arrière de la tête

Domaines de vie : Contact avec ce qui dépasse le divin ; Spiritualité ; Rassemblement des conceptions et expérience en une vision et un vécu du monde.

Émotions développées : Transcendance, inspiration, connexion, élévation.

Expression dans : Le cheminement spirituel ou religieux, notamment dans les expériences de vécu du divin.

Points d'astrologie liés : Neptune, Poissons, Maison 12, Sagittaire…

Couleur associée

Blanc (incolore)

Équilibre : Ouverture, augmentation de la perception, considéré comme un neutre.

Manque : Difficultés à percevoir sensitivement l'environnement dans lequel nous baignons.

Excès : Tendance à être imprégné, envahi ou fortement influencé par les forces environnantes.

Note : Les spiritualités occidentales ayant une forte association entre les couleurs de l'esprit (bleu, violet) et la représentation du divin, ces dernières sont régulièrement transposées au chakra du sommet. Un cheminement spirituel peut toutefois se nourrir de bien d'autres influences et intégrer d'autres centres (cœur, base, etc.).

Améliorations de développement personnel associées :

- Contact avec notre foi et notre vision du divin
- Exploration de notre cheminement spirituel
- Élaboration du sens donné à nos expérience et au devenir

Troubles quantitatifs et de conflit

La structuration des chakras est ainsi essentielle à notre exploration, en permettant d'aller à la rencontre de chaque zone de notre être, y compris les plus délaissées ou meurtries qui bien que difficiles à approcher sont les plus enrichissantes à travailler. Une fois les attributs de chacune des portes intégrés, deux phénomènes deviennent visibles et permettent au cours des bilans de nous guider vers les voies d'amélioration.

Organisation quantitative des ressources

Plus un domaine est investi et nourri dans notre existence, plus notre énergie sera mobilisée et concentrée sur ce dernier. Au sein des exercices, tout se comporte comme si nous disposions de plus de ressources pour explorer, visualiser, donner forme et présence à certains sujets plutôt qu'à d'autres. Cela peut s'exprimer par le fait que certaines couleurs ou symboliques aient du mal à apparaître, ou le fassent sans présence, comme une image sans vie... Il peut arriver au cours d'une exploration que nous souhaitions faire venir un élément et que ce dernier nous soit tout simplement hors d'accès. À l'inverse, certains domaines se montreront fluides, dynamiques, rapides à prendre place dans l'exercice et riches en sensations. Ces décalages de confort d'expérience au cours de nos explorations introspectives témoignent très naturellement de nos tendances instinctives de l'instant. Aussi une exploration facile et naturelle dans son déroulement nous permet-elle d'identifier un vécu présent et lui aussi naturel dans le domaine exploré, tandis que des difficultés d'apparition ou de maintien des images, présences, etc. témoignent d'un manque de ressources et donc de vécu pour les générer.

Ce constat est un point essentiel du travail avec les pierres puisqu'il conduit à une conclusion réciproque : si la présence d'une image et des sensations souhaitées l'accompagnant témoigne de l'existence de ce potentiel humain en nous, parvenir à générer ce résultat lorsqu'il est préalablement « bloqué » revient également ouvrir notre potentiel à de nouvelles gammes de vécu. Ce sont donc ces domaines peu nourris qui nous intéresseront le plus dans notre travail en lithosophie. Un domaine symbolique disposant de faibles ressources, ce que nous appelons un « sous-investissement », constitue toujours un secteur de travail privilégié pouvant se débloquer aisément et générant de nombreuses améliorations à lui seul.

Si certains secteurs de notre vie sont délaissés, d'autres au contraire constituent nos points force, nos appuis. Les sensations ne nous permettent pas d'identifier clairement un secteur de notre vie sur lequel nous aurions particulièrement concentré nos ressources. Un domaine de vie prédominant dans notre existence se présentera simplement comme confortable, agréable, fluide... On pourra toutefois dans certains cas voir un élément particulièrement important pour nous prendre le dessus et pénaliser insidieusement notre vie. Les émotions qui nous rassurent peuvent devenir paralysantes par leur trop-plein, l'observation intellectuelle qui nous éclaire peut nous conduire à dénigrer les évidences de l'expérience, et un charisme assurant notre sociabilisation peut devenir une prison dorée maintenue au prix de nombreux sacrifices. Tous ces domaines très nourris de notre vie, que l'on nommera « surinvestissement », se repèrent ainsi par l'observation du déroulement des choses et par identification lucide des problématiques s'étant installées. Si ce repérage peut se montrer malaisé et si des doutes peuvent planer sur la présence ou non d'un surinvestissement, pas de panique, l'enjeu est simplement de ne pas rajouter une couche en appliquant en plus une influence de pierre. Si vous suspectez un domaine chakra d'être en train de prendre le dessus sur votre vie, prenez donc simplement la peine d'éviter les pierres des couleurs lui étant associées, et ce même et surtout si ce sont vos préférées. Notons enfin que de telles observations pourront se nourrir des commentaires de l'entourage, mais trouver un écho personnel en définitive. Si un surdimensionnement doit être considéré comme problématique c'est parce qu'il constitue une entrave à la vie que le sujet lui-même souhaite se construire, et non par diagnostic extérieur.

Afin de vous aider dans l'identification des ces troubles quantitatifs, voici quelques explicitations de ces derniers pour chaque chakra, en se rappelant que les sensations seront plus alarmantes dans le cas des sous-investissements que des surinvestissements.

Chakra de la base

Surinvestissement : Les assises (de conditions de vie ou intérieures) ou les mouvements d'action sont des « forces » sur lesquelles on s'appuie et desquelles on tend à dépendre. Les changements d'habitudes de vie, contradictions du monde extérieur avec nos ressentis personnels ou encore les situations d'impuissance deviennent alors des sources de menace et d'insécurité.

Sous-investissement : on éprouve des difficultés à poser des repères dans son mode de vie (physiquement ou dans les habitudes du quotidien) ou à prendre en main les démarches que l'on souhaite pourtant mener d'un point de vue lucide. Les ressources physiques peuvent être manquantes ou excessivement laborieuses à mettre en mouvement. Les sentiments de sécurité et de confiance intime sont très peu présents.

Chakra sacré

Surinvestissement : l'appréciation devient un besoin, ouvrant la voie à des comportements compulsifs, à des défouloirs excessifs (consommation, plaisirs momentanés...) et hors de contrôle. L'anarchie générée peut donner l'impression de se perdre ou encore de se consumer. Il y a dans tous les cas un emballement nécessitant un retour au calme pour y voir plus clair.

Sous-investissement : les stimulations extérieures éveillent peu de sensations en nous, qu'il s'agisse de contacts gustatifs, tactiles... Il est difficile de s'arrêter pour profiter pleinement d'un moment, d'un paysage, d'une musique. Les occasions de vivre des échanges légers et agréables sont vécues comme des obligations ou des formalités, et les démarches créatives que nous entreprenons restent froides, peu investies par notre vécu... en somme l'énergie de vie est asséchée.

Chakra du plexus solaire

Surinvestissement : notre posture dans les groupes que nous fréquentons est un point d'accroche majeur. Peuvent en découler des dépendances à une image de soi impeccable ou à une position de leader, de popularité, de pouvoir, etc. Bien que la confiance en soi affichée puisse être très forte, elle vient ici faire bouclier à nos failles et peut, avec le temps devenir une prison rendant périlleux ou douloureux tout retour à l'authenticité.

Sous-investissement : l'aura et la prestance sont peu présentes. Il nous est difficile de nous affirmer dans les groupes et nous tendons à prendre la place que les autres nous octroient. Notre image est peu maîtrisée, peu forgée, peu transmise, et cet état nous expose à beaucoup de projections de la part de l'entourage. Il peut être dès lors peu confortable de devoir fréquenter des groupes, ou laborieux de maintenir de force la considération de l'entourage par des compensations autres que l'affirmation instinctive.

Chakra du cœur

Surinvestissement : les émotions sont le stimulant principal et vécues avec une vive intensité, qu'elles soient heureuses ou douloureuses. Elles dictent nombre d'actes, de réactions, et de décisions de l'individu, et peuvent prendre une place débordante, s'exprimant sans mesure. La personne elle-même est envahie, ayant des difficultés à contenir ses élans y compris lorsqu'ils sont peu en phase avec les circonstances extérieures rencontrées.

Sous-investissement : on éprouve des difficultés à nourrir sa sphère émotionnelle. Les mouvements émotifs sont peu intenses et tendent à être perçus comme troublants, inhabituels lorsqu'ils viennent à se manifester plus fortement. Il est dès lors peu aisé d'estimer les situations rencontrées, d'identifier leur juste importance dans notre vie. Cet état peut déboucher sur des occasions manquées ou gâchées et exposer à de forts regrets.

Chakra de la gorge

Surinvestissement : le contact informationnel est prépondérant dans la vie de l'individu, que ce soit par logorrhée ou par attente pressante d'échanges. L'interaction avec l'autre est ici un détournement d'attention permettant d'atténuer les sensations pouvant ressortir en état de calme, et constituent une béquille de laquelle on tendra à dépendre. Les moments de « vide » de communication peuvent être vécus comme inconfortables et désagréables.

Sous-investissement : les capacités d'expression sont peu nourries, pouvant entraîner tant des difficultés à extérioriser les messages que l'on souhaite transmettre qu'à être compréhensibles dans les propos employés. Le flou ainsi généré touche également la réception des informations puisque les aptitudes de traitement des informations reçues pourront également être peu développées, avec des confusions d'interprétation, et des amalgames de sens et de connotations jusque dans la réflexion personnelle.

Chakra du 3e œil

Surinvestissement : Peu identifié en raison de la tendance culturelle normalisant ce surinvestissement, il entraîne une prédominance des idées, pensées, ou trames culturelles, qui deviennent peu à peu des certitudes puis des lois. On entre alors dans une démarche dogmatique, pouvant être renforcée par tout soutien institutionnel, de légitimité, d'autorité.

L'observation des faits ou l'expérience deviennent ainsi secondaires face à la pensée autosuffisante. Les facultés intellectuelles ne s'en trouvent pas pour autant boostées.

Sous-investissement : les lacunes de ressources assujetties à l'intellect entraînent des difficultés de concentration, ou à maintenir une activité mentale. La fatigue intellectuelle peut intervenir rapidement lorsqu'un effort est fourni (lecture, visualisation, réflexion précise et détaillée ...) et l'esprit peut se disperser, être flou lors des phases créatives. Notons que les capacités intellectuelles ne sont pas pour autant diminuées, elles sont simplement entravées par une faible endurance à l'effort psychique.

Chakra du sommet

Le sommet est un centre de connexion, de dépassement et de rassemblement en un tout. Il ne saurait être considéré comme un domaine de travail, son terrain étant celui d'un cheminement unique en chaque expérience et sans cesse renouvelé. Il peut toutefois se troubler lorsque des crises de vie abîment notre vision du monde, ébranlent notre foi ou détruisent les repères que nous connaissions. On observe également des réactions atypiques dans certains cas de troubles psychiatriques.

Conflits, paradoxes et tensions

Outre les déséquilibres quantitatifs, on pourra également rencontrer des problématiques n'étant pas liées ni aux concentrations d'énergies ni à leur répartition, mais bien au sens que nous donnons aux événements, aux modèles et à notre parcours. Souvent générées par notre posture lucide face aux réactions instinctives, ces tensions internes aussi appelées « conflits » en lithosophie auront besoin d'être déconstruites ou dissipées pour voir apparaître une amélioration de notre qualité de vie. Contrairement aux déséquilibres quantitatifs qui pourront se résoudre par un pur travail instinctif, les conflits nécessitent ainsi de comprendre les enjeux de la problématique pour les dénouer. Si leur dépassement peut paraître plus malaisé, ils sont également des occasions de connaissance de soi incomparables au cours desquelles chaque clarification nous amène à la fois vers plus d'épanouissement et plus de cohérence intérieure. Les bénéfices sont dès lors immédiats mais aussi omniprésents sur la suite de notre parcours.

Chaque type de conflit aura ses propres leviers de résolution. Les complexes nécessiteront par exemple un ajustement de notre « idéal » ainsi qu'une meilleure sensation de notre satisfaction et appréciation de nous-mêmes, tandis que les traumas nécessiteront de reconnecter à des instincts de sécurité avant de pouvoir faire perdre en force à l'image générant nos craintes. Transcender certains conflits peut nécessiter des protocoles d'approche difficiles à mettre en œuvre dans un travail d'auto-soin. N'hésitez dès lors pas à faire appel à un lithosophe professionnel, disposant des compétences pour mettre en œuvre votre passage de cap face à toute situation rencontrée au cours de vos bilans.

S'il serait impossible de faire une liste exhaustive de l'ensemble des conflits tant ceux de chaque individu sont uniques, il est toutefois de grandes categories qui reviennent régulièrement dans de nombreuses existences humaines. En voici un échantillon, même si les indicateurs d'un conflit se doivent de s'appuyer avant tout sur vos sensations : pressions, craintes, blocages, malaises sont autant d'indicateurs d'une amélioration potentielle de ce type.

Chakra de la base

- Traumas physiques (accidents, séquelles, complexes…)
- Confusions entre besoins personnels et egoïsme
- Difficultés à accueillir les contraintes
- Culpabilités liées aux considérations matérielles
- Frustrations liées aux colères retenues
- Culpabilités liées aux conséquences de nos actions

Chakra sacré

- Traumas liés à la sexualité
- Dénigrement du soin de soi
- Dépréciation des plaisirs par interdiction morale ou sociale
- Culpabilité et condamnation de nos moments plaisants
- Condamnation de notre spontanéité ou de notre naturel
- Dépréciation de notre élan créateur

Chakra du plexus solaire

- Troubles de l'estime de soi
- Sentiments de honte liés à notre image
- Bien-être par le dénigrement d'autrui
- Peurs du groupe et complexes d'intégration
- Culpabilités liées au rayonnement personnel (peur de déranger)
- Frustrations liées à l'acceptation de rôles imposés

Chakra du cœur

- Blessures émotionnelles
- Peur de faire confiance ou de s'investir émotionnellement
- Désillusions dans la foi ou les valeurs humaines
- Interdictions posées sur l'expression des émotions
- Culpabilités liées au fait de blesser ou décevoir autrui
- Honte de notre émotivité

Chakra de la gorge

- Complexes liés à l'élocution
- Éléments déclencheurs de timidité
- Sentiment et frustration d'être incompris
- Craintes ou idées préconçues face à l'inconnu
- Angoisses face au vide et au silence
- Coupure de communication en cas de peur ou de colère

Chakra du 3e œil

- Incohérences entre modèle lucide et besoins instinctifs
- Culpabilités liées à un conflit moral
- Idées récurrentes générant du stress ou de la colère
- Obsessions et paranoïas
- Craintes de la remise en question
- Fuite de la réalité ou difficultés à s'y confronter

Chakra du sommet

- Remise en question de la conception du divin
- Désillusions liées au cheminement spirituel

Partie 2
Lithosophie pratique

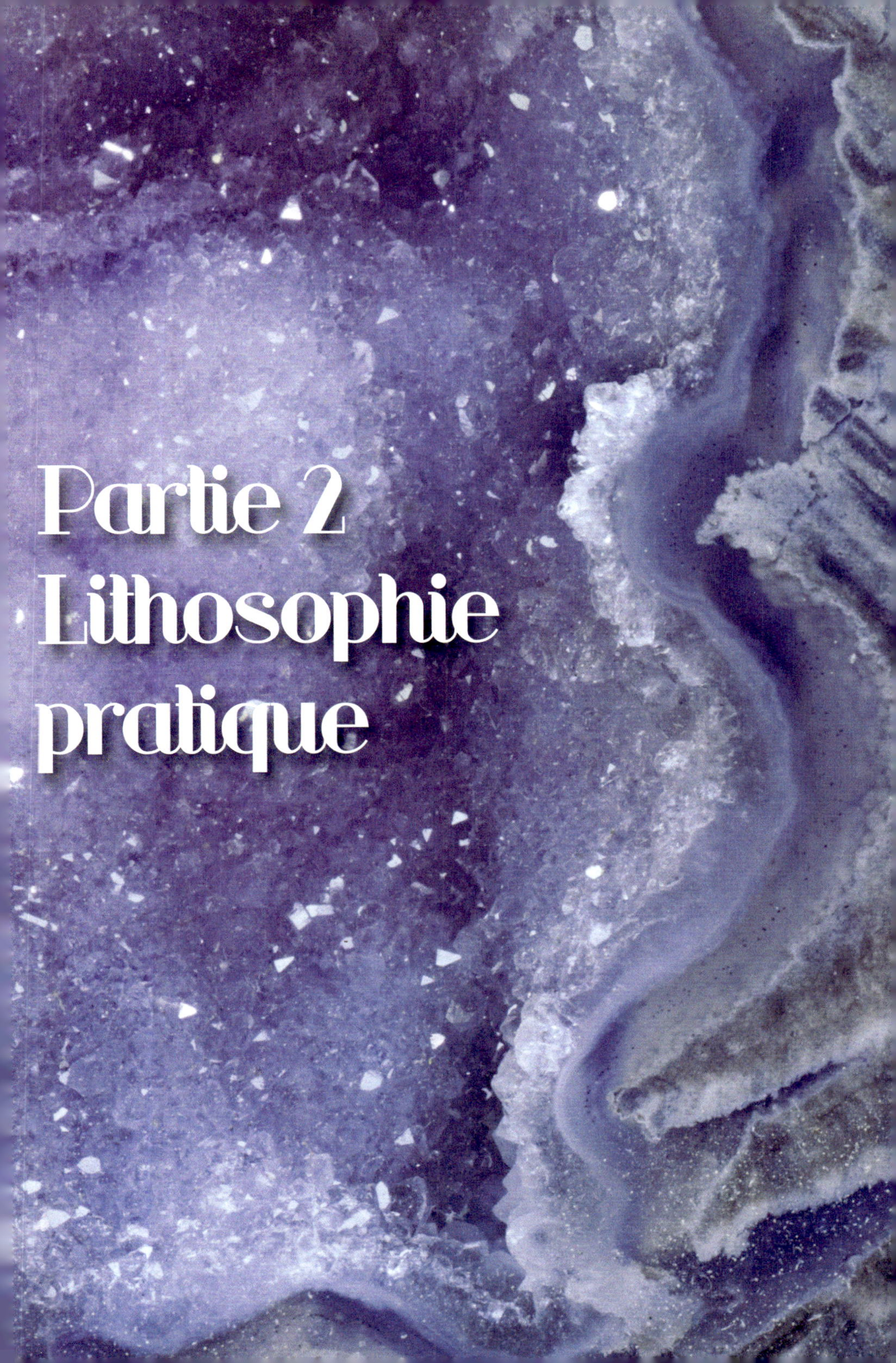

Étape 1 : Bilan d'harmonisation Les débuts de la découverte

Avant d'établir une quelconque démarche structurée, notre premier pas consistera en une exploration libre. Ce préalable au travail dirigé nous permet d'accueillir spontanément nos sensations, ce qui deviendrait hors de portée dès lors qu'on entrerait dans la définition d'objectifs ou dans la mise en œuvre de notre volonté. Tout conditionnement tendra de fait à masquer les dynamiques intérieures, jusqu'à les faire taire dans la plupart des situations de notre vie de tous les jours. Aussi l'écoute a-t-elle sa place de choix au tout début d'une démarche de travail, et laissera de plus en plus place à l'action au fur et à mesure que nous avançons dans les étapes.

Notons cependant que lors d'un travail avec les pierres, chaque exercice implique l'intervention d'une influence extérieure (bien que neutre et passive dans l'étape de bilan), ce qui nous amènera occasionnellement à assister à des déblocages instinctifs au cours des étapes de prise d'informations. On remarquera que les difficultés pouvant se lever aisément dans un tel travail premier sont bien souvent des problématiques liées à un manque d'investissement sur un domaine ou à des conflits simples et matures pour une résolution naturelle. L'étape de bilan a pour but premier de révéler l'information instinctive présente dans la période de vie que nous traversons afin de poser des objectifs plus vrais et respectueux de nous-mêmes. Aussi pouvons-nous au cours de ce travail identifier des tensions et sensations pesantes qui ne trouveront leur résolution que plus loin dans notre cheminement. Gérer les identifications les moins agréables nécessite de se rappeler qu'en l'absence de suggestion d'un quelconque résultat (condition *sine qua non* pour qu'un exercice soit considéré comme une exploration libre) tout ce qui apparaît au cours de nos voyages introspectifs est préalablement présent en nous. Même si notre conscience vit cela comme une nouveauté, il n'en est pourtant rien, et ce repérage lucide est la première ouverture vers une chance de transcender tout vécu pénible.

Par ailleurs il est important de se sécuriser quant aux conséquences des sensations pénibles pouvant être levées au cours d'un tel exercice. Une tension ou un conflit identifié nous pose une simple question : Doit-on ou non lancer un travail ? Et la réponse à cela n'appartient qu'à la personne concernée et à nulle autre. Il vous est ainsi possible de choisir de passer votre chemin, et les protocoles de stabilisation s'occuperont ensuite de tranquilliser notre expérience pour que le conflit retourne au refoulement permettant sa gestion loin des projecteurs de notre conscience. Bien que moins profitable qu'un travail de transcendance du vécu, cette option permettant de laisser de côté un travail auquel on ne se sent pas de s'attaquer immédiatement est essentielle. Elle nous permet de concilier une vie stable et tranquille avec nos avancées de développement personnel sensitif. En l'absence d'une telle sécurité, les malaises se présentant et les conséquences d'un travail obligatoire pour les résoudre pourraient rendre la gestion des tâches courantes plus laborieuses (vie professionnelle et privée) entraînant des répercussions liées à ce contre-coup. Un travail en lithosophie se doit de se faire par étapes, à votre rythme et selon les priorités majeures à vos yeux. Bien des manquements par excès de zèle sont camouflés sous le prétexte fallacieux du « mal de guérison » (période prétendument incontournable de chamboulement avant d'atteindre un nouveau passage de cap) au sein des disciplines énergétiques. Aussi votre confiance ultime ne doit-elle revenir qu'à votre écoute de vous-même : si une période vous semble critique, trop instable et difficile à traverser, et les voies d'avancées trop indéfinies, alors peut-être est-il tout simplement temps de reprendre son calme et conquérir une nouvelle stabilité, plus propice à un travail pas à pas qu'à un tumulte ingérable.

Sensations ressenties dans un bilan

Voilà qui nous amène à considérer les différentes sensations pouvant être rencontrées dans un travail de recherche intérieure. Il serait impossible de faire un exposé exhaustif des sensations potentielles tant elles sont bien évidemment infiniment nuancées et propres à chacun, mais il nous est en revanche à la fois envisageable et précieux d'identifier des tendances. La première d'entre elles est la différenciation entre sensations agréables et désagréables. Comme nous avons pu précédemment l'exposer, l'instinct humain réagit avec une étonnante simplicité, et tout l'enjeu de sa compréhension consiste à faire simple pour faire vrai. Ainsi les sensations agréables témoignent-elles d'une zone de confort ou d'un mouvement d'amélioration de notre vécu, tandis que les sensations désagréables nous signalent des zones de blessure ou un mouvement de dégradation du vécu. Si l'interprétation des instincts est d'autant plus pertinente qu'elle est simple, il en va tout autrement des situations globales que l'on rencontrera en exploration instinctive. En pratique, les vécus tendront non pas à dessiner une trame cohérente ni à nous raconter une histoire claire, mais à laisser s'exprimer simultanément tout ce qui réside en nous pour aboutir à un tableau parfois très paradoxal et mitigé bien que réaliste. S'il nous est ainsi possible de qualifier des sensations isolées comme nettement agréables ou désagréables, il sera beaucoup plus difficile d'être aussi categorique sur un exercice dans son ensemble. Nous aurons régulièrement affaire à des expériences « globalement agréables » ou « globalement désagréables » bien que plus nuancées dans leur détail. Enfin, certains exercices pourront également s'avérer tout simplement mitigés. Il est ainsi important lors de tout exercice sensitif de prendre l'habitude de témoigner de notre expérience telle qu'elle s'est produite, qu'elle nous paraisse claire ou non, cohérente ou non.

Certaines sensations pourront également nous mettre la puce à l'oreille concernant certains déséquilibres que nous cherchons tout particulièrement à identifier afin d'enrichir nos perspectives d'amélioration de vie. Dans notre chapitre sur les troubles, nous différencions les problématiques quantitatives (surinvestissement et sous-investissement) des conflits de sens (tensions, paradoxes, blocages). Au cours d'un bilan, ces deux tendances s'exprimeront chacune à leur manière.

Au sein des troubles quantitatifs, seuls les sous-investissements prendront une forme de manifestation identifiable. Toute notion nettement sous-investi (allant d'un domaine d'ensemble à un symbole ou une situation spécifique) aura du mal à apparaître dans nos visualisations ou à être ressentie sous forme de présence. Ainsi tout élément dont nous ne parvenons pas à maintenir « l'image », que ce soit par la difficulté à se le représenter ou par la sensation qu'il est instable et fuyant, qu'il menace constamment de disparaître une fois atteint, est un élément sous-investit qui n'aura pas pu s'imprégner dans nos repères familiers. Identifier une telle zone de travail constitue une réelle chance, puisque de faibles efforts permettront alors d'ouvrir grandement notre horizon d'expérience instinctive, avec un fort enrichissement de notre potentiel d'épanouissement. Notons en revanche que les surinvestissements ne pourront pas être identifiés par un travail instinctif, puisque les domaines et symboles qu'ils touchent prendront tout simplement place avec aisance et sans impliquer de gêne quelconque. Il nous faudra attendre le travail d'observation de notre vie au cours de l'étape de stabilisation pour voir se dessiner ces fameux excès.

Les conflits s'exprimeront quant à eux de différentes manières selon leur teneur. Ils ont toutefois en commun d'être tous « annoncés » par des sensations de malaise, de tension, de lourdeur, de pression ou encore de gêne… En somme, lorsque vous ressentez une sensation pouvant être qualifiée de « désagréable », elle est indicatrice d'un conflit. Certaines de ces tensions seront très passagères tandis que d'autres auront tendance à être régulièrement présentes, à revenir avec la même impression sur différents sujets et différentes expériences, ou encore à disparaître un temps pour revenir sous une autre forme mais avec des sensations similaires. Concernant les conflits, on remarque souvent que les plus installés ne se limitent pas à une situation identifiable, mais s'accrochent, avec le même vécu et les mêmes enjeux, à chaque situation favorable rencontrée sur notre parcours. Ainsi une même difficulté très percutante peut donner à différentes situations de notre vie un parfum similaire. Notons en ce sens que s'il est question ici d'un terrain personnel donnant de la puissance

de frappe à certains types de problèmes précis, cela ne retire rien à la responsabilité des événements extérieurs. Il nous est possible de dépasser des conflits et ainsi de nous renforcer de façon à mieux réagir aux situations critiques, mais les faits restent les faits. Une personne souffrant particulièrement de problématiques liées à l'appropriation de son propre territoire (habitat, corps, mode de vie…) sera d'autant plus marquée par une situation d'agression si celle-ci touche son corps ou son espace de vie (agressions sexuelles, cambriolage, etc.). Pour autant les actes restent problématiques en soi, et la sensibilité spécifique du sujet ne fait qu'en alourdir les conséquences et non générer le tort. Il est ainsi important dans notre parcours d'identifier nos zones de conflits personnels sans pour autant perdre de vue que la responsabilité appartient aux actes et non aux vécus. Ce sont dans les cas de situations d'abus protégés par notre culture collective que cette posture sera la plus difficile à préserver. Gardons donc à l'esprit qu'un tort appartient à l'arme et non à la plaie, notamment face aux situations de harcèlement collectif, de dénigrement public, ou encore de trauma impliquant une « faute morale ».

Outre ces éléments clefs, on prendra également note après chaque méditation de l'ensemble des sensations marquantes dont l'on se souvient. Les prises de notes se font toujours à la sortie d'un exercice de méditation, lorsque nos souvenirs sont encore frais, clairs et disponibles. Lors d'une expérience sensitive tout se déroulera comme dans un rêve : si l'ensemble nous paraît clair et précis au réveil, il peut aussi bien disparaître instantanément dans les dix minutes qui suivent. Plus nous cumulons les expériences plus nous disposons de comparatifs. C'est la qualité d'observation et la pratique de la définition de nos ressentis qui élargit au fur et à mesure notre répertoire sensitif ainsi que notre vocabulaire pour le définir. Notre travail de prises de notes après chaque exercice nous permet ainsi à la fois de garder trace de nos avancées, mais également de construire le pont entre sensations et identification lucide, pour que nos repérages se fassent de plus en plus naturels et de plus en plus précis.

Enjeux pratiques et matériel utilisé

Plus ce bilan d'harmonisation sera pratiqué et plus il sera efficace, cadré et naturel. Lors des débuts, il permet toutefois d'intégrer dans la pratique les attributs symboliques associés à chaque chakra, en associant les sensations personnelles correspondant à chacun des domaines et à la localisation des centres. Les premières tentatives demanderont ainsi une présence de concentration afin de conditionner légèrement notre exercice, puis les habitudes prendront le relais pour en faire un moment de simple découverte de soi.

Lorsque l'on fait un bilan approfondi (exercice renouvelé après chaque nouveau passage de cap), on prendra le temps de laisser l'introspection se faire en profondeur. L'ensemble de l'exploration des sept chakras nécessitera en moyenne une heure à une heure et demie que l'on réservera sur ses week-ends ou ses temps de repos. S'il existe des exercices plus courts permettant d'entretenir un équilibre personnel au quotidien, ces derniers ne permettent pas une récolte d'informations sensitives aussi riche qu'un bilan d'harmonisation. Considérez qu'en cette étape, prendre le temps pour chaque exercice, le laisser s'installer, s'approfondir, révéler des détails discrets ou n'apparaissant que dans un second temps participe de l'efficacité et de la pertinence de notre démarche.

Quelle pierre utiliser ?

Un bilan d'harmonisation sera systématiquement pratiqué avec une pierre blanche ou incolore. Si le cristal de roche est la référence la plus utilisée car la plus neutre, l'expérience personnelle pourra révéler une plus forte affinité avec d'autres variétés. Certaines personnes ressentant des vertiges ou ayant des réactions de « tête qui tourne » avec les pierres incolores pourront par exemple se diriger vers des variétés blanch opaque comme la magnésite ou la howlite. Il est tout de même conseillé de garder les variétés ressenties comme très percutantes pour les bilans spécialisés qui viennent préciser un point spécifique de travail en cas de doute ou de flou. Utiliser les variétés les plus puissantes dès le bilan général présente deux inconvénients : d'une part cela galvanise nos sensations, les éloigne de leur état naturel et les déforme au lieu d'en apporter un miroir fidèle et instructif ; d'autre part cela nous accoutume à des réactions particulièrement fortes au cours des exercices basiques et diminue nos possibilités d'intervenir sur les points de travail réel. Il est ainsi conseillé de garder cette marge d'application des pierres plus rares et puissantes pour le moment où elles seront réellement incontournables, à savoir l'identification de solutions et la mise en œuvre du changement.

Les classes lithosophiques à notre disposition pour la pratique des bilans sont les suivantes :

- Classe 1 : Ouverture
  - ▶ Pierres conseillées : Cristal de roche, calcite optique, magnésite.

- Classe 12 : Vision
    - ▶ Attention : La goshénite, seule représentante de la classe, peut se montrer très réactive.
- Classe 23 : Perfection
    - ▶ Pierre conseillée : Fluorite diamant.
- Classe 34 : Identité
    - ▶ Pierre conseillée : Apophyllite incolore.
- Classe 45 : Solutions
    - ▶ Pierres conseillées : Damburite incolore, baryte blanche.
- Classe 56 : Univers
    - ▶ Pierre conseillée : Opale commune blanche (sans feux colorés).
- Classe 67 : Préférences
    - ▶ Pierres conseillées : Sélénite, pierre de lune blanche, howlite.
- Classe 78 : Voie
    - ▶ Pierres conseillées : Pierre de lune arc-en-ciel, ulexite.

Si les descriptifs correspondant à chacune de ces classes pourront vous guider vers l'outil de bilan d'harmonisation qui remportera votre préférence, gardez à l'esprit que seule l'expérience nous permet de réellement identifier nos affinités. Aussi des surprises peuvent-elles se présenter et des pierres inespérées devenir des compagnes de route durable. Comme pour toute recherche de la pierre parfaite, il est conseillé, outre la lecture des descriptifs, d'également essayer la pierre en sensibilisation (perception entre les mains) afin de s'en faire également une idée sensitive. Seulement à cette condition il est possible de savoir quelle pierre de bilan nous correspond ou non.

Images et révélations

De nombreuses images peuvent se présenter au cours d'un exercice introspectif quel qu'il soit, certains se transformant en véritable voyage intérieur. Toute personne réagira toutefois à sa manière au cours de ces explorations, certains d'entre nous étant naturellement très visuels avec un instinct qui s'exprimera couramment sous forme d'images tandis que d'autres ressentiront des présences, des impressions… Une couleur comme le jaune peut ainsi s'exprimer par la présence visuel du jaune une fois nos yeux fermés, ou par des sensations diffuses nous donnant le sentiment d'une présence du jaune.

De ces deux approches, celle qui nous semble être la plus claire d'une point de vue lucide pourrait bien être la moins fiable… N'oublions pas qu'une image n'a de sens pour notre connaissance de nous-mêmes que si nous identifions les sensations qui l'accompagnent. Or notre esprit ayant plus naturellement tendance à prendre en considération nos stimulations visuelles que sensitives, il est habituel de voir les individus aux réactions visuelles les plus nettes éprouver des difficultés à identifier le bagage de vécu qui s'exprime avec. L'image peut ainsi nous faire oublier le fond et nous détourner de notre essence.

Il est important, quel que soit notre naturel, de développer les aspects les moins confortables. Si vos exercices de bilan ne vous apportent que des sensations brutes sans identification lucide, profitez des exercices orientés qui interviendront lors de la mise en œuvre du changement pour entraîner votre capacité de visualisation. Si au contraire vous produisez naturellement de nombreuses images riches en rebondissements, profitez dès à présent du bilan pour aller chercher les sensations qui les accompagnent en vous concentrant en premier lieu sur ce point plus discret. En l'absence de ce repère primaire, l'ensemble de vos exercices, aussi dynamiques soient-ils ne pourraient être qu'une pièce de théâtre jouée à vous-même et non le terreau de réelles avancées de votre vécu.

Exploration chakra par chakra

Une fois notre pierre de bilan choisie, il est temps d'entrer dans la pratique elle-même. Le bilan d'harmonisation pratiqué en lithosophie est un exercice d'exploration de chacun des centres séparément, contrairement à des harmonisations plus orientées bien-être. Si des exercices stimulant l'ensemble des chakras en même temps permettent de stabiliser sans lever les tensions, ils restent toutefois pauvres en prise d'informations sensitives, toutes nos réactions (agréables comme désagréables) se mélangeant entre elles pour donner un ensemble assez proche de notre état courant. Une harmonisation procédant centre par centre permet quant à elle d'identifier chaque zone de confort ou d'inconfort séparément. Si nous nous confrontons plus fortement par ce procédé à nos parts de tensions et

d'ombre, chaque tendance est également plus visible et nous y gagnons ainsi en connaissance de nous-mêmes. Rappelons-nous que les sensations désagréables pouvant être rencontrées seront d'une part nuancées par les sensations agréables qui cohabitent avec elles, et resteront d'autre part passagères puisque nous disposons également de méthodes de stabilisation permettant de les tranquilliser. Aucune crainte à avoir, quels que soient les démons qui jalonnent la route, ils ne sont que mirage d'un temps et non loi d'une vie.

Outre cet avantage pour notre travail à venir, réaliser cet exercice permet également de nourrir chacun des chakras grâce à de l'influence neutre. Cela nous permet d'éveiller les centres les plus « endormis », de travailler à la résolution des sous-investissements (trouble quantitatif) et d'ajuster la répartition de nos ressources. Tous ces préalables nous assurent une bien plus grande facilité d'avancée dans les objectifs spécifiques que nous formulerons plus tard.

En chacun des centres, nous prendrons le temps d'explorer les fondamentaux lui correspondant. Rappelons que ce conditionnement ne sera nécessaire que le temps que nos habitudes de structuration des centres énergétiques ne prennent le relais. Afin de préserver un équilibre entre ancrage et élévation, nous procèderons également dans un ordre spécifique précisé dans le descriptif d'exercice qui suit.

Exercice : le bilan d'harmonisation

Chaque exercice est réalisé en position allongée afin de pouvoir se détendre tout en posant notre pierre de manière stable. On entretiendra également un état de relaxation tout en gardant notre présence d'esprit. Tout lâcher-prise excessif nous couperait des renseignements de notre bilan. Cet état d'entre deux peut nécessiter un peu de pratique avant de devenir courant. Si vous « partez » ou vous laissez emporter au cours de l'exercice, arrêtez simplement, reprenez vos esprit puis tentez une nouvelle plongée.

Un des éléments essentiels des bilans d'harmonisation est la prise de notes. Aussi préparez un journal que vous réservez à votre développement personnel, préparez-y une nouvelle page à la date du jour de votre présent bilan, et tenez-le près de vous lors des exercices, prêt à en récolter le témoignage.

Méditation du Chakra du cœur

► Placez la pierre de bilan au centre du thorax.

- Fermez les yeux et entrer en état de relaxation (vous pouvez vous aider de la respiration ou de musique relaxante).
- Observez vos sensations premières, sont-elles agréables ou non ?

- Laissez venir tour à tour les couleurs rose et vert. Ces couleurs apparaissent-elles aisément ou non ? Leur présence vous paraît-elle agréable ou non ?

- Laissez venir les domaines du chakra du cœur (liens d'investissement émotionnel, personnes proches, idéaux porteurs, blessures émotionnelles ou désillusions...). Au contact de chaque élément, observez vos sensations. Sont-elles agréables ou non ?

- Laissez venir les sensations et éléments naturels qui se présentent.

- Revenez tranquillement à la conscience puis bougez, étirez-vous afin de reprendre vos repères dans votre corps.

Une fois votre exercice réalisé, prenez immédiatement note de son déroulement. Consignez les images, sensations, présences ressenties... Notez tout particulièrement tout élément que vous avez le souvenir d'avoir cherché sans parvenir à le faire apparaître (pistes de sous-investissements spécifiques) ainsi que toute image ou moment ayant déclenché des sensations de tension ou de malaise (pistes de résolution potentielle d'un conflit). Prenez la peine de décrire aussi précisément que possible les sensations personnelles ressenties au cours des exercices, chaque description développant un peu plus votre capacité de repérage sensitif.

Vous pouvez également rencontrer en exercice des éléments troubles, qui vous posent des questions ou vous déstabilisent sans comprendre pourquoi. Notez alors tant les images, présences ou types de situation ainsi que les sensations personnelles les ayant accompagnées. Tous ces éléments trouveront leur éclairage dans une étape ultérieure.

Puis à votre rythme, préparez-vous à explorer le chakra suivant...

Méditation du Chakra du plexus solaire

- Placez la pierre de bilan sur le creux du diaphragme (triangle sous l'écartement des côtes).
- Fermez les yeux puis laissez-vous entrer en état de tranquillité.
- Laissez venir vos sensations premières. Sont-elles agréables ou non ?

- Laissez apparaître la couleur jaune. Vous semble-t-elle naturelle à approcher ? Observez les sensations qui accompagnent sa présence.
- Explorez les domaines du plexus solaire, le sentiment de joie, l'estime personnelle, la facilité à identifier et à occuper une place épanouissante dans les groupes de notre quotidien (amis, famille, travail...). Observez les sensations éveillées par ces sujets.
- Observez vos sensations d'ensemble, laissez venir.
- Réveillez-vous tranquillement et reprenez vos repères dans votre corps.

Consignez une nouvelle fois votre exercice. Prenez note des éléments ayant eu du mal à apparaître ainsi que des sensations désagréables et de leurs déclencheurs. Notez les éléments troublants ou marquants avant de passer au chakra suivant.

Méditation du Chakra de la gorge

- Placez la pierre de bilan dans le creux des clavicules.
- Fermez les yeux et plongez en relaxation.
- Observez les sensations qui se présentent. Sont-elles agréables ou non ?
- Laissez se présenter la couleur bleu clair. Prend-elle place avec aisance ? Observez les sensations éveillées à son contact, sont-elles confortables ou non ?
- Explorez les domaines du chakra de la gorge, votre capacité à vous exprimer, votre sentiment d'être écouté, la disponibilité d'accueil de ce qui vient de l'extérieur et nous est étranger… Observez les sensations agréables ou non se présentant au contact de ces sujets.
- Finalisez en observant vos sensations d'ensemble, en laissant simplement venir.
- Revenez tranquillement à vous et à votre corps, rouvrez les yeux.

N'oubliez pas la prise de notes, éléments marquants, résistances dans l'apparition de certaines représentations, sensations de malaise et leurs déclencheurs… Une fois tout cela mis sur papier dirigez-vous vers le chakra suivant.

Méditation du Chakra sacré

- Placez la pierre de bilan au niveau de ceinture taille basse, au centre du corps.
- Fermez les yeux et laissez s'installer un état de relaxation.
- Laissez venir les sensations qui se présentent, observez et identifiez-les.
- Explorez la couleur orange, observez vos facilités ou difficultés à l'approcher ainsi que les sensations réveillées par son contact. Ressentez-vous du bien-être ou non ?

- Laissez-vous voyager dans les domaines du chakra, les moments de plaisir de votre vie de tous les jours, ce qui vous fait vous sentir en vie, votre capacité à vous consacrer à des moments d'agrément ou la culpabilité qui les accompagne. Continuez d'identifier vos sensations.
- Laissez enfin venir en toute liberté, observez votre état intérieur, agréable ou non.
- Revenez à vous, à votre corps et étirez-vous.

La prise de notes est toujours essentielle dès la sortie de votre exercice. Notez l'ensemble des éléments marquants, les sensations ressenties et leurs déclencheurs. N'oubliez pas les éléments ayant refusé d'apparaître ainsi que les zones de tension.

Méditation du Chakra du 3e œil

- Placez la pierre de bilan au milieu de votre front ou entre les deux sourcils.
- Fermez les yeux et laissez-vous entrer en état de relaxation.
- Accueillez les sensations premières et observez-les. Sont-elles agréables ou non ?
- Laissez venir les couleurs du 3e œil, bleu foncé et violet (jaune également s'il se présente aisément). Observez votre facilité d'approche sur chacune de ces teintes ainsi que la qualité de sensation que leur contact éveille en vous.
- Explorez les domaines du 3e œil, la présence d'esprit, votre confiance en votre vision du monde, les sensations qu'éveillent les remises en question, la liberté offerte par l'imaginaire… Et identifiez les sensations qui accompagnent chaque facette.
- Observez librement les sensations de votre être en cette fin d'exploration.
- Rouvrez les yeux, revenez à vous et laissez bouger votre corps.

Prenez note de votre expérience, de ses grandes lignes marquantes ainsi que des éléments pouvant vous permettre d'identifier des sous-investissements (éléments refusant d'apparaître) ou des conflits (sensations désagréables). Puis préparez-vous à entrer dans le royaume du chakra de la base.

Méditation du Chakra de la base

- Ce centre étant situé au niveau du périnée, la pierre de bilan pourra être placée au sol au plus proche de la zone, mais également entre les jambes et jusqu'en dessous des pieds.
- Fermez les yeux et plongez-vous en état de tranquillité intérieure.
- Observez vos sensations spontanées. Sont-elles agréables ou non ?
- Laissez venir les couleurs noir, brun et rouge. Observer si leur apparition et fluide et naturelle ou plus difficile à mettre en place. Vous sentez-vous en confort ou non à leur contact ?
- Plongez-vous dans les domaines du chakra de la base. Observez vos repères intérieurs, votre sensation de stabilité au contact du monde environnant, votre sensation intime de vos propres besoins, votre capacité à affirmer votre propre existence et à œuvrer à sa réalisation. Laissez venir également les sensations de confort ou non et identifiez.
- Observez votre état global du moment et les sensations qui vous animent.
- Revenez à vous, à votre corps, et rouvrez les yeux.

La prise de notes est toujours aussi importante. Éléments marquants, images fuyantes ou difficiles à maintenir, zones de tensions… Consignez l'ensemble des éléments dont vous vous souvenez.

Chakra du sommet

Centre particulier, le sommet ne fait pas l'objet d'un bilan. Il pourra toutefois être exploré à chaque harmonisation, afin de donner sens à nos avancées en connectant à nos propres représentations du divin. Avant de partir en exploration prenez le temps de vous remémorer votre cheminement de vie ainsi que votre parcours en termes de sens, de quête personnelle. Rappelez-vous comment votre foi vous a permis d'avancer, et baignez-vous de sa lumière.

- Placez la pierre de bilan au sol, au-dessus de votre tête.
- Fermez les yeux et entrez en état de détente.

- Sentez l'élévation, la connexion au divin. Faites appel à votre vision de Dieu ou à vos guides.
- Laissez-vous porter par l'expérience et profitez pleinement des sensations et messages reçus.
- Lorsque vous le sentez, revenez tranquillement à vous-même et à votre corps.

Ici également les notes vous seront précieuses. Même si elles ne serviront pas directement au travail de développement personnel, elles vous permettront d'identifier le chemin parcouru en ce domaine et de reconnecter à votre foi dans les moments de doutes.

L'ensemble de nos centres à présent explorés, nous disposons d'un matériel non seulement réaliste mais également à jour sur lequel appuyer nos observations et décisions. L'ensemble de ces informations va être traité, structuré et mis à profit dans notre étape 2, la stabilisation.

Étape 2 : Stabilisation Retrouver la cohérence

Avec le bilan d'harmonisation nous avons réalisé une plongée complète dans le sensitif le plus large, riche et détaillé qui soit. Nos instincts étant par nature sources de mouvements pulsionnels divers et parfois opposés bien que forcés à la cohabitation en notre être, il résulte bien souvent d'une telle exploration un trouble général dans lequel on peine à garder des repères. Le constat est là : plus nous nous approchons de notre essence la plus intrinsèquement « vraie » moins nous nous y reconnaissons, et la tentation peut être forte de couper, nier, nous détourner de ce que nous avons pu ressentir. C'est là la réaction de notre lucidité, celle qui valide, qui donne la loi à notre fonctionnement, qui laisse passer ce qui lui est acceptable et envoie au refoulement ce qu'elle ne saurait gérer.

Notre but ici, rappelons-le, est d'amener autant que possible notre lucidité et nos instincts naturels à travailler de concert et non dans la confrontation. L'idéal dans une optique d'épanouissement de vie est d'arriver à une acceptation des mouvements naturels qui nous animent tout en les canalisant vers une réalisation non destructrice. Notre lucidité aura donc à jouer un rôle d'éducateur de nos instincts là où notre réflexe premier et encouragé par les injonctions sociales à garder un contrôle absolu tendent à lui donner une posture de tyran.

Cette seconde étape de notre processus de développement personnel va nous permettre de donner son rôle clef à notre lucidité. À présent que nous disposons d'observations de nos sensations riches et à jour, nous allons pouvoir les dénouer grâce à quelques outils simples, et s'en servir comme base d'appui pour nos décisions à venir. Nous allons ainsi apprendre comment laisser émerger le sens des perceptions de notre harmonisation, puis comment tranquilliser les vécus soulevés en vue de notre étape 3, s'opérant de préférence avec un esprit clair, disponibles, et libre des « putschs » émotionnels et instinctifs qui pourraient l'intercepter en l'état actuel.

Trier son bilan d'harmonisation : synthèse des éléments marquants

Le vécu ne ment pas. Les éléments les plus précieux de votre harmonisation bilan seront également les plus marquants à vos yeux. Si l'on pourrait trouver des éléments à travailler dans n'importe quelle partie de l'exercice, il est essentiel de laisser dès les débuts du tri la part belle à votre perception subjective afin de ne pas adopter des contraintes d'effort qui ne sont pas les vôtres. Si un élément paraît crucial à autrui, ou est imposé par les normes culturelles mais ne vous parle à vous, on le laissera de côté dans l'immédiat pour l'intégrer ou non au moment de la prise de

décision lucide en étape 3. En revanche, le tri de nos instincts se doit d'être respectueux de ces derniers sans quoi l'on prend le risque de meurtrir notre naturel, de le braquer, et de générer de nouveaux conflits.

Notre premier traitement du bilan d'harmonisation va ainsi consister en une identification des éléments les plus manifestes de votre exercice dans son ensemble. Dans notre journal de développement personnel, à la suite de nos prises de note du bilan d'harmonisation, on identifiera :

- Les chakras ayant généré les sensations les plus agréables et porteuses.
- Les chakras ayant présenté des éléments majeurs ou secondaires « bloqués » (impossibilité de faire apparaître ou de ressentir la présence…).
- Les chakras ayant généré des sensations de tensions et de malaise.

Ces trois categories de sensations correspondent respectivement aux zones de sécurité, aux sous-investissements et aux conflits, leur distinction permettant d'ajuster notre travail à venir.

L'interprétation : art de l'identification du sens

Nous avons détaillé en première partie de cet ouvrage l'utilité des associations analogiques en ce qu'elles fonctionnent de manière très similaire à notre instinct et à notre langage introspectif, en opposition à une logique de cause à effet plus adaptée à des enjeux extérieurs. Cette mécanique intellectuelle du lien de ressemblance trouve toute son utilité dès notre étape de stabilisation, au cours de laquelle nous allons pouvoir expliciter quelques-uns des éléments marquants de notre bilan d'harmonisation.

Nous séparerons ici les sous-investissements (blocages, impossibilités de faire apparaître…) des sensations agréables (points d'appui) ou désagréables (points de transcendance potentielle). Bien que les sous-investissements puissent avoir des causes identifiables, leur résolution s'opère indépendamment de cette compréhension.

De plus, une fois dépassés et de nouvelles habitudes installées, les sous-investissements s'évanouissent à proprement parler, ne laissant aucune trace ni risque de retour de la problématique. Il en va bien autrement des conflits qui peuvent ressurgir sous certains déclencheurs et reprendre place sous une nouvelle forme après avoir été dénoués en premier lieu, et qui pour certains d'entre eux se maintiendront tant qu'une compréhension détaillée n'aura pas été atteinte. Les points d'appui issus de nos sensations agréables seront quant à eux d'excellentes zones de secours. Les interpréter ne sera pas nécessaire au travail mais nous donnera accès à de précieux réflexes de retour à la « normale » en cas de chamboulement destructeur.

Comment procéder ? Une interprétation pertinente est celle qui émerge de nous et non celle qui se conforme aux codes extérieurs. Aussi est-il intéressant d'interpréter lorsque nous sommes encore baignés des sensations de notre bilan d'harmonisation, avant de laisser retomber le tumulte. On fera appel à une méthode permettant de mettre en évidence les analogies naturelles pour nous, celle des associations d'idées. Le principe d'une association d'idée est de partir d'un élément premier (ici un élément de notre bilan d'harmonisation que nous souhaitons interpréter), et de laisser venir toute image, sensation, mot, phrase qu'il nous évoque. C'est un exercice que l'on réalisera éveillé face à son journal de développement personnel et non en état méditatif. Illustrons cela pour mieux comprendre.

- ▶ Exemple 1 : un portail en fer forgé m'apparaît au chakra du cœur lors du bilan d'harmonisation, accompagné d'un sentiment d'abattement et d'impuissance.
  - Une fois sorti d'exercice, au moment de l'explicitation, me viennent à ce propos les associations d'idées suivantes : peur, blessure, envie de traverser, marais, combattre, plus jamais, écarter les barreaux…
  - Nous sommes face à un mélange de peurs, d'éléments qui retiennent le mouvement d'avancée et en même temps de germes d'instincts ne souhaitant pas se laisser faire. Nous sommes donc face à un conflit d'hésitation.
- ▶ Exemple 2 : au plexus solaire j'ai ressenti une grande sérénité avec une sensation de fraicheur, comme si un vent doux soufflait. L'ensemble était très rassurant et j'aimerais comprendre ce qui se joue dans ce moment de mon bilan.
  - Au moment de mes associations d'idées sur papier, me viennent les éléments suivants : tranquillité, beaux jours, clairière, rien ne peut m'arriver, famille, enfance, seul, tout se passera bien, maison…
  - Une telle masse d'éléments associés à des symboliques de la base (terre, famille, enfance, origines, etc.) nous indique que la famille ou du moins le cadre apporté dans les premiers temps de la vie constitue une sécurité intérieure sur laquelle je peux appuyer mon estime de moi-même. La solitude semble entacher légèrement notre tableau idyllique mais n'est que très minoritaire.

Il est possible d'expliciter de la sorte autant nos points forts que nos failles, et on pourra retrouver à la fois du positif et du négatif qui cohabitent autour d'un même élément central. Une fois encore, les analogies témoignent des ressemblances qu'associe notre vécu et non de rapprochements de cause à effet. Les paradoxes ne sont pas ici une gêne mais bien une condition nécessaire pour approcher d'un tableau réaliste. On pourra par ailleurs appliquer ce système d'associations d'idées à n'importe quel élément issu de nos bilans. Sensations, images, mots qui nous sont venus, souvenir dont on ne comprend pas la présence dans cette partie du bilan… tout peut devenir un point de départ, et l'exercice s'appliquera exactement de la même manière.

Dans les premières tentatives il est également possible que l'on ait du mal à laisser venir certains éléments. Dès lors qu'on entre dans la participation de notre esprit lucide, une « auto-censure » peut s'installer, et se repérer lorsqu'on est seul face à son journal par un léger sentiment de honte. L'intimité de cette démarche est cruciale afin de pouvoir laisser aller, laisser venir toutes les facettes hors du jugement des autres et du monde, le nôtre étant en soi une barrière suffisamment tenace. Notons que tout élément négatif, contraire à notre morale ou à notre image de nous-mêmes contribuera au réalisme de notre interprétation, et donc à l'efficacité de notre travail.

On veillera également à ne pas tomber dans l'excès inverse en évitant de se condamner soi-même pour les éléments de bilan ou d'associations d'idées que nos valeurs ne sauraient valider. Rappelez-vous à ce stade que seuls vos choix et vos actes font de vous de bonnes ou de mauvaises personnes, et que ce sont ces derniers qui s'accorderont à vos valeurs et à votre image lucide de vous-mêmes pour atteindre votre épanouissement. Les outils d'application des changements vous y aideront grandement, y compris pour canaliser des instincts qui œuvreraient en sens contraire.

Enfin, les éléments positifs que nous croisons ont un rôle essentiel à jouer en nous apportant de la satisfaction et de la légèreté, autant de ressources qui nous permettront d'aller de l'avant malgré les remises en question potentielles qu'un tel travail pourrait soulever. L'état d'esprit à trouver et à préserver est ainsi le suivant : se laisser porter par ce qu'il y a de bon, sans nier les éléments à travailler… Voir et accepter nos parts d'ombre pour en faire le moteur de notre réalisation idéale.

Tranquilliser les sensations

Une fois nos identifications faites, il va être temps de couper légèrement avec le bain de vécu de notre bilan. Laisser les sensations que nous avons soulevées en action risquerait d'entacher notre prise de décision, aussi allons-nous accompagner nos instincts vers une plus grande tranquillité. Pour ce faire il nous faudra identifier différents types d'emballement et appliquer des méthodes propices à les tempérer.

- Colère, frustration : le premier réflexe de gestion de la colère et des frustrations est soit de les faire taire, soit de les pousser à disparaître. C'est sans compter sur la nature de ces instincts, prévus pour vous alerter sur vos besoins. Une colère ou une frustration n'existe jamais pour rien, et si un travail ultérieur permettra de dénouer ces causes, il est pour l'instant question de les apaiser. Pour cela il est essentiel de considérer la légitimité de leur existence, et de leur trouver un exutoire non destructeur. On pourra faire du sport, écrire, parler à quelqu'un… Toutes ces méthodes constituent des moyens de lâcher la pression retenue. Les deux principaux leviers d'exutoire sont le corps pour toutes les pressions s'imprégnant sur ce dernier (c'est alors la fatigue active et non le repos qui permettra à l'énergie de circuler) et la parole, qu'elle soit personnelle et gardée secrète ou partagée. On pourra aider le processus en utilisant des pierres noires dans le soutien du corps (obsidiennes noires, tourmaline noire…) et des bleu clair (agate bleue lace, calcite bleue…) dans l'aide aux exutoires de parole.

- Trouble, instabilité, perte de repères : on cherchera ici à rétablir un sentiment de sécurité. On pourra faire appel à des symboliques classiques de stabilité telles que les pierres marron, le bois fossile, etc… mais de nombreuses personnes pourraient ne pas ressentir la tranquillité espérée en l'absence d'affinités ou d'habitude de ces influences. Il est dès lors conseillé de vous appuyer sur les sensations récoltées dans votre bilan d'harmonisation, et de vous appuyer sur n'importe quel chakra vous ayant apporté un sentiment de sécurité. Vous pourrez alors vous accompagner d'une pierre douce de la couleur correspondante.
- Tristesse, mélancolie : la gestion des émotions plus large sera traitée dans l'application des changements. Certaines bases peuvent toutefois être appliquées ici, en considérant que l'important pour une

émotion pesante est de lui permettre de circuler, de laisser la place au « souffle neuf ». On fera appel à des pierres d'émotions légères, les pierres vertes (chrysoprase, amazonite, prehnite…), pour apporter de l'air à nos émotions et permettre aux réactions fortes de s'apaiser un temps en l'attente de leur prise en charge.

- Emportements de sensations agréables : si les sensations désagréables peuvent être une entrave à nos décisions, les sensations agréables et très emportées le sont tout autant. Les pierres sont régulièrement utilisées pour les expériences méditatives très impressionnantes qu'elles suscitent chez les personnes aux sensations et à l'intériorité riches, et l'on pourra rencontrer ce type de belles surprises dès le bilan d'harmonisation. Prenez le temps de profiter si tel est le cas, mais avant de passer à notre étape 3 appuyez-vous sur quelques pierres sombres (noir, marron, bleu foncé…) afin de reprendre votre présence à vous-même. Elle vous sera essentielle pour le cap à venir.

Bien que les sensations traitées ci-contre soient les principales perturbatrices potentielles de notre étape à venir, il peut en exister d'autres. Rappelons que toute la pertinence de notre marche suivante réside dans la pleine disposition de vos moyens de choix. Aussi prenez le temps de retrouver vos habitudes sans vous brusquer au contact d'influences éloignées de vos habitudes si vous en ressentez le besoin.

On pourra enfin réaliser une harmonisation bien-être consistant en un simple exercice de détente au cours duquel on placera des variétés douces (puissance 1 à 3 dans les fiches des classes lithosophiques) sur chacun des chakras avec les couleurs suivantes :

- Chakra de la base : Rouge
- Chakra sacré : Orange
- Chakra du plexus solaire : Jaune
- Chakra du cœur : Vert
- Chakra de la gorge : Bleu clair
- Chakra du 3e œil : Bleu foncé
- Chakra du sommet : Violet

On pourra ajouter une pierre blanche dans la main droite et une noire dans la main gauche, ou faire appel à des outils de circulation comme les paires de moquis, de pyrites, ou de magnétites. Ces dernières options exécuteront un nettoyage qu'il est conseillé de ne pas renouveler plus d'une fois par mois.

Identification des surinvestissements

Là où les sous-investissements et les conflits nous donnent des signes évidents de leur présence au cours du bilan sensitif, les surinvestissements restent quant à eux discrets, camouflés dans nos zones de confort. Le bilan d'auto-soin trouve ici sa faille puisque l'identification des surinvestissements pourra se faire avant tout grâce aux observations extérieures et à notre observation lucide de nous-mêmes. Gardons donc à l'esprit que nous ne pourrons récolter que des hypothèses et des suspicions de surdimensionnement dans la plupart des cas, seuls les excès les plus flagrants et handicapants pouvant être identifiés avec certitude.

On veillera donc à prendre un temps à chaque bilan pour relire les descriptifs des surdimensionnements et mettre à jour nos hypothèses de chakras très investis. Il sera alors préférable de ne pas rajouter de pierres correspondant à la couleur, et ce même si l'on souhaite travailler un conflit dans les mêmes symboliques. Lors de ces cas particuliers on s'appuiera sur des pierres incolores et sur le conditionnement d'exercice au cours de l'étape 4 de mise en œuvre du changement afin d'éviter d'encourager notre propre emballement instinctif.

Analyser pour voir avec clarté

Enfin, avant de passer à la prise de décision, nous allons prendre le temps d'ajouter un bilan d'observation au bilan sensitif dont nous disposons déjà grâce à l'harmonisation. Notre lucidité et nos instincts étant tous deux connectés à des enjeux différents, il n'y a qu'en ouvrant nos perspectives à la participation des deux que nous obtiendrons une vision d'ensemble complète. Observer notre vie et identifier les améliorations potentielles que nous pourrions y projeter nous permet de placer dans les voies de travail possibles des éléments choisis par notre volonté. C'est également un moyen de poser dans la balance les enjeux du monde extérieur dans lequel nous existons et non seulement nos besoins intérieurs mis en premier plan par le bilan d'harmonisation.

Pour le bilan analytique nous allons reprendre chakra par chakra, de la même manière que pour notre bilan sensitif, mais cette fois-ci en demeurant éveillé. Nos questionnements s'orienteront également plus vers des éléments factuels. En voici quelques exemples sur lesquels vous pouvez vous appuyer avant de formuler vos propres questionnements :

- Chakra de la base
  - Est-ce que je parviens à garder mes repères personnels au contact de l'influence d'autrui ?
  - Puis-je m'appuyer sur l'environnement de vie que j'ai construit autour de moi pour trouver une stabilité et une sécurité ?
  - Ai-je les ressources d'affirmation et de mise en action pour poursuivre mes objectifs et réaliser mes projets ?
- Chakra sacré
  - Quelles sont les plages de temps réservées à mes loisirs et plaisirs ?
  - Ai-je l'occasion de profiter de moment agréable ?
  - Ma spontanéité ou mon expression créative sont-elles accueillies avec tranquillité autour de moi ?
- Chakra du plexus solaire
  - Puis-je m'affirmer dans les différents groupes que je fréquente ? Si non, dans lesquels ?
  - Ai-je des situations face auxquelles je souhaiterais garder une meilleure estime de moi-même, afficher plus de confiance en moi ?
  - Quelle est l'image que je souhaite donner de moi ? Est-elle atteignable ? En suis-je, à mes yeux, proche ?
- Chakra du cœur
  - Mes émotions sont-elles utilisées comme un moteur de réalisation ou considérées comme des éléments perturbateurs ?
  - Suis-je capable de faire circuler mes émotions face à des situations de peine ou de désillusion ?
  - Mes ressources émotionnelles sont-elles investies dans la poursuite de mes buts ou dans la préservation de ce qui m'est cher ?
- Chakra de la gorge

- Les messages que je souhaite transmettre sont-ils reçus et compris par mes interlocuteurs ?
- Puis-je améliorer la manière dont j'exprime mes idées (façon de s'exprimer, choix des méthodes d'expression…) ?
- Puis-je me considérer comme étant en lien et en phase avec mon entourage ?

▶ Chakra du 3e œil

- Ma vision du monde me permet-elle de répondre aux défis que je rencontre ?
- Suis-je confortable dans mes activités avec la présence d'esprit et la capacité de concentration dont je dispose ?
- Une ouverture de perspectives pourrait-elle être bénéfique à ma réalisation et à mon bien-être ?

▶ Chakra du sommet

- Ma philosophie de vie me permet-elle d'aller de l'avant ?

Contrairement au bilan sensitif qui évoluera très vite (les résultats changent en l'espace d'un mois en moyenne), le bilan analytique restera beaucoup plus stable. Notre vision de nous-mêmes et de notre vie changera toujours moins rapidement que nos sensations des événements, et il faudra un cap majeur (remise en question centrale, chamboulement des repères admis…) pour la voir réellement se révolutionner. Aussi peut-on se permettre de renouveler notre analyse plus occasionnellement. Il est conseillé d'entretenir notre observation deux fois par an en l'absence de changement majeur, et d'attendre de voir un nouveau mode de vie se dessiner avant de le réaliser en cas de remaniement de nos repères et habitudes.

Les questionnements du bilan analytique ouvrent enfin à des efforts pour l'extérieur ou en vue d'un changement des conditions environnantes. Tout but qui ne touche pas directement notre vécu pourra rencontrer des entraves extérieures dans sa réalisation, aussi sera-t-il nécessaire de différencier dans ce registre les objectifs portés vers des bénéfices intrinsèques à notre être aux résultats assurés, de ceux investis sur des causes extérieures qui pourront impliquer pour leur réussite des facteurs hors de notre pouvoir d'action. Ces différentes situations seront étudiées dans notre étape 3, la prise de décision.

Étape 3 : Prise de décision
Nos efforts se font but

À présent que nous disposons d'informations riches et complètes ainsi que d'un temps d'accalmie dans nos mouvements instinctifs, passons à l'étape qui nous permettra de trancher pour mieux avancer, celle de la prise de décision.

À ce stade, il est essentiel de rappeler les fondamentaux de notre démarche. Nous souhaitons développer une vie épanouissante, dans laquelle notre naturel personnel s'harmonise avec les nécessités extérieures pour arriver à un résultat source de réalisation… pour nous ! La prise de décision est une étape sensible, dans la mesure où elle nous expose à un grand nombre de peurs. La peur d'être egoïste, la peur de faire mal, la peur de perdre des options. Alors reprenons. Si notre éducation nous a inculqué un idéal d'abnégation, dans lequel une décision « bonne » est prise pour le bien commun, où une action « généreuse » est menée sans rien attendre en retour et dans un souci du bien-être de l'entourage avant le sien, le tout avec sincérité et enthousiasme… Aucun mode d'emploi ne nous a toutefois inculqué comment concilier sincérité et sacrifice de soi. Et pour cause, c'est en ce point précis que réside la principale défaillance, une des plus grandes « pathologies morales » de notre culture. Des siècles de conditionnement tellement installés que nous ne saurions en définir une origine exacte (spiritualité, volonté politique, tendance collective…) ont défini notre système de valeur sur une négation nette de la nature humaine la plus essentielle : le sacrifice. Être « bon » dans le système de valeur que nous connaissons équivaut à « ne pas exister ». Au-delà des surdimensionnements d'ego ou d'estime que nous pourrions d'une manière ou d'une autre construire au cours de notre existence, ce fonctionnement va à l'encontre de tous nos instincts premiers. Il contraint notre besoin de reconnaissance au silence, maltraite notre besoin d'être aimés, et nie notre instinct de survie. En un mot, poser la bonté de l'humain sur son esprit de sacrifice est tout simplement irréaliste, autant que de poser comme idéal de beauté des femmes à la maigreur morbide.

S'il est un mot d'ordre que nous nous devons de défendre et de respecter pour parvenir à une vie épanouissante tant pour nous que pour notre entourage, c'est bien « exister ». Et nous allons enfin pouvoir comprendre pourquoi, à présent que nous disposons d'une expérience identifiée de nos vécus instinctifs. Si l'esprit de sacrifice peut paraître beau vu de l'extérieur, il en est une toute autre réalité du point de vue introspectif. Tout sacrifice de notre existence vécu dans la contrainte génèrera une réalité tout aussi tangible que les maladies du corps pour quiconque sait tendre l'oreille à soi-même, à savoir les malaises de l'âme. Les conflits, fuites, sous-investissements, sont autant de signaux de nos souffrances intérieures qui transpirent dans notre vie. Aussi une souffrance que l'on s'inflige est une souffrance que l'on impose aux personnes qui partagent notre vie. Quels sont les « dégâts » provoqués par notre manque de confiance et d'estime ? Ils nous coupent de certaines opportunités ? Peut-être bien, mais pas en premier lieu… Avant d'entraver vos réalisations extérieures, ils interdisent également la fierté de vous-mêmes, que ce soit la vôtre d'être qui vous êtes, mais également celle de votre entourage de vous avoir comme ami, comme conjoint, comme enfant, comme frère… Notre complexe de nous-mêmes, avant de nous empêcher de remplir les salles de spectacle, est surtout un poison du quotidien qui détruit la valeur de tout ce que nous vivons, faisons, touchons. Il en va de même pour toutes les autres problématiques. Avant de toucher les événements extérieurs, nos mal-être atteignent déjà notre âme et notre vie, et quels que soient les faits qui se déroulent autour de nous, nous sommes seuls à pouvoir changer la donne des vécus naissant à l'intérieur de notre être.

Tout l'enjeu d'un épanouissement de vie en harmonie avec le monde extérieur sera donc de prendre des décisions pour soi, qui génèrent une réalisation de notre être et de nos potentiels, pour ensuite nourrir des relations qui s'épanouissent au contact de notre naturel, investir un travail qui bénéficie de nos talents, cicatriser les blessures et rétablir le lien là où nos démons intérieurs avaient précédemment œuvré au sabotage… Mais quelles que soient nos décisions, donner une chance au bonheur des autres autour de nous commence par construire le nôtre, pour que don de soi et abnégation puissent enfin cohabiter avec sincérité, dans le respect de nos besoins au contact de l'épanouissement de l'autre.

L'auto-détermination, clef de construction de soi

Il nous aura fallu longtemps pour constater que la vie humaine n'est pas une recette de cuisine, et les tentatives de normaliser les besoins humains ainsi que les réponses à ces derniers auront été nombreuses. Prenez un parcours scolaire exemplaire, ajoutez-y un peu d'harmonie familiale, faites évoluer tout cela vers une juste dose de dévotion à son foyer pour les femmes et d'esprit de la gagne pour les hommes, et vous obtiendrez le bonheur universel avec un grand B. En définitive, l'échec de ce modèle ainsi que les nombreuses discriminations auxquelles il a donné lieu (de genre, d'ethnie, de milieu social ou encore tout simplement de préférences culturelles…) doit nous rappeler qu'il existe autant de modes de vie que de personnes, et qu'une « bonne » décision n'est autre que celle qui convient à chacun. Aucune norme, aussi idyllique soit-elle, ne saurait convenir à l'ensemble des individus puisque certains auront besoin de stabilité là où d'autres auront besoin de liberté, certains se sentiront à leur place dans la perpétuation des traditions tandis que d'autres sentiront les élans d'innovation les porter… Nous nous rendons compte aujourd'hui seulement, à l'ère de la récolte des données personnelles et du marketing adapté aux préférences personnelles, que ce qui nous paraissait être une majorité n'était qu'une belle illusion, la réalité ressemblant bien plus à une cohabitation de groupes, de cellules familiales, de communautés, ayant tous des codes et des repères différents. Nous voilà donc face au fait : lorsque l'on parle de vie humaine, il n'y a pas de diagnostic possible, simplement des décisions fidèles à soi ou négatrices de soi.

Outre le risque de porter pendant des années des décisions qui ne nous conviennent pas, la soumission de notre mode de vie à une norme comporte une autre difficulté majeure : elle empêche littéralement les individus de se construire. Bien que prendre ses propres décisions de vie

puisse paraître complexe et parfois effrayant (avec dans les faits plus de peur que de mal une fois lancés dans l'aventure), c'est en soi cette posture de décideur qui fait de nous des êtres à part entière et non notre simple naissance. Identifier nos préférences et investir l'énergie de les atteindre est ce qui nous construit, qui nous fait exister, et ce que nous soyons un homme ou une femme. Ainsi chaque individu rassemble en soi-même des ressources « féminines » permettant de prendre connaissance de notre nature, et des ressources « masculines » permettant de les réaliser dans le monde, le premier et le plus essentiel des mariages se réalisant au cœur même de l'être.

Tout au long de l'étape de prise de décision, on veillera à faire taire les influences extérieures. Toute participation trop forte de l'avis des proches, d'enjeux de moralité ou de regard du collectif sur nous pourrait nous amener à prendre des décisions peu fidèles à soi. Outre le fait que de tels choix coupent nos opportunités de construction de nous-mêmes, ils sont également plus propices à être reniés par la suite par manque d'appropriation et d'investissement de la voie empruntée. Plus nous arriverons sur des passages de cap difficiles plus il sera essentiel que la décision qui les a initiés soit pleinement adoptée et assumée sans quoi l'abandon s'imposera naturellement. C'est ce que nous appellerons la « limite sacrificielle ». Arrivé à un stade d'effort et de contrainte, nos instincts se mettront à travailler contre la réalisation du changement que nous souhaitons initier, et seule la force de volonté et d'investissement de soi pourra pousser cette limite première. Les avis de l'entourage, les normes culturelles ainsi que l'ensemble des autres facteurs entreront dans notre prise de décision au travers du bilan analytique opéré en étape 2, mais ne doivent en aucun cas exercer une influence immédiate au moment de la définition de nos objectifs.

Hiérarchiser les besoins

Plus on avance dans la découverte de soi, plus les sujets potentiels de travail et d'amélioration se cumulent. Or nous savons que toute dispersion de nos ressources amoindrirait l'investissement si nécessaire à la réalisation de nos aspirations. Moins les objectifs à atteindre seront nombreux, plus nous aurons de chance de les réaliser, et il est conseillé au cours d'une période donnée de mise en œuvre du changement de se focaliser sur un à deux buts clefs. Aussi allons-nous opérer une hiérarchisation des besoins afin de leur donner leur juste place et nous permettre d'y voir plus clair.

Notre tri se fera grâce à un tableau à deux entrées :

	Important	Moins important
Urgent	Priorité 1 Enjeu personnel et extérieur	Priorité 2 Enjeu extérieur
Moins urgent	Priorité 2 Enjeu personnel	Priorité 3 Enjeu moindre

Afin de bénéficier pleinement de cet outil il est avant tout nécessaire bien différencier l'importance et l'urgence.

- Importance : enjeu personnel. Un objectif important est précieux à nos yeux et pourrait changer radicalement le déroulement ou le confort de notre vie.
- Urgence : enjeu extérieur. Un objectif urgent est soumis à une limite dans le temps imposé par des conditions extérieures et indépendantes de notre volonté (deadline professionnelle, résultat à obtenir pour une date fixe, ultimatum posé par l'entourage…).

L'ensemble de notre première ligne ne doit ainsi contenir que des objectifs subissant une contrainte extérieure de temps. En l'absence de telles pressions on laissera l'ensemble de la ligne « urgent » vide. La seconde ligne rassemblera quant à elle tous les objectifs personnels n'étant pas soumis à une limite de temps, et nous permettra de placer l'ensemble de nos observations.

La hiérarchisation s'opère ensuite en fonction des priorités :

- Si notre case de Priorité 1 est remplie (Important et Urgent), nous nous consacrerons pleinement à sa résolution. Les premiers objectifs seront déterminés par les besoins immédiats de cette dernière.

- Si notre case de Priorité 1 est vide, nous irons chercher nos premiers objectifs en parallèle dans les deux cases de Priorité 2 à la fois. Les objectifs « Urgents » mais « Moins importants » à nos yeux répondent à un enjeu extérieur. Ce sont des objectifs d'obligation qu'il nous faut résoudre. Les objectifs « Importants » mais « Moins urgents » répondent quant à eux à des enjeux personnels et nous permettent de ne pas nous oublier sous le poids des obligations. Ce sont des objectifs de respect de soi.

- La Priorité 3 (« Moins important » et « Moins urgent ») rassemble enfin les améliorations potentielles qui pourront faire l'objet d'un travail plus tranquille ou divertissant si nos objectifs majeurs venaient à piétiner (on apprendra à ne pas insister sur des instincts bloqués) ou à se résoudre.

Définir un objectif

Une fois nos besoins hiérarchisés, il est temps de définir le premier pas pour y répondre. Quelques obstacles peuvent toutefois intercepter notre cheminement à ce stade, en nous amenant à de « faux objectifs ». Il nous faut à présent rester centrés sur notre situation et sur les possibilités d'action qui sont les nôtres. Par exemple, « voir notre conjoint(e) abandonner une mauvaise habitude » serait un faux objectif au sens où il ne dépend pas de nous, mais des décisions et actes de notre conjoint.

Pour identifier si un but correspond bien à nos possibilités d'action, il est intéressant de définir les problématiques que nous pouvons rencontrer en fonction du classement suivant :

- Problématique personnelle : il nous faut changer une habitude, un type de réaction, un comportement… Nous sommes seuls aux commandes de la réalisation de notre objectif et l'ensemble des changements nécessaires portent sur notre propre personne. Ces objectifs sont porteurs des meilleures perspectives de résolution et de satisfaction.
- Problématiques relationnelles : il nous faut changer la nature ou les modalités d'une relation, rétablir le dialogue, trouver un rôle et une image qui nous convienne aux yeux de l'autre, désamorcer ou inverser un rapport de force… Quelles que soient les nécessités en jeu ou la légitimité de notre besoin, la résolution de cette situation nécessite l'engagement et le consentement d'un autre être humain

disposant de son libre arbitre et de ses propres enjeux. Il peut être nécessaire de définir la part d'efforts qui nous est acceptable, des limites à ne pas franchir, et au cas échéant, nous pouvons être amenés à effectuer un travail d'acceptation et de distanciation si les choix de l'autre ne permettent pas une avancée équitable et respectueuse de nous-mêmes.

- Problématiques circonstancielles : il nous faut œuvrer au maximum contre des circonstances dont nous ne pouvons nous soustraire, trouver un nouveau travail après un renvoi, exécuter des travaux après des intempéries, organiser notre vie en fonction d'un nouveau handicap de santé... Nous nous trouvons face à des contraintes extérieures qu'il nous faut accepter, tout en nourrissant nos ressources de réalisation et si nécessaire de combativité afin de continuer à construire la vie qui nous convient dans les conditions qui nous sont laissées. Face à de telles situations, le travail d'acceptation de ce qu'il n'est pas en notre pouvoir de changer est tout aussi important que les avancées elles-mêmes en nous permettant de préserver notre « qualité de vécu ».

Chaque besoin sur lequel nous pourrions investir notre travail trouvera sa place dans l'une de ces trois categories dont l'identification nous permettra d'ajuster raisonnablement nos efforts. Il est important de ne pas dénigrer les objectifs d'acceptation et de distanciation qui nous permettent d'amoindrir l'emprise des contraintes extérieures et les frustrations ou dépendances qui en découlent.

Enfin il pourra exister dans chacune des trois categories précédemment exposées des objectifs à satisfaction primaire ou secondaire que l'on définira comme suit :

- Objectifs à satisfaction primaire : ils concernent le plus souvent notre propre vie privée, indépendamment du monde extérieur, des conventions ou des exigences du collectif. Ces buts sont peu soumis à des comparaisons, peu mis en compétition, et pourront se résoudre de manière directe (effort générant un bénéfice immédiat). Ils seront source d'une satisfaction identifiée et cohérente.

    - Exemples : améliorer sa gestion du quotidien pour atteindre plus de tranquillité et de sécurité, renouer avec le plaisir et la libido pour nous connecter à notre appréciation de la vie, développer ses capacités de mémorisation pour profiter plus pleinement de nos lectures et découvertes, se défaire de colères ou de frustrations enfouies pour s'apaiser…

- Objectifs à satisfaction secondaire : ils concernent nos efforts dans le grand monde (profession, hobbys, intégration sociale, image de soi…) et seront soumis à des critères extérieurs auxquels on tendra à correspondre en vue d'une réalisation personnelle. L'orientation de notre effort s'en trouve dissocié de la satisfaction qu'on en retire. Être le meilleur d'une équipe de vendeurs peut susciter de la valorisation personnelle (renforcement d'estime), sécuriser des angoisses (d'être laissé pour compte, viré, rejeté…) ou encore stimuler notre satisfaction personnelle du dépassement de soi. Seule la personne concernée peut identifier le bénéfice personnel retiré d'un effort pour l'extérieur, et l'identification de ce dernier permet d'éliminer les objectifs « superficiels » que l'on nourrirait compulsivement sans atteindre le bénéfice de vécu instinctivement recherché.

    - Exemples : développer ses compétences professionnelles ou dans un domaine spécifique pour se placer dans les références (bénéfice personnel : reconnaissance, respect, satisfaction de soi…) ; ajuster l'image que l'on renvoie (bénéfice personnelle : considération de notre identité ressentie, ouvertures d'opportunités, plaisir de plaire, sentiment d'intégration…) ; répondre aux exigences d'un proche (bénéfice personnel : tranquillité, plaisir d'être apprécié, sentiment de sécurité par maintien du lien…)

Les identifications les plus difficiles à réaliser ici seront celles qui concernent des objectifs à satisfaction secondaire. Il est important de réaliser qu'un bénéfice personnel sera toujours une sensation de mieux (se sentir tranquille, moins angoissé, accepté, valorisé, à sa place...) et non une idée, un concept ou un principe. Ce sont ces sensations qui donneront l'énergie nécessaire à la réalisation de nos efforts, les idées qui cadrent et justifient l'ensemble ne permettant que de donner du sens. Or les satisfactions de vécu tirées de tels efforts sont souvent un sujet de honte, de moquerie ou de condamnation morale, dont notre image lucide de nous-mêmes tendra à nous préserver en camouflant nos besoins concrets derrière des justifications plus acceptables comme l'abnégation ou le sacrifice. Notons que des sensations d'abnégation ou de don de soi non sacrificiel (il ne s'agit pas de souffrir pour donner mais bien d'y trouver son compte en donnant) et sincère peuvent exister, mais que ces dernières correspondent à des types d'instincts spécifiques dans lesquels l'individu éprouve du plaisir ou de la sécurité personnelle à constater et ressentir par synergie la satisfaction de l'autre. Que l'on soit mu par des sensations de plaisir personnel au contact du plaisir de l'autre ou par une quête de sécurité ou de valorisation personnelle, ce sont dans tous les cas nos sensations qui nous informent de la teneur de nos satisfactions. Elles sont innées et propres à chacun et il ne saurait en exister de meilleures ou de moins bonnes tant qu'elles nous conduisent à réaliser notre potentiel en harmonie avec le monde qui nous entoure. Il peut alors être nécessaire d'approfondir notre recherche d'information en observant « pourquoi cela me fait du bien ? ». Si j'aime prendre soin de mon corps et de mon apparence, c'est pourquoi ? Par plaisir de plaire ? D'être regardé(e) ? De gagner confiance en moi ? D'être mieux accepté(e) par mon entourage privé ou professionnel ? Il peut exister autant de motivations que de personnes, et les bilans intimes sont le meilleur moment pour laisser s'exprimer nos sensations réelles là où elles ne seront ni jugées ni exposées.

Enfin il peut arriver que l'identification de telles motivations personnelles nous amène à un conflit de valeurs. Notre conditionnement moral ou culturel nous conduit alors à condamner les sensations naturelles qui nous animent. Le plaisir de se sentir beau dans le regard de l'autre est relégué à de la vile superficialité, la galvanisation d'être à l'origine de quelque chose de grand est décrié comme de l'ego hors de contrôle… dans les cas les plus extrêmes on pourra s'identifier à la « mauvaise personne » et justifier de ce fait les manques d'empathie et de considération dont nous aurions fait preuve envers d'autres personnes. Nous serions alors face à une nécessité de déconstruire les carcans de modèle moral qui nous conduisent à détruire pour nous accepter. Une fois notre image de « vilain de l'histoire » désamorcée il deviendra possible de retrouver un relationnel humain sain et respectueux de l'autre comme de soi. Dans le cas des instincts innés de don de soi la problématique est différente mais s'exprimera également. Il y aura alors des difficultés à passer outre le bien-fondé moral de nos actions pour identifier la satisfaction de vécu que l'on y recherche spontanément, et on tendra à se vivre comme « victime » de la situation lorsque le résultat ne correspond pas à nos attentes malgré notre comportement irréprochable plutôt que de se relever pour tenter sa chance ailleurs. Dans les deux cas nous sommes alors enfermés plutôt que libres d'avancer et d'améliorer nos conditions de vie.

L'identification des motivations personnelles d'un objectif à satisfaction secondaire constituera une part importante de la mise en œuvre du changement en nous connectant au réel moteur de nos motivations.

Formulation et cadrage

Nous arrivons à l'aboutissement de notre prise de décision. Une fois notre situation définie, il ne nous reste plus qu'à formuler l'objectif à l'aide d'un énoncé clair et simple. Plus notre étape première est identifiée et précise, plus notre travail pourra être efficace. Dans les cas de démarches impliquant plusieurs étapes nous nous concentrerons sur le premier palier, les suivants pouvant encore connaître des ajustements en fonction de l'avancée de notre cheminement à venir.

On récapitulera dans notre journal de développement personnel (n'oubliez pas la date du jour) les informations dont nous disposons déjà :

- Intitulé de l'objectif.
- Type de problématique (personnelle, relationnelle, circonstancielle).
- Type de satisfaction (primaire, secondaire).
- Il nous faudra également identifier quelques éléments clefs afin de rendre notre objectif premier prêt à l'utilisation :
- Chakra et couleur à travailler : on s'appuiera sur notre énoncé pour expliciter le chakra ainsi que la couleur spécifique que l'on souhaite stimuler. C'est au sein de cette couleur identifiée que l'on cherchera la pierre nous apportant les sensations les plus porteuses.
- Date de constat : au cours de notre travail de mise en œuvre du changement, nos vécus vont évoluer très rapidement. Aussi est-il nécessaire de poser une date à laquelle nous pourrons faire un retour sur expérience afin de permettre la mise à jour de notre vision lucide. Cette date est déterminée avant d'initier tout nouveau mouvement, et se situera une semaine, deux semaines, un mois ou plus après le lancement de notre objectif.

Si des réponses à ces définitions restent manquantes, alors aurons-nous peut-être besoin d'un bilan de précision permettant d'identifier les détails dont nous aurions besoin.

Le bilan de précision

Dernier perfectionnement que nous pouvons apporter à notre prise de décision, le bilan de précision est une recherche d'informations sensitives spécifiques. Il permet d'identifier les derniers tenants et aboutissants d'un point que nous souhaitons travailler, que ce soit un chakra dans lequel nous avons identifié des sensations désagréables sans réellement savoir à quel conflit elles se raccrochent, ou que l'on soit face à un conflit donné que nous supposons être associé à un chakra en particulier sans en avoir la certitude.

Le bilan de précision se réalise grâce à une orientation partielle de notre exercice de méditation. Il s'agira de placer un cadre donné, au sein duquel on ira observer les sensations qui s'expriment. On procèdera de la manière suivante :

- Placez une pierre de bilan (incolore) sur le chakra concerné.
- Fermez les yeux et laissez l'état de détente s'installer.
- Laissez venir à vous le sujet que vous souhaitez préciser, observez s'il est facile ou non de le mettre en place.
- Observez les sensations qui s'éveillent en vous au contact de ce sujet, en recherchant particulièrement à identifier les malaises.
- Revenez à vous, rouvrez les yeux et prenez note de votre expérience.

Faire un tel travail de précision après avoir posé une prise de décision peut permettre les derniers ajustements de votre objectif premier. Vous partez ainsi avec un objectif pleinement identifié et prêt au travail d'application du changement.

Étape 4 : Mise en œuvre du changement Pour une vie nouvelle et choisie

Nous voilà enfin à l'étape de mise en œuvre concrète de notre travail de développement personnel, qui loin d'être le début de nos efforts, en constitue en réalité l'aboutissement. C'est uniquement grâce à un bilan complet, sensitif et analytique, réaliste et détaillé que nous pourrons obtenir des résultats aussi fluides qu'impressionnant à ce stade de notre avancée. Notre journal de développement personnel contenant l'ensemble des exercices et structurations d'objectif dont nous disposons jusqu'à présent sera plus que jamais précieux. C'est sur lui que nous appuierons ce dernier palier.

La plus importante optimisation dont bénéficie notre travail intervient dès à présent, il s'agit de l'intégration du symbolisme. C'est à ce stade qu'il nous faut mettre en œuvre les méditations orientées qui nous permettront de transcender nos vécus, de remplacer les sensations anciennes par celles que nous avons choisi de nourrir. Afin d'ajuster la contrainte posée sur nos exercices, il nous faut comprendre un dernier concept, celui des degrés de conditionnement.

Les degrés de conditionnement

Lors de tout travail avec la pierre, nous oscillons entre la libre expression de notre naturel indispensable à l'identification de nos besoins et limites, et l'application de la volonté lucide qui canalise nos ressources vers les objectifs que nous nous fixons. En filigrane de l'ensemble de nos exercices depuis Les *Pierres au Quotidien* jusqu'à présent, se joue donc un équilibre de balancier entre laisser venir et mettre en œuvre. Nous disposons ainsi d'une échelle, dans laquelle les contraintes appliquées à l'aide de conditionnements apporteront plus de précision de retombées, tandis que leur levée nous permettra de mieux identifier, ressentir, et se sécuriser et s'assurer que nous soyons toujours sur notre voie.

Un conditionnement peut intervenir dans le travail avec la pierre par les leviers suivants :

- Le type de pierre utilisée : au sein des différentes variétés utilisées en lithosophie, nous disposons d'un neutre de référence, le cristal de roche, et d'alternatives apportant des conditionnements plus marqués. Les variantes de pierres de bilan (incolore ou blanche) sont considérées comme des neutres, tandis que les pierres de couleur apporteront des influences plus orientées. Plus on travaillera avec une variété allant à l'encontre de nos habitudes (en puissance d'influence ou en type de dynamique) plus le conditionnement exercé par la pierre sera fortement ressenti.

- La méthode d'utilisation : dans les utilisations quotidiennes des pierres nous disposions de différentes méthodes apportant des variantes de « manière d'agir » (pierres à porter sur soi, élixirs minéraux et pierres dans l'environnement). En lithosophie notre conditionnement d'utilisation est déterminé par les chakras, et le conditionnement de positionnement. Le neutre correspondra à la sensibilisation, exercice de ressenti entre les mains, tandis que le placement sur un chakra spécifique conduira l'influence de la pierre à entrer au contact de notre expérience d'un domaine de vie en particulier.
- L'état d'esprit de l'utilisateur : l'ultime conditionnement est celui apporté par l'utilisateur. S'il n'est pas à l'origine des propriétés de la pierre (les tendances instinctives apportées par ces dernières restent déterminées par leur influence propre), l'être humain canalise toutefois par sa conviction les dynamiques reçues vers ses attentes. Dans le cadre des utilisations de vie courante on laissera faire les attentes implicites, issues de la connaissance de chaque pierre et de ses bienfaits décrits dans les livres. En lithosophie, il nous est en revanche possible de générer un conditionnement précis et adapté à notre but grâce au symbolisme et aux méditations orientées. Les plus conditionnées d'entre elles content une trame complète, allant du point de départ à la réalisation finale de l'objectif posé.

Nous disposons ainsi de trois facteurs de conditionnement, nous offrant une gamme d'exercices allant des plus ouverts à la prise d'informations jusqu'aux plus efficaces dans la réalisation d'un but. On définira les différents degrés de conditionnement comme suit :

- ▶ Degré de conditionnement 0 : méditation au cristal de roche, entre les mains, sans orientation. Il s'agit tout simplement de la sensibilisation au cristal de roche, qui constitue un point de comparaison pour l'ensemble des autres expériences avec les pierres.
- ▶ Degré de conditionnement 1 : un seul des trois facteurs est conditionné. On se trouve face à trois cas de figure.
    - Sensibilisation avec une pierre de couleur : placement et orientation d'exercice neutres, mais la variété de pierre apporte un conditionnement. Couramment utilisée pour découvrir notre affinité première avec une pierre ou

identifier notre sensibilité du moment à son contact. Il s'agit d'un exercice incontournable tant en utilisations de vie courante qu'en lithosophie.

- Bilan sur chakra : le positionnement est conditionné, en revanche les exercices ne sont pas orientés et on utilise du cristal de roche ou une pierre relativement neutre (incolore ou blanche). Il s'agit du format d'exercice utilisé pour le bilan d'harmonisation.
- Cristal de roche entre les mains, avec méditation orientée : ce dernier cas de figure n'est pas utilisé en lithosophie, les méditations orientées sans conditionnement plus précis offrant des résultats très similaires à ceux de la sophrologie pure, sans usage de pierre.

► Degré de conditionnement 2 : le recoupement des facteurs de conditionnement deux-à-deux offre lui aussi trois options d'exercice. On trouvera dans cette categorie des méthodes de bilan semi-conditionné, très utiles pour préciser certains choix.

- Pierre de couleur sur le chakra correspondant, sans orientation de méditation : cette configuration nous permet de découvrir l'impact d'une pierre non pas sur notre être au global, mais bien dans le domaine spécifique de son application optimisée. Certaines pierres venant toucher à des conflits peuvent par exemple être beaucoup plus agréables en sensibilisation entre les mains qu'en exercice libre sur chakra.
- Pierre de couleur entre les mains avec orientation de méditation : on utilise ces « sensibilisations spécialisées » pour identifier si les sensations apportées par une pierre sont propices à nous porter vers un objectif donné. On pourra faire appel à cette méthode pour comparer différentes pierres dans le cadre d'un but défini. Il suffira alors de poser la perspective recherchée dans notre visualisation ou nos ressentis d'exercice, et de voir comment la présence de la pierre s'y raccorde.

• Pierre de bilan (incolore ou blanche) sur chakra, avec méditation orientée : cette méthode est mise en œuvre pour préciser un bilan, notamment lorsqu'on souhaite identifier avec précision les accroches d'un conflit dans l'ensemble des sensations d'un chakra. C'est cette alternative qui a été suggérée en fin d'étape précédente pour répondre aux potentielles lacunes d'informations après le bilan d'harmonisation.

► Degré de conditionnement 3 : les trois facteurs sont ici soumis à conditionnement. On utilisera des pierres de couleur, placées sur le chakra correspondant et avec une méditation orientée vers le but à atteindre. Il s'agit là de la pratique courante des exercices de mise en œuvre des changements, ceux apportant les résultats les plus manifestes et les plus impressionnants.

Il sera toutefois important de régulièrement jongler entre les degrés de conditionnement. On reviendra par exemple à un degré 2 pour ajuster le choix d'une pierre ou ajouter des précisions de bilan chakra dès qu'un objectif piétine ou ne se déroule pas comme on l'aurait souhaité.

Nourrir un sous-investissement

Il est possible de renforcer notre accroche à un domaine de vie qu'on aurait jusque-là ignoré et laissé de côté de manière très simple. Les sous-investissements restent indéniablement les problématiques les plus aisées à travailler. Il peut toutefois arriver qu'un sous-investissement se soit installé progressivement en raison d'un conflit pénible à approcher. On constatera dans ce cas, une fois le sous-investissement comblé, que les sensations résultant du contact avec le domaine en question sont porteuses d'un conflit (tension, malaise, etc.).

Pour résoudre un sous-investissement il suffira de sélectionner une pierre nous plaisant dans la couleur correspondante, et de l'appliquer au chakra associé. On conseillera de tester préalablement la pierre en sensibilisation (entre les mains) afin de s'appuyer sur la variété la plus agréable. Plus les sensations éveillées par la pierre sont difficiles à gérer, plus il sera laborieux de renverser la tendance. On pourra renouveler l'exercice jusqu'à se sentir en confort avec la pierre choisie, et soutenir ce travail par des utilisations de vie quotidienne qui lui apporteront une continuité.

Une fois familiarisés avec une couleur précédemment sous-investie, il est conseillé de laisser un temps de pause et de recul, comme pour notre étape de stabilisation, pour permettre aux nouvelles tendances de prendre forme. Il sera alors possible d'identifier grâce à du bilan spécialisé si notre zone creuse cachait un conflit latent ou non.

Méditations orientées

Alors comment, en définitive, pouvons-nous atteindre cette fameuse efficacité maximale ? L'orientation des méditations peut nous apparaître comme une échappée onirique vue de l'extérieur, alors qu'elle répond à une structure fort simple qu'il suffit de comprendre pour pouvoir décliner le procédé à l'infini et dans la multitude de besoins qui pourraient se présenter à nous. De plus, les exercices les plus efficaces seront ceux qui utiliseront des repères personnels très parlants plutôt que des symboles collectifs normés. Une fois encore, savoir développer nos propres méditations adaptées à nos sensations et besoins sera bien plus profitable que de simplement appliquer des exercices élaborés pour des groupes.

Une méditation orientée est constituée de deux éléments :

- Un thème : déterminé par les images et l'environnement qui constituent notre visualisation d'exercice. Nous pourrons par exemple trouver des images pertinentes, véhiculant le sujet que nous souhaitons travailler, grâce à des associations d'idées. Le procédé est alors identique à celui utilisé pour expliciter le sens d'éléments apparus au bilan (cf. Étape 2), à ceci près que nous partirons ici du sens pour laisser venir les éléments qui s'y raccrochent. Si rien de particulièrement marquant ne ressort de cette manière, on fera alors appel à des symboliques culturelles.
- Un déroulement : déterminé par l'évolution de l'exercice, tant en termes de mouvement des images que de mouvement des sensations qui les accompagnent. On définira le déroulement comme le décalage constaté entre les images et sensations du début de méditation, et celles de fin d'exercice. Un déroulement adapté à nos besoins nous conduira ainsi d'un point de départ connu (situation rencontrée présentement) jusqu'à un point d'arrivée souhaité (réalisation de notre objectif).

Ainsi une méditation classique d'ancrage, visant à renforcer notre contact sensitif aux ressources physiques et terrestres, est constituée d'un thème symbolisé par les racines et le sol terrestre, ainsi que d'un déroulement par lequel les racines vont profondément s'enfoncer et se nourrir auprès de la terre. Cette structure simple peut s'accompagner de fioritures permettant de rendre notre exercice plus immersif, mais tout ajout doit alors renforcer notre engagement dans la structure première et non nous en détourner. Visualiser les différentes couches du sol, ou encore le magma sera pertinent pour nous apporter le contact physique recherché, en revanche placer une caverne aux fées et un centre de la terre digne du voyage de Jules Vernes apporterait un détournement du réalisme souhaité qui nuirait à notre objectif. Enfin, notre ancrage sera réussi uniquement lorsque la sensation de connexion et de nutrition par le sol au travers de racines visualisées sera pleinement ressentie. Une simple image creuse n'étant pas suffisante à générer la transcendance de vécu que nous souhaitons atteindre.

Trouver les bons symboles

Nous disposons de plusieurs viviers d'images dans lesquels piocher pour illustrer les différents thèmes dont nous aurions besoin au cours de nos exercices. Les symboles vont des plus personnels (subjectifs mais très parlants) jusqu'aux plus universels (mécanistes et dépourvus de sens). On pourra s'en inspirer comme suit :

- Symboles personnels : les plus utiles en méditations orientée peuvent se trouver grâce aux bilans spécialisés (conditionnement 2, pierre incolore sur chakra avec concentration sur un sujet), ou grâce aux associations d'idées (cf. Étape 2). Ils ont également pour avantage de naturellement se relier à nos sensations personnelles, constituant ainsi les meilleurs moteurs d'avancées. On comptera dans les symboles personnels des situations vécues, des lieux, personnes ou objets connus et étant porteurs d'un sens correspondant à notre objectif.

- Symboles culturels : les symboles culturels rassemblent toutes les associations de sens données par un collectif à une image, un événement, un lieu… Il y aura des symboles propres à chaque culture, à chaque pays, à chaque communauté, qui auront une chance de nous parler si nous partageons des repères communs avec le collectif dont ils sont issus. On pourra s'inspirer des dictionnaires des symboles, mais également de nos influences culturelles plus larges (films, séries, livres, etc.). La condition pour adopter un symbole culturel dans une méditation orientée est qu'il soit porteur du sens et des sensations recherchées non seulement pour le groupe, mais surtout pour nous, sans quoi il ne sera pas propice à générer le vécu souhaité.

- Symboles universels : pour qu'il y ait sens il doit y avoir interprétation humaine, et pour qu'il y ait interprétation humaine il faut qu'il y ait culture. Les symboles universels ont donc la particularité d'être de simples constats, et non des significations. Le vert est universellement raccroché à la nature, le rouge au sang, la chaleur au Soleil… Générer une influence par un symbole universel sera toujours très naturel puisque le constat sera inaliénable, mais nous disposons d'une gamme très limitée et très primitive d'informations de ce type. Elles seront toutes centrées sur les sens et sur la perception immédiate, aussi cette échelle symbolique est-elle principalement utilisée pour générer des sensations physiques et les émotions primaires qui les accompagnent.

De la même manière, le déroulement pourra s'inspirer de différentes sources. Si le plus simple est de partir de la situation et des sensations que l'on connaît pour se rendre à notre objectif, il sera également possible de faire appel à des « parcours initiatiques » que l'on aura identifiés chez un auteur ou dans une référence culturelle nous entourant.

Si j'ai des difficultés à m'exprimer devant mes supérieurs hiérarchiques, je pourrai visualiser le bureau ou salle de réunion, lieu dans lequel je suis régulièrement confronté à eux, investir la visualisation et la sensation de leur exprimer le nécessaire, et renouveler l'exercice jusqu'à développer un sentiment de tranquillité et de confiance dans cette posture. Des déroulements plus influencés par des inspirations culturelles consisteraient à trouver de la force pour passer à l'action grâce la traversée d'un seuil, à s'appuyer sur la foi placée en nous, ou encore à disposer d'un totem, d'un objet nous donnant les ressources de... Dans une telle situation, bien ancrée dans une situation concrète et identifiée, ces transitions nous feraient perdre en développement de nos ressources indépendantes et rendraient l'effort moins profitable. On veillera donc à garder de telles évolutions type pour des travaux nous offrant moins de précision.

Voici tout de même quelques exemples de déroulement classiques, permettant d'acheminer les objectifs ayant moins de prise concrète :

- Affirmation de soi : les contradictions extérieures s'écartent pour laisser place à l'existence personnelle.
- Donner de la force ou de la réalité : l'élément nourri devient plus dense, plus présent plus inébranlable.
- Dépassement d'habitudes néfastes : on nourrit progressivement le plaisir et la satisfaction de réaliser une nouvelle habitude. L'ancienne s'éloigne, devient imperceptible.
- Dépassement des blocages : on rassemble la combativité pour passer le cap d'image de libération (voie qui s'ouvre, entraves brisées, prise d'envol...).

Nous allons mettre en pratique ces méthodes à l'aide de quelques situations pratiques.

Exemples pratiques

- Certains sujets classiques reviennent régulièrement dans les demandes des accompagnés en cabinet ou des stagiaires au cours des séminaires sur la lithosophie. En voici quelques exemples qui vous permettront de trouver écho aux situations que vous pourriez rencontrer.

- Confiance en soi : les problématiques de confiance en soi sont très largement répandues et ont des conséquences tant sur la vie professionnelle, que sur le relationnel amical et amoureux, ou encore sur la capacité d'affirmation personnelle. Elles s'articulent autour de deux piliers. Premièrement l'ego, sensation nécessaire de notre existence propre, que l'on renforcera grâce au noir à la base et qui nous permettra de ressentir notre existence et nos besoins comme naturels. D'autre part l'estime, que l'on nourrira grâce au jaune au plexus solaire. Enfin, il sera précieux de faire appel à une posture, le centrage, qui nous permet d'identifier les dynamiques extérieures à partir de nos propres repères, et de nous concentrer sur nos propres dépassements plutôt que sur une comparaison à autrui. Lorsque notre confiance chancelle, c'est l'estime qui est touchée en premier lieu avant que l'ego s'affaiblisse pour ensuite laisser place à une négation de soi. Une fois notre sensation de confiance développée, il sera donc important de l'entretenir lorsqu'elle est mise à mal, et de prendre de la distance avec la source de dégâts si l'on constate que l'ego commence à s'atrophier.
- Affirmation personnelle : l'affirmation de soi passe par l'ensemble des couleurs chaudes. Le rouge de la base, l'orange du sacré et le jaune du plexus. Nous disposons ainsi du triptyque entre affirmation brute, spontanéité dans les interactions et rayonnement. Notons que lorsque nos instincts de vie (volonté, libido, spontanéité, estime...)

s'étouffent, notre capacité à habiter notre vie s'endort avec eux. Il est ainsi essentiel de nourrir ces centres en cas de sous-investissement, de dénouer les conflits que l'on pourrait y rencontrer, notamment dans les périodes où l'on est soumis aux plus fortes critiques et reproches (conflits domestiques ou d'intérêt, séparations, harcèlement, etc.).

- Aptitudes relationnelles : parvenir à mieux s'adapter aux codes relationnels, ou améliorer nos interactions avec les autres est également un sujet souvent rencontré. Il s'articule autour de deux centres, le plexus solaire avec la couleur jaune, et la gorge avec la couleur bleu clair. Pour perfectionner nos échanges relationnels, il nous faudra ainsi travailler notre présence au travers du renforcement ou de l'entretien de l'estime, et fluidifier nos échanges par la communication. Travailler le relationnel peut nous amener à investir notre image extérieure, la forger en triant nos modèles et en nous appropriant les inspirations extérieures.

- Trouver sa voie : il s'agit d'un travail de quête intérieure au regard du monde extérieur. Identifier les différentes possibilités qui s'offrent à nous, puis revenir à nos sensations pour sentir celles qui nous permettent une réalisation… Plus nous élargissons notre champ de mise en perspective plus nous apprenons à identifier rapidement ce qui nous convient. Les principaux centres seront une fois encore le plexus solaire avec le jaune pour notre rôle dans le collectif, et le 3e œil avec le bleu foncé pour notre observation et analyse des possibilités. La réalisation dépendra ensuite de ce qui ressort de cette construction de repères premiers.

- Dépassement des carcans moraux : il est tout naturel dans le travail sensitif de tomber sur des valeurs morales qui nous ont été enseignées, répétées par la famille, l'entourage, la culture dans laquelle nous baignons, et qui malheureusement empêchent notre épanouissement. Cela peut venir d'injonctions à un rôle passif alors que nous brûlons d'un grand feu intérieur, ou inversement d'exigences de devenir un leader alors que nous nous épanouissons dans un rôle de soutien… Plus les problématiques sont intimes (gestion de la sexualité parexemple) plus les carcans moraux pèseront et entraveront les avancées. Pour les dépasser, il n'est pas question d'abandonner l'idée de réaliser une vie bonne et harmonieuse, mais plutôt d'assouplir les lois arbitraires. Plutôt que des codes à respecter nous allons donc développer des valeurs humaines personnelles, dans lesquelles nos idéaux seront respectés sans avoir à pousser la contrainte au-delà du nécessaire. Pour ce faire il nous faudra faire appel à des couleurs de légèreté comme le vert (cœur) ou le bleu clair (gorge), et nous poser à chaque entrave la question suivante : « ma préférence a-t-elle des conséquences destructrices directes ? ». Notons ici que les jugements et réactions négatives de l'entourage n'entrent pas dans les conséquences destructrices directes mais secondaires. Si la réponse est non, alors il est nécessaire de faire un travail d'acceptation de cette action afin de développer une tranquillité personnelle. Puis une fois la confiance établie, on renforcera l'affirmation de soi afin de dialoguer avec l'entourage et faire évoluer nos relations vers plus de respect mutuel. Dans ce cadre, votre travail de découverte de vous-même et d'évolution vers un équilibre intérieur conduit votre entourage à évoluer également vers plus de considération de l'autre et de respect de ses différences.

Ces quelques exemples vous permettent d'avoir une idée du type de travail pouvant être fait en lithosophie. En cas de doutes sur votre situation, de besoin d'aide pour votre bilan ou d'être épaulés face à une situation vous paraissant complexe à mettre en œuvre, n'hésitez pas à faire appel aux certifiés ressortant de la formation Lithosophia. Tout lithosophe aura les compétences nécessaires pour accompagner jusqu'aux plus délicates des situations humaines que vous pourriez croiser dans votre vie, pour aboutir à la transcendance de vécu qui fera avancer votre vie.

Étape 5 : Constatation des résultats Finaliser et aboutir

L'ensemble du travail en lithosophie s'appuie sur l'évolution de notre vécu, de notre perception des événements et des actions à mener. Si les évolutions factuelles, de comportement et d'avancée de nos aspirations sont bel et bien présentes, il nous faudra en réaliser le constat pour en prendre pleinement conscience. Une fois de plus, notre vision lucide avance plus lentement que nos évolutions concrètes, et il nous faudra un dernier élan de bonne volonté pour identifier le chemin parcouru et pouvoir enfin en ressentir la satisfaction.

Bilan de fin de cycle

Pour ce faire nous allons, au moment du « terme » posé à la structuration d'objectif, reprendre notre pierre de bilan pour un ultime retour sur soi, et réaliser une introspection de fin de cycle. Sur chaque chakra, nous allons identifier nos sensations du moment, nos réactions au contact des éléments ayant été travaillés, puis revenir sur notre journal de développement personnel pour noter un avant (souvenir de nos sensations en débutant l'objectif) et un après (état actuel de nos sensations). C'est au moment de cette mise en parallèle des états sensitifs et de leur évolution qu'il nous est possible de connecter notre lucidité à l'expérience parcourue. C'est donc un moment précieux qu'on prendra le temps d'apprécier en toute tranquillité.

Selon les résultats obtenus il nous sera possible de donner suite à un objectif en continuant à le travailler jusqu'à une nouvelle date de terme, de le considérer comme satisfaisant et donc clos, ou encore de le laisser attente d'une nouvelle opportunité de vie pour le dénouer. Si un de vos objectifs vient à présenter trop de résistances pour être aisément avancé, il est conseillé de calmer les efforts et pressions posés dessus. L'accompagnement d'un lithosophe professionnel ou des événements extérieurs nuançant la tension de vécu pourront vous aider à passer le cap bien plus aisément par la suite.

Entretien des pierres de développement personnel

Une fois un cycle clos, il est enfin temps de réaliser notre entretien des pierres qui nous auront aidés à avancer. Les méthodes de purification et de rechargement des pierres sont exposées en détail dans *Les Pierres au Quotidien*, et de bonnes connaissances dans ce secteur sont conseillées pour toute utilisation soutenue des pierres. Dans le cadre de l'utilisation en lithosophie nous nous concentrerons toutefois sur les méthodes à appliquer sur les pierres de méditation.

On utilisera l'exposition au sel (directe pour les pierres qui le supportent, indirecte pour les autres) pour un nettoyage profond, et l'exposition à l'eau (déminéralisée) pour un nettoyage léger. Toutes les pierres ayant été au contact de vécus difficiles, de blocages laborieux à lever ou de traumas ayant été dépassés seront ainsi à nettoyer au sel, tandis que les pierres de bilan seront généralement nettoyées à l'eau. Notons que les nettoyages les plus efficaces auront également tendance à effacer nos propres empreintes laissées sur la pierre, et couperont donc la sensation de familiarité que nous aurions pu construire à son contact. En cas de transformation radicale de nos repères il faudra toutefois envisager un nettoyage complet pour l'ensemble des pierres qui nous sont proches afin de favoriser l'avancée de notre nouveau « moi ».

Le rechargement peut enfin s'effectuer autant de fois qu'on le désire. Il est généralement appliqué en ouverture d'un travail mais peut faire l'objet de rappels au cours de l'utilisation, notamment si on souhaite booster les effets d'une pierre de travail.

Alternance bien-être et développement personnel

À présent que nous avons parcouru un cycle complet de développement personnel, il est temps de prendre une pause de soin de soi. Bien que le travail mené dans le but d'améliorer notre construction de vie soit profitable, il est également éprouvant et source de nombreuses remises en question. Il est dès lors important de renouer avec un naturel de tranquillité. Pour revenir à une approche bien-être sans nous couper de nos compagnes minérales, nous pourrons faire appel aux méthodes de vie quotidienne, et nous accompagner des variétés nous permettant de connecter à nos repères familiers.

Pour reprendre un travail il nous suffira de renouveler notre bilan d'harmonisation et de redémarrer un nouveau cycle de développement personnel.

Partie 3
Influence des pierres et classes lithosophiques

Les classes lithosophiques

Chaque pierre impacte sur un individu selon ses affinités personnelles et ses sensations du moment. Nous avons exploré cet aspect en faisant des pierres un miroir de nos états et de leur évolution tout au long de la première partie de cet ouvrage. Il est à présent temps de nous attarder sur ce que les pierres ont d'anticipable. Puisque si dans une utilisation individuelle il est conseillé de se laisser guider par ses sensations, la lithosophie professionnelle parvient aujourd'hui, grâce à des bilans approfondis, à anticiper en fonction de chaque moment quelle pierre sera un point de repère pour une personne donnée et quelle autre provoquera un travail. Une telle perspective serait impossible sans une compréhension du mouvement instinctif apporté par chaque pierre. Certains facteurs, comme la réputation d'une pierre et les influences humaines que cette dernière y attachera, varient avec le temps. Une partie centrale des influences minérales reste toutefois invariable et anticipable avec une grande fiabilité : son influence de matière.

Les influences issues de la matière d'une pierre ne changent pas dans le temps. Ce qui variera en revanche, ce sont nos réactions sensibles, les « interprétations instinctives » que nous placerons sur l'expérience reçue à leur contact. Ainsi se sentir bien avec une pierre signifie que nous sommes familiers à l'information qu'elle diffuse, ou que notre instinct œuvre déjà à s'en approcher. Se sentir inconfortable avec une pierre signifie que nous sommes peu habitués à l'influence qu'elle dégage, ou que notre instinct chercher à la fuir. Encore nous reste-il à savoir quelle est l'influence à laquelle nous réagissons, et pour répondre à cette interrogation nous disposons d'une dizaine d'années d'expériences en lithosophie pour nous aider.

Définition de l'influence de matière

On distinguera les facteurs d'influence de matière d'une pierre en trois :

- La couleur visible face à laquelle nous aurons des réactions liées à nos conditionnements d'influence culturelle. Elle détermine le domaine sur lequel notre pierre s'appliquera avec le plus de naturel.
- Le système cristallin, ou organisation géométrique du minéral à échelle microscopique. Il en existe sept plus le groupe des pierres amorphes (sans géométrie) et chaque groupe apportera des dynamiques spécifiques, une « manière d'agir » au sein du domaine couleur.
- La composition chimique qui apportera des réactions physiques nuancées (limitées à un nombre restreint de réactions, et sans apport d'éléments actifs au corps dans le cadre d'une utilisation en méditation) ainsi que les répercutions émotionnelles de ces dernières. Par exemple l'élément fer apportera régulièrement un renforcement général du corps, ce qui favorisera le développement de la volonté ou du courage.

Nos deux premiers facteurs comptent respectivement le nombre de 11 couleurs et 8 groupes de géométries (7 systèmes cristallins et les amorphes). Le recoupement des deux nous donne 88 catégories. Ce sont les 88 classes lithosophiques correspondant chacune à une dynamique humaine pouvant être obtenue au contact des pierres. Ces dynamiques seront nuancées par la composition chimique et la puissance d'impact de chaque variété, mais rassemblent à elles seules la majeure partie de l'influence humaine des pierres concernées. Notons que les nuances d'influence apportées par les compositions chimiques ne seront pas explicitées dans cet ouvrage,

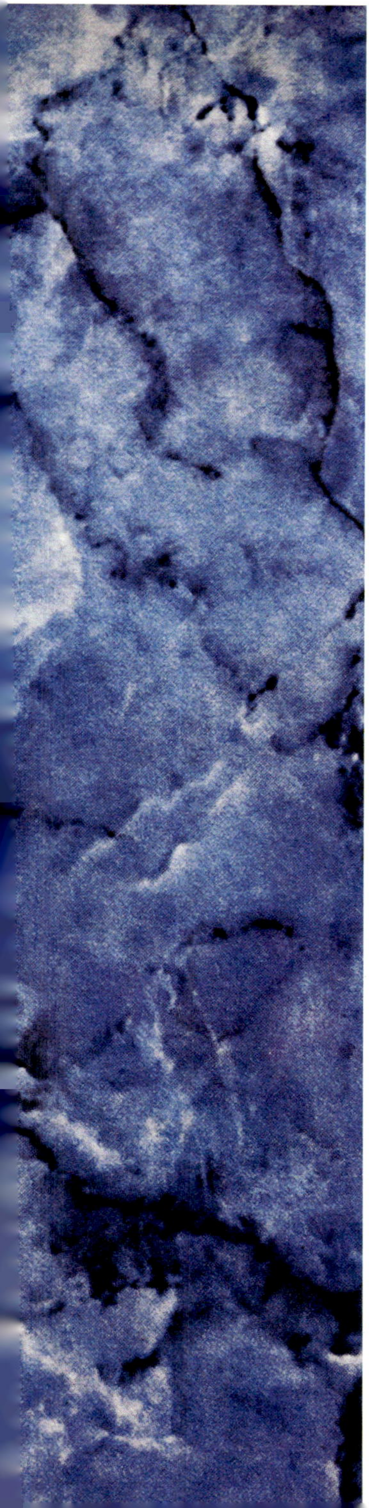

leur étude systématique étant encore jeune en lithothérapie comme en lithosophie, et les résultats dont nous disposons n'étant actuellement pas suffisamment étayés et aboutis pour être pleinement considérés en lithosophie.

Enfin, certaines classes lithosophiques ne contiendront que très peu de variétés, et parfois uniquement des variétés très rares et dispendieuses. Si toutes les classes seront ici exposées, certaines sont considérées comme des classes d'expertise, recherchées principalement pour la pratique professionnelle d'accompagnement en cabinet (métier de lithosophe). Il sera possible de les tester auprès des professionnels du secteur, en sachant que le résultat pratique peut s'avérer être moins impressionnant que dans nos attentes. Veillez donc à avoir l'occasion de faire l'expérience de ces pierres avant de vous engager dans des frais onéreux en vue de les acquérir. Toutes les classes rares pourront également être remplacées par des classes voisines disposant de pierres plus accessibles.

Influence de couleur

La couleur est le facteur le plus culturel de notre réaction aux pierres. Les interprétations données dans cet ouvrage sont ainsi inspirées des réactions les plus courantes en Occident, et méritent d'être adaptées en fonction des significations apportées à chaque teinte dans d'autres cultures. Puisqu'il nous faut toutefois un cadre pour avancer nous allons procéder avec les résultats dont nous disposons sur les terres de fondation de la lithosophie. Ils peuvent aisément être élargis à l'ensemble des pays d'Europe et d'Amérique (nord et sud) mais pourront nécessiter des ajustements dans le reste du monde.

Les indications apportées ici sont un résumé de l'exploration bien plus approfondie du sujet faite dans l'ouvrage *Les Pierres au Quotidien*. Les domaines humains communément associés aux couleurs utilisées en lithosophie sont les suivants :

- Blanc : ouverture, perception élargie, connexion à l'extérieur, clarté d'identification.
- Violet : anticipation, ouverture des perspectives, création par l'esprit.
- Bleu foncé : observation, étude, compréhension.
- Bleu clair : tolérance, communication, sérénité.
- Vert : valeurs, idéaux, émotions liées à des principes.
- Rose : lien, importance donnée, émotions liées à des éléments existants.
- Jaune : présence dans le collectif, charisme, rayonnement.
- Orange : spontanéité, appréciation du moment présent, sentir le monde.
- Rouge : affirmation de soi, volonté, force d'action.
- Marron : connexion à la matière, imprégnation des réalités matérielles et temporelles.
- Noir : introspection, connaissance de soi, ressenti de nos besoins.

Au contact de chaque système cristallin, les couleurs verront l'un ou l'autre de leurs aspects mis en évidence. Chaque classe lithosophique apportera ainsi sa nuance à ces domaines couleur.

Influence de géométrie

Les systèmes cristallins sont un domaine beaucoup plus subtil en lithosophie. Les premières observations à ce sujet nous viennent de Michael Gienger, lithothérapeute allemand ayant énormément contribué à notre compréhension actuelle de la discipline. Ses observations premières, consignées dans son *Manuel de Lithothérapie* ont permis d'identifier le caractère et les caractéristiques de comportement des personnes attirées par chacun des huit groupes géométriques. Si les descriptifs de chaque typologie avaient éveillé ma curiosité par leur pertinence tant théorique que pratique, il aura fallu encore près de 10 ans de mon expérience professionnelle et d'observations sur le terrain (confrontation à des situations de confort mais aussi d'inconfort, vérification des réactions après hypothèse d'anticipation, etc.) avant de pouvoir en extraire des caractéristiques de propriété. Il s'agit là d'un des grands pas en avant que la lithosophie apporte spécifiquement aux utilisations des pierres et d'une porte majeure de compréhension nous permettant d'optimiser l'impact instinctif de chaque variété.

Résumons donc les caractéristiques de chacun de ces groupes géométriques :

- Système rhomboédrique : considéré comme le groupe neutre, le système rhomboédrique exprime les propriétés de couleur de manière simple et directe. La dynamique reste nuancée, peu intrusive, et sera la plupart du temps bien tolérée. Les pierres les plus puissantes présenteront une force tranquille avançant lentement mais sûrement.
- Système hexagonal : telle la flèche qui atteint sa cible, le système hexagonal nous pousse et nous porte vers les objectifs que nous nous fixons. Il galvanise particulièrement notre volonté, et met nos émotions et notre intellect au service de nos perspectives. Les pierres de ce système sont considérées comme particulièrement réactives et percutantes.

- Système cubique : stable et structuré, le système cubique apporte de la précision et de la maîtrise à tout ce qu'il touche. Il est très propice au développement des cadrages intellectuels et gardera les débordements émotionnels sous contrôle. Il peut être perçu comme rigide et contraignant pour les instincts les moins familiarisés à son contact.
- Système quadratique : il développe notre ressenti de nos instincts et besoins tout en renforçant notre besoin de maîtrise. Très centré sur l'individu, ce système est le plus à même de nourrir notre capacité de préservation. Parfait pour apprendre à dire non, à dire stop, à poser la limite, il nous apprend en somme le respect de soi.

- Système orthorhombique : serviable et minutieux, le système orthorhombique nous amène à nous adapter aux conditions extérieures. Il nous permet d'adoucir nos tendances personnelles et nous ouvre à une belle harmonie avec notre environnement. On veillera toutefois à ne pas exagérer la tendance au risque de se voir coupés de notre équilibre.

- Groupe des pierres amorphes : nous connectant à la synergie de toute chose, les pierres amorphes mettent en évidence les liens, les ressemblances, les rapprochements. Elles sont les parfaites pierres de l'analogie, et ouvrent nos perspectives au monde dans sa globalité, sans le séparer en parties. On l'utilisera pour apporter du liant à nos expériences.

- Système monoclinique : tout particulièrement indiquer pour faire de nos perceptions sensibles une force, le système monoclinique nous met au diapason de nos sensations et maximise les informations qu'elles nous transmettent. Il nous permet de nous adapter à nos changements intérieurs et nous apprend à respecter notre nature sans cesse en mouvement.

- Système triclinique : expert des synchronicités, c'est grâce à ce système que nous pouvons développer notre radar intuitif et nous connecter à l'information planante qui nous entoure. Parfait pour développer la médiumnité et nos capacités en divination, on fera également appel à lui pour faire naître une sensation d'acceptation de ce que nous ne pouvons changer.

On pourra schématiser les caractéristiques et interactions des différents systèmes de la sorte :

Stabilisant		Évolutif
Rhomboédrique Suivre un naturel	Essentialistes	Hexagonal Suivre un but
Cubique Apporte de la rigueur	Extrêmes	Amorphe Apporter de la créativité
Quadratique Se préserver	D'indépendance	Monoclinique Explorer ses préférences
Orthorhombique S'adapter aux attentes extérieures	D'intégration	Triclinique S'adapter aux événements extérieurs

Puissance d'impact

Outre la composition chimique, une pierre sera également nuancée par sa puissance d'impact. Certaines variétés auront ainsi un potentiel de présence plus marquant et incisif que d'autres. Toutes les réactions ont alors des risques d'être accentuées, les bonnes pouvant être très porteuses et les désagréables pouvant être très remuantes. Une pierre puissante n'apportera pas forcément des résultats chez tout le monde, les affinités jouant un rôle majeur, les réactions vives étant simplement très répandues et non automatiques (tout comme les pierres dites douces auront dans la plupart des cas un impact nuancé, et quelquefois un résultat très percutant).

La puissance d'impact d'une pierre ne dépend pas directement de la rareté marchande ni des tarifs pratiqués sur le marché, mais de la difficulté de production naturelle dans le sol. Il s'agit de pierres rares en termes de quantité et non de spéculation. Aussi certaines pierres chères peuvent ne pas être les plus impactantes à notre disposition (exemple du diamant incolore qui n'est pas la plus forte des pierres de sa catégorie de couleur). Les pierres les plus introuvables représentent toutefois un budget, aussi la pratique approfondie de la lithosophie peut-elle nécessiter une toute autre

proportion d'investissement que l'utilisation des pierres en vie quotidienne. On obtiendra toutefois de très beaux résultats avec des pierres courantes également, prenez donc la peine d'adapter votre matériel de travail à l'intensité de votre pratique et à vos moyens.

Rappelons enfin que la puissance n'est pas la pertinence. Une pierre ajustée à vos besoins, même douce, apportera toujours de meilleurs résultats qu'une variété provoquant simplement des sensations impressionnantes. Il est donc toujours conseillé de débuter un travail avec des pierres relativement douces (échelle de puissance 1 à 3 étoiles) avant de tenter l'expérience avec des variétés plus corsées. Rappelez-vous que l'enjeu n'est pas uniquement de ressentir, mais bien de ressentir un mouvement qui vous porte vers vos buts à atteindre.

Échelles des fiches pierres

Afin de vous aider à évaluer chaque variété de pierres, les descriptifs des classes vous proposeront un ordre d'idée de deux facteurs.

La puissance correspond à la force d'impact. L'échelle ne tient pas compte des différences existantes dans une même variété de pierre mais donnera une moyenne raisonnable. Elle se définira pour une majorité de cas selon les repères suivants :

- 🔥 : Variété globalement discrète et sécure d'accès.
- 🔥🔥 : Variété présente en douceur, agit progressivement sans s'imposer.
- 🔥🔥🔥 : Puissance de référence avec une action manifeste mais sans provocation.
- 🔥🔥🔥🔥 : Impact qui génèrera un mouvement certain, qui forcera l'évolution.
- 🔥🔥🔥🔥🔥 : Pierres parmi les plus puissantes, à utiliser uniquement si des plus douces sont supportables.

La disponibilité donne un indice de la facilité à se procurer une variété. Bien que les tarifs et diffusion dans les différents secteurs de vente puissent varier en fonction des différentes qualités dans une même variété, nous tenterons de nous approcher au mieux de la réalité en suivant les critères suivants :

- 🗝 : Très rare, pourra être trouvée occasionnellement dans les circuits professionnels.
- 🗝🗝 : Pierre difficile à obtenir ou onéreuse, principalement diffusée dans des circuits spécialisés.
- 🗝🗝🗝 : Occasionnellement trouvée dans les boutiques grand public.
- 🗝🗝🗝🗝 : Régulièrement trouvée dans les boutiques grand public.
- 🗝🗝🗝🗝🗝 : Présente dans la quasi-totalité des boutiques grand public.

Classe Lithosophique N°1

Ouverture

Caractéristiques

- Blanc : ouverture, perception élargie, connexion à l'extérieur, clarté d'identification.
- Rhomboédrique : suivre un naturel.
- Chakra associée : sommet, outil de bilan (tous chakras).

Influence

Outils de bilans par excellence, les pierres de la classe ouverture permettent de mettre en évidence les sensations et symboliques personnelles avec la plus grande neutralité. Des plus discrètes aux plus impactantes, elles agiront avec un mouvement de mise en évidence du naturel en place, sans forcer, sans générer du neuf.

Aussi à l'aise sur les domaines émotionnels qu'intellectuels, elles préservent l'équilibre personnel et accompagneront la plupart des tendances humaines sans gêner ni contraindre. En accompagnant d'autres pierres, elles accentueront notre sensibilité à ces dernières, tout en générant peu d'interférences. On pourra ainsi faire appel à elles comme catalyseurs universels.

Elles constituent enfin le coup de pouce universel face à toute situation dont on ne trouve pas la pierre appropriée. Bien que très généraliste, l'influence apportée par ces pierres pourra s'appliquer à n'importe quelle problématique à condition de compenser le manque de dynamique spécialisée avec un fort conditionnement de méditation orientée.

La principale problématique concernera les personnes ressentant des vertiges au contact des pierres incolores (difficultés à rester présent à son corps sous stimulation énergétique). Il sera alors possible de se tourner vers la magnésite, variété opaque qui nuancera la tendance à l'ouverture.

Pierres de la classe « Ouverture »

Cristal de roche

Composition chimique : SiO_2

Puissance :

Disponibilité :

Calcite optique

Composition chimique : $CaCO_3$

Puissance :

Disponibilité :

Magnésite

Composition chimique : $MgCO_3$

Puissance :

Disponibilité :

Saphir incolore

Composition chimique : Al_2O_3

Puissance :

Disponibilité :

Phénacite

Composition chimique : Be_2SiO_4

Puissance :

Disponibilité :

Classe lithosophique N°2

Dépassement

Caractéristiques

- Violet : anticipation, ouverture des perspectives, création par l'esprit.
- Rhomboédrique : suivre un naturel.
- Chakra associé : 3e œil.

Influence

La classe « Dépassement » est la pleine expression du violet, naturel et libre. Elle développe l'imaginaire, ouvre les perspectives de l'esprit, et atténue la sensation des pressions extérieures. Dans sa variété la plus douce et la plus courante, l'améthyste, elle est utilisée pour apaiser les craintes et tranquilliser l'esprit, et son avènement est associé aux spiritualités « nouvelles » qui se sont affranchies des normes des religions du livre.

On se servira de cette classe pour explorer pas à pas les chemins qui s'offrent à nous hors des sentiers battus, pour nous accompagner vers l'inconnu ou encore donner un souffle neuf à un quotidien devenu trop monotone. Elle pourra nous apporter la confiance d'avancer, affranchis du besoin de légitimité et en simple accueil de ce que l'avenir nous offre.

Ses variétés les plus puissantes pourront faire ressurgir nos ressources d'indépendance, de détermination de notre vie selon notre propre conception. On s'appuiera ainsi sur ces pierres pour envisager l'inenvisageable et nous préparer à une toute nouvelle aventure.

Leur utilisation sera à nuancer en cas de tendance à fuir une réalité trop douloureuse à supporter et à se construire de doux rêves plus cléments. Si de tels îlots nous aideront à souffler le temps de retrouver la foi, ils ne doivent pas repousser éternellement l'acceptation de ce qui est.

Pierres de la classe « Dépassement »

Améthyste

Composition chimique : SiO_2

Puissance :

Disponibilité :

Saphir violet

Composition chimique : Al_2O_3

Puissance :

Disponibilité :

Tourmaline violette

Composition chimique (approximative): $Na(Li,Al)_3Al_6(BO_3)_3Si_6O_{18}(OH)_4$

Puissance :

Disponibilité :

Classe lithosophique n°3

Concentration

Caractéristiques

- Bleu foncé : observation, étude, compréhension.
- Rhomboédrique : suivre un naturel.
- Chakra associé : 3e œil.

Influence

Renforcer notre présence d'esprit. Tel est l'impact clef de la classe « Concentration ». Ses pierres apporteront un grand confort de réflexion, en favorisant notre capacité à observer, à saisir les idées et concepts, et à faire usage de nos connaissances ainsi que de notre culture. Offrant une pensée simple et sans fioritures, cette classe permet de faire cohabiter la pertinence et la clarté de propos. C'est donc sans stress et sans tensions inutiles que notre esprit s'investira à l'ouvrage en compagnie de ces soutiens efficaces sans trop en faire.

Particulièrement indiquées pour étudier avec pragmatisme, trouver des solutions simples, analyser avec esprit d'à-propos, on trouvera avec ces pierres un équilibre mesuré, nuancé d'une certaine modestie. Il ne s'agit pas d'être le meilleur, d'avoir l'esprit le plus vif, ni la théorie la plus détaillée, mais simplement d'observer juste, d'identifier chaque chose à sa place naturelle, le trop étant l'ennemi du bien.

Bien que ne proposant que peu de variétés, la classe n° 3 dispose du saphir bleu qui se déclinera en différentes qualités. Les versions opaques sont accessibles à des budgets modestes, et disposent d'une excellente présence. On appréciera sa densité, presque plus appropriée à l'affirmation d'esprit « sans forcer » qu'elle nous offre, que ses équivalents translucides de qualité joaillerie. Les variétés « gemme » (translucides), que ce soit en saphir ou en tourmaline, apporteront ici une fluidité de pensée, et une nuance de légèreté.

En cas de difficultés à sortir de modèles lucides rigides ou d'entraves maintenues par un carcan moral, la classe « Concentration » se montrera insidieuse en accentuant la sensation de naturel et de légitimité accordée aux idées en place. On laissera donc la primeur à des variétés plus légères dans ces cas-là, le virage étant plus aisé à négocier avec une classe n°4 (Dialogue) ou n°5 (Idéaux).

Pierres de la classe « Concentration »

Saphir bleu

Composition chimique : Al2O3

Puissance :

Disponibilité :

Tourmaline bleue

Composition chimique (approximative) : Na(Li,Al)3Al6(BO3)3Si6O18 (OH)4

Puissance :

Disponibilité :

Classe lithosophique n°4

Dialogue

Caractéristiques

- Bleu clair : tolérance, communication, sérénité.
- Rhomboédrique : suivre un naturel.
- Chakra associé : gorge.

Influence

Quoi de plus agréable dans les échanges humains que d'éprouver le luxe de pouvoir accueillir sans craintes ni attentes ? C'est ce à quoi nous invite la classe n°4, en laissant se rencontrer le naturel et la tolérance. Favorisant une tranquillité certaine dans la rencontre à l'autre, elle clarifie la communication en allant à l'essentiel et en nous aidant à trouver les mots justes et simples. Moins de complications pour plus de sérénité.

On pourra ainsi s'appuyer sur ces pierres pour exprimer clairement et sans détours ce que nous souhaitons partager. Si efforts il y a, ils se feront au cours de la préparation du discours plutôt qu'au moment de sa transmission. Mais dans l'idéal, l'influence de cette classe nous invitera à élaguer le superflu et à ne retenir que les informations clefs, incontournables. On favorisera ainsi la clarté de l'information à sa précision, une posture précieuse pour de nombreux échanges de la vie courante, notamment avec l'entourage proche.

En qualité d'écoute nous aurons les mêmes caractéristiques, avec une plus grande facilité à saisir le fond qu'à s'arrêter sur les détails. Comprendre l'essence du message tendra à passer avant les significations de la forme ou des tournures de phrase. Nous sommes une fois encore face à un facteur de sérénité par la simplicité. Il s'agit de ne point trop interpréter pour ne pas inventer des méprises. Qu'on ne s'y trompe pas, la classe « Dialogue » n'est pas pour autant simplette, elle aide au contraire à trier le bon grain de l'ivraie en ne s'arrêtant que sur ce qui aidera la compréhension mutuelle.

La seule pierre à puissance élevée de cette classe est la très rare tourmaline paraïba, qui se distingue de la tourmaline bleue par sa teinte turquoise issue de fines inclusions de cuivre. Alliant douce simplicité et sophistication, elle apporte une nuance très particulière aux pierres de sa catégorie d'impact. Les autres variétés étant en revanche très aisées à trouver, on pourra aisément bénéficier de la précieuse clarté de la classe « Dialogue ».

Pierres de la classe « Dialogue »

Agate ou calcédoine bleues

Composition chimique : SiO2

Puissance : 2/5

Disponibilité : 5/5

Calcite bleue

Composition chimique : CaCO3

Puissance : 1/5

Disponibilité : 4/5

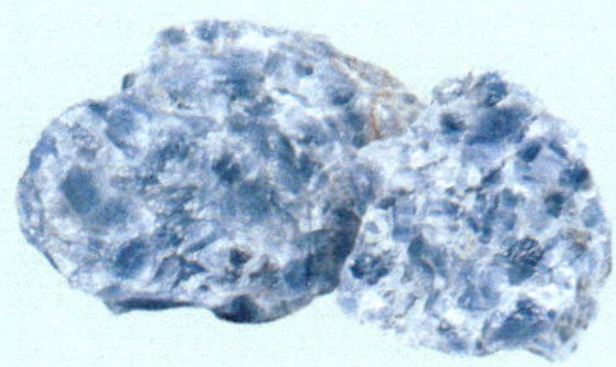

Tourmaline Paraïba

Composition chimique (approximative) : Na(Li,Al) 3Al6(BO3) 3Si6O18(OH)4

Puissance : 4/5

Disponibilité : 1/5

Classe Lithosophique n°5

Idéaux

Caractéristiques

- Vert : valeurs, idéaux, émotions liées à des principes.
- Rhomboédrique : suivre un naturel.
- Chakra associé : cœur.

Influence

Les pierres de cette classe nous connectent à nos émotions d'idée et de principe tout en simplicité. Il s'agit de toutes les émotions associées à des concepts, à des valeurs humaines, à des rêves d'avenir ou encore à une idéalisation de tout ordre. Ainsi la classe n°5 nous amènera-t-elle à investir tout en naturel notre image de la compagne ou du conjoint idéal, tandis qu'une pierre de classe n°6 (Attachement) nous connecterait au conjoint ou à la compagne que l'on a à ses côtés dans les faits.

On fera ainsi appel à ces pierres pour nourrir les rêves et aspirations s'intégrant à notre cheminement de vie, pour garder la flamme de ces perspectives qui demandent de l'effort et du temps avant de mûrir et d'aboutir. C'est avec une constance égale que les pierres de la classe « Idéaux » nous maintiendront « sur notre voie », celle du cœur, et des élans de l'âme.

Nous avons à notre disposition une large gamme de variétés correspondant à cette classe, et pouvons nous permettre avec elle des variantes de préférences dans l'ensemble des échelles de puissance. Les plus douces, tels la chrysoprase, le jaspe vert ou la calcite verte apporteront une douce confiance naturelle. Les plus impactantes, tourmaline verte et dioptase, apporteront un investissement fort et indéniable sur les symboles clef de notre existence. Il nous sera possible à leurs côtés, d'explorer sans emportement les désillusions et déceptions majeures nous mettant au défi de renaître à nous-mêmes.

Si la classe « Idéaux » est une grande humaniste, elle n'est en revanche pas experte en lien humain. N'oublions pas que toutes belles que soient les idées nourries par ces pierres, elles ne permettent toutefois pas de considérer les éléments les plus importants de notre vie ni de nous engager envers eux.

Les pierres de la classe « Idéaux »

Chrysoprase

Composition chimique : SiO_2

Puissance :

Disponibilité :

Jaspe vert

Composition chimique : SiO_2

Puissance :

Disponibilité :

Calcite verte

Composition chimique : $CaCO_3$

Puissance :

Disponibilité :

Tourmaline verte

Composition chimique : Na(Li,Al)3Al6(BO3)3Si6O18 (OH)4

Puissance :

Disponibilité :

Saphir vert

Composition chimique : Al203

Puissance :

Disponibilité :

Dioptase

Composition chimique : CuSiO2(OH)2

Puissance :

Disponibilité :

Classe lithosophique n°6

Attachement

Caractéristiques

- Rose : lien, importance donnée, émotions liées à des éléments existants.
- Rhomboédrique :sSuivre un naturel.
- Chakra associé : cœur.

Influence

De la douceur, mais pas que… Si l'influence « coton doux » du quartz rose est indéniablement l'exemple le plus connu de cette classe (et même de l'ensemble des pierres roses), la ligne directrice de l'ensemble des pierres d'« Attachement » est en réalité la tendance à renforcer la perception de ce qui compte dans notre vie. Personnes de l'entourage chères à notre cœur bien entendu, mais également sujets ou domaines qui nous passionnent, activités qui nous font du bien, talents que nous chérissons… Le spectre des possibilités est large et varié, le point commun étant l'importance que nous y attribuons.

Les pierres de cette classe seront ainsi indiquées pour amplifier tout en naturel notre investissement dans un domaine de prédilection, dans nos relations, dans notre sauvegarde de ce que nous ne souhaitons pas perdre ni laisser se gâcher. On pourra également s'appuyer sur leur influence pour renouer avec nos sensations de lien lorsque celles-ci ont été mises à mal par des blessures émotionnelles. La classe n°6 joue alors un rôle de cicatrisation et de reconstruction.

Les gammes douces apporteront une tranquillité d'émotion tandis que les pierres plus puissantes agiront plus comme un révélateur des liens en place. On veillera à monter en gamme progressivement au contact de ces pierres ou à les utiliser dans des périodes de tranquillité, chacune pouvant faire ressortir des enjeux très personnels. Un chamboulement mal géré dans ce secteur peut nous exposer durablement (quelques jours ou semaines) dans notre vie quotidienne.

Enfin on évitera de trop insister au contact de ces pierres en cas de grande émotivité naturelle, même si les plus douces nous donnent une belle sensation de réconfort. Plus nous nous familiarisons à leur influence plus nous accentuons notre tendance aux vives réactions émotionnelles. Il est plus profitable d'apprendre dans ce cas à s'apaiser au contact de pierres vertes ou bleu clair.

Pierres de la classe « Attachement »

Quartz rose

Composition chimique : SiO2

Puissance :

Disponibilité :

Manganocalcite ou calcite rose

Composition chimique :CaCO3

Puissance :

Disponibilité :

Rhodochrosite

Composition chimique : MnCO3

Puissance :

Disponibilité :

Tourmaline rose

Composition chimique : Na(Li,Al)3Al6(BO3)3Si6O18 (OH)4

Puissance :

Disponibilité :

Saphir rose

Composition chimique : Al203

Puissance :

Disponibilité :

Classe lithosophique n°7

Présence

Caractéristiques

- Jaune : présence dans le collectif, charisme, rayonnement.
- Rhomboédrique : suivre un naturel.
- Chakra associé : plexus solaire.

Influence

Rayonnant naturellement et sans forcer, les pierres de la classe « Présence » sont réputées pour la bonne humeur et l'entrain qu'elles insufflent tout en simplicité. Ce n'est toutefois pas dans l'extériorisation qu'elles excellent, puisqu'elles nous mettront avant tout au contact de nos propres leviers de réalisation pour nourrir et renforcer notre appréciation de nous-mêmes, avec nos qualités et nos défauts. Nous sommes dans la sphère de l'appropriation de notre existence par l'apparition spontanée d'une estime personnelle. Aussi ces pierres exprimeront-elles leur plein potentiel une fois nos complexes déconstruits.

On fera appel à leur mouvement entier et nuancé pour trouver une juste place sans pressions. Œuvrer à ce qui nous convient avec l'entourage qui nous convient, ni plus, ni moins. Si la posture peut sembler modeste, elle pourrait bien nécessiter plus d'entretien qu'il n'y paraît tant la tranquillité des uns peut susciter des jalousies chez les moins centrés des êtres humains. Aussi ne nous alarmons pas et reconstruisons l'estime mise à mal par les critiques autant de fois que nécessaire. Avec nos pierres de classe « Présence », un champ libre et un champ d'épanouissement.

Les nuances les plus intéressantes seront ici apportées par les pierres plus puissantes. Saphir jaune et tourmaline jaune permettent de pousser notre confiance à se développer sans nécessités de se comparer à autrui. Ces variétés permettent ainsi de construire de toutes pièces une estime manquante, sans pour autant sacrifier un centrage (perception des enjeux extérieurs depuis nos propres repères) qui nous amènerait à dénigrer pour exister. Une excellente option pour les personnes souhaitant prendre place dans leur vie sans participer de l'opposition bourreau-victime.

Bien que paraissant discrètes, les pierres de classe n°7 restent des boosters de rayonnement. Il est donc conseillé de les laisser de côté lorsque notre propre emportement personnel nous rend sourd aux besoins de notre entourage et aux limites de respect à ne pas franchir pour ne pas les envahir ou les écraser. En cas de remarques de cet ordre venant de l'entourage, on veillera à calmer l'utilisation de ces pierres pour favoriser une bonne humeur issue des pierres orange ou turquoise afin de ne pas ajouter de difficultés à tempérer une nature extravertie.

Pierre de classe « Présence »

Citrine

Composition chimique : SiO2

Puissance :

Disponibilité :

Jaspe jaune

Composition chimique :SiO2

Puissance :

Disponibilité :

Calcite jaune

Composition chimique : CaCO3

Puissance :

Disponibilité :

Tourmaline jaune

Composition chimique : Na(Li,Al)3Al6(BO3)3Si6O18 (OH)4

Puissance :

Disponibilité :

Saphir jaune

Composition chimique : Al2O3

Puissance :

Disponibilité :

Classe lithosophique n°8

Spontanéité

Caractéristiques

- Orange : spontanéité, appréciation du moment présent, sentir le monde.
- Rhomboédrique : suivre un naturel.
- Chakra associé : sacré.

Influence

De la spontanéité dans un mouvement naturel… La classe n°8 en serait presque un extrême si son naturel n'était pas d'une grande tranquillité. L'enjeu de ces pierres est de se laisser aller à du vécu simple et agréable à la fois. La nuance des pierres rhomboédriques s'installe donc ici dans un domaine qui n'est culturellement pas considéré comme une priorité. Pour percevoir pleinement les bienfaits des pierres de cette classe, il faudra ainsi vous autoriser à vous laisser aller, vous octroyer la bénédiction de ne pas faire du nécessaire pour une fois, mais bien du plaisant.

Et avec quel plaisir ! Propice à laisser la marge d'expression spontanée à nos désirs, cette classe nous met en accord avec la bienveillance de ne pas forcer, de laisser venir sans accélérer le pas. Nous sommes face à des pierres de libido naturelle, d'attirances évoluant à leur rythme vers une appréciation sincère… La principale difficulté d'accès à ces ressources se situera sur les carcans culturels nous éduquant à dénigrer la futilité des plaisirs ou à les soumettre à la gestion d'un pouvoir par peur de réactions incontrôlables. Deux postures qui rendent inaccessible une telle innocence d'expérimentation du bon.

Le cas particulier de cette classe se situera indéniablement sur l'agate de feu, et notamment sur les échantillons présentant les reflets multicolores dont elle a le secret. Cette pierre à la base couleur brique est la plus rare des agates et la plus puissante également. Elle éveille de vives vagues d'énergie de vie, qui avancent tranquillement mais sûrement dans les instincts endormis de l'utilisateur. On pourra faire appel à elle pour laisser libre cours à une spontanéité d'existence enfouie sous les règles rigides d'un comportement inutilement gardé sous contrôle.

Les pierres de la classe n°8 seront enfin à laisser de côté en cas de difficultés à contrôler des envies compulsives (achats, consommation alimentaire, sexualité, etc.) elles accentueraient alors la tendance sans forcément être perceptibles.

Pierres de la classe « Spontanéité »

Cornaline

Composition chimique : SiO_2

Puissance :

Disponibilité :

Calcite orange

Composition chimique : $CaCO_3$

Puissance :

Disponibilité :

Agate de feu

Composition chimique : SiO_2

Puissance :

Disponibilité :

Classe lithosophique n°9

Ressources

Caractéristiques

- Rouge : affirmation de soi, volonté, force d'action.
- Rhomboédrique : suivre un naturel.
- Chakra associé : base.

Influence

Laisser libre cours à nos dynamiques d'action n'est pas si simple qu'il y paraît. Une fois encore, la rencontre entre notre système rhomboédrique et des forces instinctives marquées va nous approcher de « Ressources » que nous gardons habituellement sous bonne garde ou en bonne distance. Avec la classe n°9 nous apportons les clefs de leur éveil pour investir notre existence, sans détours ni complications, simplement pour laisser notre mouvement avancer vers nos envies.

Les pierres de cette classe, notamment l'hématite, stimuleront l'endurance et la solidité du corps. Les ressources ainsi ouvertes ne sont pas que celles de notre volonté, mais également celles de notre véhicule physique, pour se donner les moyens de mettre en œuvre dans la matière. La motivation est également renforcée et peut se manifester telle qu'elle existe en nous. La montée de notre naturel alors suscitée pourra toutefois se heurter rapidement aux impossibilités posées par le monde extérieur et s'exprimer alors sous forme d'énervement et de stress. Il pourrait alors être nécessaire de trouver un exutoire non destructif, comme du sport, ou un défouloir sur lequel lâcher ses tensions (jeu vidéo, écriture de textes, etc.), ainsi que de faire appel à des pierres de classes tricliniques (n° 78 à 88) pour intégrer une meilleure acceptation instinctive des contraintes.

Si des nuances peuvent être nécessaires, nous disposons tout de même de pierres très nuancées en classe n°9 comme la jaspe rouge ou l'hématite, et les versions les plus accessibles du rubis (les pièces naturelles en qualité joaillerie se chiffrant à des centaines de milliers d'euros) que l'on trouvera en version opaque dans de nombreuses boutiques, restent raisonnables avec un impact qui permet de sentir monter les pics de stress et retirer la pierre avant qu'ils ne deviennent trop vifs. Le cinabre et la proustite sont en revanche à réserver pour des situations d'apathie, de remontée après une dépression ou une maladie, ou encore de tenue de périodes physiquement très éprouvantes.

Pierres de la classe « Ressources »

Jaspe rouge

Composition chimique : SiO_2

Puissance :

Disponibilité :

Hématite

Composition chimique :Fe_2O_3

Puissance :

Disponibilité :

Rubis

Composition chimique : Al_2O_3

Puissance :

Disponibilité :

Cinabre

Composition chimique : HgS

Puissance :

Disponibilité :

Proustite

Composition chimique : Ag_3AsS_3

Puissance :

Disponibilité :

Classe lithosophique n°10

Assises

Caractéristiques

- Marron : connexion à la matière, imprégnation des réalités matérielles et temporelles.
- Rhomboédrique : suivre un naturel.
- Chakra associé : base.

Influence

La stabilité première, la plus évidente et la plus préservée des remises en question se développe au contact de cette classe. Tel l'arbre qui s'enracine dans le sol, elle nous invite à nous appuyer sur le monde réel qui nous entoure sans nous soucier d'autres perspectives que de l'état de fait de notre existence. La tranquillité des classes rhomboédriques viendra ici appuyer une confiance qui s'affranchit des idées et des justifications pour juste être, en accord avec le fonctionnement des corps.

La classe « Assise » est ainsi un passage précieux pour quiconque souhaite développer un ancrage, en l'absence de repères premiers suffisamment solides et sécurisants. L'idée reçue première voudrait que notre stabilité de construction soit assurée par la responsabilité des parents. Si leurs actes et choix éducatifs participent indéniablement au résultat, il est un facteur qui ne peut s'anticiper par aucun moyen. C'est celui de la correspondance entre les choix des parents et les besoins naturels de l'enfant. Il arrive de voir des enfants nés dans un foyer stable, aux parents toujours ensemble, la mère ayant arrêté sa carrière pour s'occuper des enfants, et qui pourtant n'ont pas eu l'occasion de développer cette stabilité première. Il est alors question de découvrir nos modalités, les repères nécessaires pour nous, selon nos propres caractéristiques individuelles, pour ensuite pouvoir nourrir ce sentiment de sécurité manquant. Rien n'est donc perdu, et nos pierres de classe n°10 exécuteront à merveille le travail de fond.

Les précautions à prendre porteront en revanche sur les personnes très attachées à leurs traditions, aux repères familiers, ou aux habitudes fixes. Nos amies ici présentes pourraient bien accentuer l'air de rien notre confort de repères et rendre tout changement, même plaisant et divertissant (comme un départ en vacances, une soirée inattendue ou un changement de plans de dernière minute pour rejoindre des amis) plus angoissant que de nécessaire.

Pierres de la classe « Assises »

Bois fossile

Composition chimique : SiO_2

Puissance :

Disponibilité :

Quartz fumé

Composition chimique : SiO_2

Puissance :

Disponibilité :

Tourmaline dravite

Composition chimique : $NaMg_3Al_6(BO_3)_3Si_6O_{18}(OH)_4$

Puissance :

Disponibilité :

Classe lithosophique n°11

Introspection

▲

Caractéristiques

- Noir : introspection, connaissance de soi, ressenti de nos besoins.
- Rhomboédrique : suivre un naturel.
- Chakra associé : base.

Influence

La classe introspection se concentre autour d'une unique pierre, la tourmaline noire. Bien que réputée pour l'ancrage, cette dernière n'apporte pas exactement une sensation plus affirmée de la matière environnante, mais plus une sensation de densité, de profondeur. Si les débuts de la lithothérapie ont pu laisser passer de telles nuances, il est aujourd'hui clair que la stabilité et le sentiment de sécurité se développent bien plus aisément avec des pierres marron qu'avec la tourmaline noire.

Mais qu'apporte en ce cas notre classe introspection ? Elle se concentre plus en détail sur notre connexion à notre être intime et sur la perception de nos besoins individuels. Le naturel simple des pierres rhomboédriques est ici encore présent, avec un rendu fidèle et allant à l'essentiel de notre état intérieur du moment. Bien que plus utilisée pour des applications extérieures (atténuation de l'impact des ondes électro-magnétiques, protection d'absorption…), cette pierre dispose également d'un superbe potentiel en méditation, là où elle peut nous amener à entrer en contact avec notre essence première, celle que nous transportons constamment sans y tendre l'oreille.

Les pierres des classes noires sont souvent approchées avec une certaine appréhension dans de tels travaux, où nous nous trouvons confrontés de plein fouet avec les mouvements profonds qu'elles réveillent. Que l'on se rassure avec la classe « Introspection », il s'agit de la plus douce et tempérée qui soit, et aucune pierre agressive ne s'y cache. On ressentira toutefois cette profondeur « directe » qui nous met en contact avec nos perceptions intérieures agréables comme désagréables. Il s'agit d'un pas premier, celui de la connaissance instinctive de soi, qui demandera ensuite à évoluer vers de l'expression, de la gestation, de l'extériorisation ou de la réalisation. Quoi qu'il en soit une sensation liée à la classe « Introspection » n'est jamais inutile puisqu'elle témoigne de ce que nous avons de plus intime et qui ne se tranquillisera que par une route qui commence à peine.

Pierres de la classe « Introspection »

Tourmaline noire

Composition chimique : NaFe3Al6(BO3)3Si6O18(OH)4

Puissance : 🔥🔥🔥 (3/5)

Disponibilité : 🔑🔑🔑🔑🔑 (5/5)

Onyx

Bien que l'onyx soit également une pierre de classe « Introspection », cette variété est la plupart du temps teintée pour recouvrir de noir l'ensemble de sa surface. Ces procédés étant très difficiles à déceler, nous préférons laisser de côté cette variété.

Classe lithosophique n°12

Vision

Caractéristiques

- Blanc : ouverture, perception élargie, connexion à l'extérieur, clarté d'identification.
- Hexagonal : suivre un but.
- Chakra associé : sommet, outil de bilan (tous chakras).

Influence

Parmi les outils de bilan, la classe « Vision » œuvre à une grande efficacité. Elle servira à mettre en évidence les atouts nous conduisant à un but, en permettant une projection dans l'avenir pleine de ressources. Ayant pour seule représentante une pierre puissante, cette classe reste un cas particulier d'utilisation, avec toutefois des spécificités très intéressantes. Comptant parmi les pierres les plus incisives de la lithosophie, la goshénite est une pierre qui gigote, qui ne tient pas en place malgré la neutralité de sa couleur. Pour les courageux qui souhaitent tenter le rodéo, il faudra tenir le rythme.

Ainsi est-il précieux d'avoir une voie de recherche pour occuper notre « flèche » de la recherche d'informations. Avec une telle perspective, les éléments ressortant s'organiseront tous autour du but poursuivi et nous aurons accès à une bonne cohérence, prête à l'emploi. Le radar développé par cette classe tendra toutefois à ignorer les informations secondaires, qui ne participent pas à la visée de recherche. On préférera garder un tel outil pour des bilans spécialisés, apportant des précisions, et éviter son utilisation lors des bilans d'harmonisation.

C'est lorsque nous ne disposons pas de but prédéfini que les choses se gâtent. La classe n°12 tendra à mettre en évidence des éléments porteurs de sens, ou pouvant prendre place dans une visée d'ensemble. Une telle pierre nous parle donc non seulement de l'information spécifique qu'elle soulève mais également de la visée qui pourrait se construire par elle. Plus nous sommes perdus dans nos choix, plus elle nous poussera à les trancher ou à engager le mouvement avant d'être fixés. Le mot d'ordre reste donc de tenir le mouvement et calmer le jeu, ou de l'accompagner dans la voie de détermination qui se dessine.

Pierre de la classe « Vision »

Goshénite

Composition chimique : Be3Al2Si6O18

Puissance :

Disponibilité :

Classe lithosophique n°13

Innovation

Caractéristiques

- Violet : anticipation, ouverture des perspectives, création par l'esprit.
- Hexagonal : suivre un but.
- Chakra associé : 3e œil.

Influence

Rien n'arrêtera notre liberté de penser, d'imaginer, de créer par l'esprit… c'est du moins la teneur des ressources inspirées par la classe « Innovation ». La pensée y est encouragée à jouer un rôle actif, avec d'autant plus de force que le but à atteindre est clair. Doté d'une quête porteuse, un travail au contact de telles pierres prendra des airs de chevauchée épique vers l'inconnu, portée vers l'avant et motivée par l'ensemble des sentiments de foi, de curiosité de la découverte, d'excitation de la nouveauté.

Puisque c'est là la grande qualité de cette classe. Elle ne se contente pas de stimuler le potentiel créatif de notre imagination, elle le nourrit également de nos convictions et de nos rêves, et y apporte de la grandeur. Excellentes aides pour nous permettre de briser la monotonie d'un quotidien devenu trop « attendu », les pierres de classe n°13 nous permettront de faire preuve d'audace dans nos prises d'initiative, et de sortir des sentiers battus.

Dans une perspective spirituelle, souvent associée aux pierres violettes, cette classe apporte une expérience dynamique du divin, par laquelle on se rapproche de la transcendance au travers de notre enthousiasme et notre sentiment d'exaltation. L'important est de voyager, de sentir l'universel du bout des doigts, et de ne jamais voir le bout de notre quête. Illumination ou chimères, seul le parcours de chacun dira si les révélations ainsi atteintes pourront trouver racines dans la réalité.

Puisque c'est là le risque de la classe « Innovation », voir le plaisir de la quête nous entraîner dans d'hasardeuses devinettes. Il sera sage de veiller à mesurer la limite en cas de préférence pour les mondes oniriques et virtuels au regard d'une réalité morne et contraignante, mais que ces précautions n'empêchent pas les vies bien rangées de se sentir renaître au travers d'une envolée bien pensée.

Pierres de la classe « Innovation »

Sugilite

Composition chimique : KNa2(Fe,Mn,Al)2Li3Si12O30

Puissance : 🔥🔥🔥🔥

Disponibilité : 🗝🗝🗝

Apatite violette

Composition chimique : Ca5(PO4)3(OH,F,Cl)

Puissance : 🔥🔥🔥

Disponibilité : 🗝

Classe lithosophique n°14

Perspectives

Caractéristiques

- Bleu foncé : observation, étude, compréhension.
- Hexagonal : suivre un but.
- Chakra associé : 3e œil.

Influence

Voir loin, voir précis, voir la marche à suivre. La classe « Perspectives » est capable d'une grande concentration portée en un point lointain. Elle concentre toutes nos capacités vers l'horizon que nous poursuivons, et met au service de cette quête l'ensemble de notre potentiel de compréhension. Les observations nourrissant notre avancée seront intégrées au processus, tandis que les informations perçues comme superflues seront laissées de côté. Avancer avec efficacité et optimisation.

On utilisera ces pierres pour nous guider dans une étude précise, nous épauler dans des recherches soutenues, nous éclairer sur une question à résoudre… Il s'agit de tout donner pour atteindre la perspective souhaitée, et de ne ménager aucun effort ni d'économiser aucune aide. En résulte une intégrité et une dévotion de pensée à son but qui pourraient déplacer des montagnes.

Parmi les pierres de la classe « Perspectives », l'apatite bleue reste de loin la plus répandue, et joue son rôle avec un bon équilibre. Sa puissance nuancée permet de motiver sans aliéner, autorise une utilisation durable. La covellite offre une alternative plus « grave », disposant d'une certaine densité de présence, elle donne la sensation d'un enjeu intense. Quant à la bénitoïte, rare et difficile à trouver, elle optimise cette quête d'absolu avec une puissante poigne qui nécessitera des utilisations mesurées.

Rappelons que l'excès de bleu foncé est très installé dans notre culture occidentale, la pensée étant souvent perçue comme plus fiable que l'expérience. Il est ainsi conseillé de se donner des marges de recul au contact de la classe « Perspectives » afin que la survie de nos idées ne devienne pas un enjeu supérieur à leur pertinence.

Pierres de la classe « Perspectives »

Apatite bleue

Composition chimique : Ca5(PO4)3(OH,F,Cl)

Puissance :

Disponibilité :

Covellite

Composition chimique : CuS

Puissance :

Disponibilité :

Bénitoïte

Composition chimique : BaTiSi3O9

Puissance :

Disponibilité :

Classe lithosophique n°15

Discours

Caractéristiques

- Bleu clair : tolérance, communication, sérénité.
- Hexagonal : suivre un but.
- Chakra associé : gorge.

Influence

Quel cœur ne saurait être touché par un discours sincère ? C'est par l'implication personnelle dans nos propos et la clarté de nos tournures que la classe « Discours » nous permet d'entrer en interaction avec le monde extérieur. Elle optimise notre rassemblement de l'information en vue de la partager au mieux. Nous aurons ici affaire à une excellente classe d'extériorisation de la parole et de choix volontaire de chaque mot. Les messages que nous transmettons sous son inspiration sont habités et non seulement récités, et c'est par cette « âme » des propos qu'ils prennent sens.

On pourra faire appel aux pierres de la classe n°15 pour parvenir à faire sortir notre voix, puis pour enfin se faire entendre. S'exprimer n'est pas simplement affaire du message de fond, mais également de maniement de la forme qui lui est donnée pour qu'il soit compris, et la classe « Discours » mettra tout en œuvre pour que cet ensemble avance d'un seul corps vers le meilleur des résultats.

L'aigue-marine est un grand classique des pierres de lithothérapie. Puissante et disponible en quantité, notamment au travers de ses qualités opaques, elle permet d'obtenir d'excellents résultats, vifs et directs. On trouvera également dans les pierres plus rares la Jeremejevite, qui bien que pouvant paraître plus paisible que sa célèbre consœur, se montre en réalité plus subtile dans ses approches, avec une délicatesse presque poétique.

Une telle accentuation de notre investissement de communication n'est évidemment pas conseillée lorsqu'on peine à freiner le flux de nos propos ou de nos attentes d'échange avec l'entourage. Les excès dans ce registre devraient vite se faire jour à condition que l'on soit observateur de nos propres comportements, les silences et absences pouvant être des solutions plus aisées à adopter pour nos proches que la confrontation par la critique.

Pierres de la classe « Discours »

Aigue-marine

Composition chimique : $Be_3Al_2Si_6O_{18}$

Puissance : 🔥🔥🔥🔥🔥

Disponibilité : 🗝🗝🗝🗝🗝

Jeremejevite

Composition chimique : $Al_6B_5O_{15}(F,OH)_3$

Puissance : 🔥🔥🔥🔥

Disponibilité : 🗝

Classe lithosophique n°16

Convictions

Caractéristiques

- Vert : valeurs, idéaux, émotions liées à des principes.
- Hexagonal : suivre un but.
- Chakra associé : cœur.

Influence

Des émotions mues par une foi en nos valeurs humaines, voici la dynamique la plus fidèle à la classe « Convictions ». Porteuse d'idéaux grands et assumés, elle aide à en faire un moteur, une bannière de nos réalisations et de nos aspirations. Appliquée à nos perspectives les plus humanistes, elle nous rend capable de relever tous les défis, et inspire l'intime sensation de pouvoir rendre le monde meilleur.

On utilisera cette classe pour des objectifs matures, ayant besoin d'élan pour se réaliser. Les enjeux touchant le collectif et les améliorations « pour tous » seront plus propices à une expression de l'ensemble de son potentiel. Pour des cœurs plus meurtris et entachés par la désillusion, elle pourra réveiller la nécessité d'aller de l'avant, de ne pas rester figé dans la déception. Il s'agit d'avancer « pour ce qui le mérite ».

La plus grande force d'impact de cette classe s'obtiendra avec les belles qualités d'émeraude de qualité gemme. Ces pièces étant toutefois onéreuses, il est possible de trouver cette pierre sous forme opaque, avec un effet similaire. Cette reine des pierres vertes figurant dans les 4 précieuses associe une excellente puissance avec une aura collective très prononcée. Les plus belles qualités figureront dans les pierres les plus percutantes de sa couleur. C'est enfin avec l'apatite verte que l'on trouvera un équilibre nuancé. Plus douce que ses consœurs, elle permet une entrée naturelle dans cet élan d'humanisme sans risquer l'écueil de l'oubli de soi.

Puisqu'il s'agit là du risque porté par l'enthousiasme de cette classe. Les valeurs les plus vibrantes aux cœurs les plus dévoués pourront devenir plus déterminante que les besoins de l'utilisateur lui-même. C'est alors notre corps qui pourrait souffrir de notre absence de sollicitude.

Pierres de la classe « Convictions »

Émeraude

Composition chimique : Be3Al2Si6O18

Puissance : 3/5

Disponibilité : 4/5

Apatite verte

Composition chimique : Be3Al2Si6O18

Puissance : 2/5

Disponibilité : 2/5

Classe lithosophique n°17

Étendard

Caractéristiques

- Rose : lien, importance donnée, émotions liées à des éléments existants.
- Hexagonal : suivre un but.
- Chakra associé : cœur.

Influence

Arrivé dans le secteur de nos émotions d'attachement, le système hexagonal ne perd rien de sa perspective déterminée. Nos liens sont ici un moyen d'aller de l'avant, que ce soit pour défendre, préserver, assurer la préservation de ce qui compte à nos yeux, ou pour passer au-delà des blessures et fragilités laissées par les événements de vie. Que ce soit pour dépasser un trauma ou pour sécuriser ce qui nous est précieux, les efforts seront d'autant moins ressentis que les motivations sont sincères et irrationnelles.

On fera appel à ce système pour déblayer les blessures émotionnelles suffisamment mûres pour être laissées derrière nous en les laissant circuler, se mettre en perspective de nos autres expériences et devenir résilient. La classe « Étendard » assurera également un excellent renforcement de toutes nos motivations liées à des personnes proches, des sujets qui nous passionnent ou encore des lieux, objets, traditions ayant une valeur affective.

Les deux pierres de cette classe lithosophique apportent les deux variantes que l'on pourrait souhaiter dans ce secteur. La morganite pourra nous donner le coup de fouet nécessaire pour lancer une dynamique d'investissement de nos motivations émotionnelles ou réveiller le courage de couper une situation de souffrance. Connue pour être une pierre rose « pas si douce que ça », elle peut nous secouer si nécessaire. Quant à l'apatite rose, elle sera parfaitement adaptée pour un boost mesuré, donnant du baume au cœur sans emportement.

Le risque ici est ainsi de voir nos émotions se faire quête primordiale, notre conscience ne suffisant pas, dans les cas extrêmes, à canaliser l'élan éveillé. Il est conseillé de laisser des plages de pause après une utilisation de ces pierres sur une problématique clef (24 à 48 h).

Pierres de la classe « Étendard »

Morganite

Composition chimique : $Be_3Al_2Si_6O_{18}$

Puissance : 5/5

Disponibilité : 2/5

Apatite rose

Composition chimique : $Ca_5(PO_4)_3(OH,F,Cl)$

Puissance : 3/5

Disponibilité : 2/5

Classe lithosophique n°18

Charisme

Caractéristiques

- Jaune : présence dans le collectif, charisme, rayonnement.
- Hexagonal : suivre un but.
- Chakra associé : plexus solaire.

Influence

Rayonner et investir notre présence pour nourrir nos aspirations. Voilà l'essence de la classe « Charisme ». Elle éveille l'étincelle de lumière chez tout être prêt à entrer dans le grand monde et insuffle les ressources d'avancée qui préserveront l'estime des écueil rencontrés sur la route. Les forces sont concentrées vers un vécu expansif, à même d'habiter les buts poursuivis et de leur donner tout l'investissement d'être nécessaire à leur réalisation.

On utilisera cette classe pour apporter une dynamique naturelle lorsque nous manquons de foi en nous-mêmes, ou pour nous tenir fidèles à notre vision face à de nombreuses critiques et remises en question. L'utilisation de ces pierres nous demandera toutefois de déconstruire les culpabilités de mise en avant et d'investissement du rôle de représentant de nos propres buts à atteindre, qui pourraient bloquer leur vif impact par du jugement de soi-même. Il peut alors être précieux de travailler nos valeurs humaines afin d'acquérir une bénédiction intérieure de nos avancées.

La famille des apatites nous apportera une nouvelle fois une représentante nuancée de cette classe, qui apportera des sensations agréables et porteuses à quiconque aura développé une authentique estime de soi. Mais qu'on ne s'alarme pas, les plus insensibles à cette catégorie pourront pousser la mise en place d'un lien avec elle avec le puissant héliodore, porteur de flambeau des aspirations les plus élevées. On pourra enfin trouver des variantes très intéressantes auprès de nos pierres les plus rares de la classe n°18. La mimétite apportera une excellente densité d'action qui permettra d'intégrer nos résultats dans les actions concrètes, et la thaumasite ouvrira les meilleures perspectives d'exploration percutante et libre de cette influence.

On veillera à laisser de côté la classe « Charisme » si nos grandes réalisations deviennent omniprésentes au point de ne plus veiller à notre équilibre physique ou à notre appréciation des moments que la vie nous offre. Renouveler nos ressources nous sera essentiel pour réaliser les plus belles avancées.

Pierres de la classe « Charisme »

Héliodore

Composition chimique : $Be_3Al_2Si_6O_{18}$

Puissance :

Disponibilité :

Apatite jaune

Composition chimique : $Ca_5(PO_4)_3(OH,F,Cl)$

Puissance :

Disponibilité :

Mimétite

Composition chimique : $Pb_5(AsO_4)_3Cl$

Puissance :

Disponibilité :

Thaumasite

Composition chimique : $Ca_3Si(CO_3)(SO_4)(OH)\bullet 6$

Puissance :

Disponibilité :

Classe lithosophique n°19

Élan

Caractéristiques

- Orange : spontanéité, appréciation du moment présent, sentir le monde.
- Hexagonal : suivre un but.
- Chakra associé : sacré.

Influence

La classe n°19 nous appelle à l'intégration d'un principe simple et pourtant si peu légitimé dans nos habitudes de vie : prendre plaisir à œuvrer dans un but. Son influence nous amènera à faire le pont entre nos motivations lucides et la spontanéité de vie qui pourrait leur apporter une avancée non seulement investie, mais également source de plaisir et d'exaltation de notre sentiment d'être en vie. Elle nous conduit ainsi à remettre en cause nos manières de procéder, notre rythme, les contraintes posées sur notre corps et sur la maîtrise de nos comportements pour avancer non pas dans la maltraitance de nous-mêmes, mais dans la mise à profit de notre bien-être immédiat.

Son utilisation demande une excellente écoute de soi et une ouverture d'esprit capable de distinguer effort et sacrifice. Ces pierres seront alors à même de conduire les sensations physiques et émotionnelles à nous informer sur les limites à observer, les marges de tranquillité et de ressourcement à donner, ou encore les domaines d'effort à privilégier pour que nos buts soient atteints dans de bonnes conditions de vécu. C'est principalement sous forme de tensions et de réémergence des malaises que ces informations nous parviendront, aussi la classe « Élan » doit-elle être utilisée comme un baromètre de l'état d'intégration ou de résistance de nos instincts de vie à la réalisation de nos efforts.

La seule représentante naturelle est la vanadinite, pierre dense et concrète, nous amenant à investir notre bien-être du corps au contact des avancées de vie. Il existe toutefois une variante en la zincite orange, qui bien qu'artificielle reste occasionnellement utilisée pour ses spécificités. Notre expérience des pierres de synthèse étant encore limitée, il nous est difficile d'anticiper proprement l'impact d'une telle variété.

Enfin il sera temps de lâcher prise sur la classe n°19 s'il nous devient difficile d'éprouver de l'appréciation et du plaisir dans des moments simples, n'ayant pas d'impact ou de sens dans nos réalisations majeures. Une telle limitation pourrait nous faire passer à côté de nombreuses occasions de connaître le bonheur et son aboutissement loin des contraintes.

Pierres de la classe « Élan »

Vanadinite

Composition chimique : Pb5(VO4)3Cl

Puissance : 4/5

Disponibilité : 2/5

Classe lithosophique n°20

Volonté

Caractéristiques

- Rouge : affirmation de soi, volonté, force d'action.
- Hexagonal : suivre un but.
- Chakra associé : base.

Influence

Flèche que rien n'arrête, la classe « Volonté » est le point culminant de l'énergie primordiale qui pousse notre être de ses plus intimes profondeurs jusqu'à la réalisation finale dans le monde. Nous sommes face à la classe des ambitions trouvant leur source dans l'essence même de l'être et suivant leur voie quels que soient les obstacles, galvanisées par la conviction inextinguible. La pleine expression de son essence allie ainsi des objectifs bien définis avec une totale sincérité et intégrité qui prendront leurs racines dans des motivations authentiques.

On utilisera ces pierres pour extérioriser une volonté endormie ou gardée sous tutelle par nos interdits. Sans un travail d'autorisation lucide préalable les pierres de la classe n°20 risqueront de faire monter la pression ressentie ou de rester muettes, mais elles feront un travail exceptionnel sur les situations mûres à l'accueil de cette étincelle première. Ces pierres pourront également donner de l'ampleur à une motivation usée par les écueils, ou encore insuffler les ressources nécessaires à un ultime effort.

La difficulté de cette classe réside dans la rareté et les tarifs des deux représentantes de la catégorie. Il sera difficile de se procurer une pierre de classe « Volonté », et il est bien entendu vivement conseillé d'identifier nos réactions sensibles à leur contact au regard du budget qu'elles représentent. Le béryl rouge, également appelé bixbite, pourra paraître framboise à certains observateurs. Sa puissance réside dans son impact très percutant, tandis que sa couleur permet une implication de motivations plus personnelles. La painite quant à elle se spécialisera dans la volonté profonde et très proche d'une essence primordiale de notre être.

On veillera à calmer régulièrement leur utilisation pour observer où nous en sommes. Bien qu'elles appellent à une canalisation vers un but, les pierres de classe n°20 tendront à laisser notre conviction se noyer dans la quête poursuivie. La prise de recul est ainsi essentielle à leur bonne utilisation.

Pierres de la classe « Volonté »

Béryl rouge (Bixbite)

Composition chimique : Be3Al2Si6O18

Puissance : 🔥🔥🔥🔥🔥

Disponibilité : 🗝

Painite

Composition chimique : CaZrB(Al9O18))

Puissance : 🔥🔥🔥🔥🔥

Disponibilité : 🗝

Les classes lithosophiques

Classe lithosophique n°21

Fondations

Caractéristiques

- Marron : connexion à la matière, imprégnation des réalités matérielles et temporelles.
- Hexagonal : suivre un but.
- Chakra associé : base.

Influence

Intégrer nos objectifs à la matière peut être plus difficile qu'il n'y paraît pour qui s'est coupé des sensations factuelles du corps et de la densité du monde. C'est à cet aboutissement de la réalisation factuelle et constatable que nous invite la classe « Fondations », que ce soit par l'investissement vers une mise en existence ou par la conscience des possibilités concrètes nécessaires à l'avancée souhaitée. Pour œuvrer encore faut-il se faire allié de l'immuable, et c'est avec tout l'engagement d'action et de stratégie dont nous disposons que nous sommes ici amenés à le réaliser.

On utilisera ainsi cette classe pour s'appuyer pleinement, avec une confiance à la hauteur de nos convictions, sur les possibilités que la vie et le monde nous offrent. Investir notre capacité à « saisir les opportunités » sera alors grandement facilité avec un ajustement de nos ressources d'affirmation (affinité au rouge) aux conditions que l'environnement pose en vue de notre réalisation. Si notre présence d'esprit nécessaire à l'élaboration d'une stratégie sera toujours développée par les pierres bleu foncé, nous auront en revanche avec la classe n°21 une plus grande conscience des nécessités nous permettant de nous montrer bien plus à propos.

L'unique représentante de cette classe utilisée en enseignement de la lithosophie est la Bastnasite. Pierre rare et difficile à trouver, elle se montre toutefois très percutante avec une action ressentie profondément par quiconque a élaboré une réelle intention d'investissement de soi dans un projet. Nous ne sommes toutefois pas à l'abri d'une déception avec un manque d'affinités sensitives envers cette unique variété. Prenez donc le temps de la tester en sensibilisation avant toute acquisition.

Le risque de la classe « Fondations » s'exprime lorsque nous amalgamons ambitions et réalisation matérielle. Le sens s'efface alors pour laisser place à de simples justifications de nos besoins toujours plus grands de sécurités et de recours de prévoyance. On laissera dès lors cette tension pouvant être génératrice de craintes en se dirigeant vers des pierres permettant de relativiser (douces vertes ou bleu clair).

Pierres de la classe « Fondations »

Bastnasite

Composition chimique : Ce(CO3)P

Puissance : 

Disponibilité : 

Classe lithosophique n°22

Potentiels

Caractéristiques

- Noir : introspection, connaissance de soi, ressenti de nos besoins.
- Hexagonal : suivre un but.
- Chakra associé : base.

Influence

Ressentir notre être nous permet de connaître ses failles mais aussi et avant tout ses forces. Non pas celles que nous construisons selon un mirage extérieur et qui nous abandonnent aussi tôt que les vents changent de direction, mais bien celles qui animent l'essence de notre âme et qui la font vibrer quels que soient les codes que le monde extérieur choisit d'ériger. C'est en ce sens que la classe « Potentiels » nous aide à avancer dans l'existence, par l'identification des caractéristiques propres à notre être et leur mise à profit dans les pérégrinations que nous pourrions rencontrer.

Dans un travail introspectif premier, notre classe n°22 nous aidera à repérer les parts de notre naturel les plus propices aux avancées de nos objectifs du moment. Notons que notre perception intérieure n'est alors pas globale mais bien optimisée, certaines facettes de notre naturel devant dès lors attendre leur occasion de se rendre utile pour être prises en considération. Cette quête nous permet toutefois de positiver sur soi-même en laissant émerger les « bonnes » parts face à des circonstances données, et permettent une sincérité envers soi-même qui ne soit pas source de sabotage en cas d'efforts contraignants.

La pierre représentative de la classe « Potentiels » est l'hibonite noire, peu connue et peu diffusée à l'heure où ces mots sont écrits. La rareté de cette variété impose sur notre classe introspective des pierres hexagonales les mêmes contraintes que sur la classe d'ancrage traitée précédemment. Il nous faudra dans l'idéal tester notre fameuse hibonite pour obtenir confirmation sensible de la maturité de notre démarche, l'affirmation profonde de l'intention étant ici essentielle.

Notre vigilance se portera enfin sur le « tri » effectué par les sensations introspectives de cette classe. En usage unique et durable elle pourrait nous construire un cliché de nous-mêmes, limité à ce dont nous souhaitons bénéficier et non à ce qui est. Rappelons-nous que des instincts ignorés ne disparaissent pas et ne cessent de pousser à une résolution acceptable pour nos ressentis profonds. Laisser la porte ouverte peut ainsi se révéler sage et garant d'une paix intérieure bienvenue.

Pierres de la classe « Potentiels »

Hibonite

Composition chimique : (Ca,Ce)(Al,Ti,Mg)12O19

Puissance :

Disponibilité :

Classe lithosophique n°23

Perfection

Caractéristiques

- Blanc : ouverture, perception élargie, connexion à l'extérieur, clarté d'identification.
- Cubique : apporter de la rigueur.
- Chakra associé : sommet, outil de bilan (tous chakras).

Influence

Les bilans opérés à l'aide de la classe n°23 tendront à se montrer plus précis et plus maîtrisés que notre neutre de la classe n°1. Place donc aux informations pouvant être traitées par l'intellect, avec une épuration des perceptions émotionnelles. Bien que la réceptivité soit accentuée, elle est également triée pour ne disposer que des informations « gérables », avec une continuité de stabilité. Les pierres de la classe « Perfection » opèreront ainsi un travail de limitation des réactions, au bénéfice des dynamiques sécuritaires.

Utilisées en bilan d'harmonisation ou en bilan spécialisé, ces pierres pourront être mises à profit pour optimiser une prise d'informations détaillées et aussi descriptibles que possible. Il pourra être plus aisé de définir, de caractériser, de structurer les éléments instinctifs ainsi récoltés. On assistera également à une mise en évidence de nos valeurs lucides. Principes et état d'esprit deviendront dès lors plus manifestes, et seront soutenus par les perceptions émotionnelles et sensitives qui prendront moins de libertés indépendamment de la lucidité. Les naturels les plus spontanés pourront ressentir une pression contraignante au contact de cette classe.

Notre classe n°23 s'organisera autour d'une variété nuancée et d'une plus puissante. La fluorite incolore apportera ainsi une structure se mettant tranquillement en place et pouvant sécuriser les naturels peu enclins à la perte de repères, tandis que le diamant incolore (pouvant être trouvé en échantillons opaques) imposera une « formation » de l'esprit et installera activement une meilleure canalisation des instincts. Bien que faisant partie des pierres les plus célèbres, le diamant incolore n'est toutefois pas la pierre la plus difficile à trouver dans nos sols. Aussi son expérience, bien qu'impactante, pourra s'avérer moins exaltée que ne le sont ses tarifs.

On évitera l'utilisation de cette classe lors des bilans si notre travail doit porter sur de la gestion des émotions ou du développement de notre résilience. La maîtrise ici opérée pourra dans ces cas se révéler source d'atténuation de notre efficacité de prise d'informations.

Pierres de la classe « Perfection »

Fluorite incolore

Composition chimique : CaF_2

Puissance : 3/5

Disponibilité : 2/5

Diamant incolore

Composition chimique : C

Puissance : 4/5

Disponibilité : 2/5

Classe lithosophique n°24

Concept

Caractéristiques

- Violet : anticipation, ouverture des perspectives, création par l'esprit.
- Cubique : apporter de la rigueur.
- Chakra associé : 3e œil.

Influence

La liberté d'esprit des pierres violettes pourrait au premier abord sembler peu concordante à la structuration de détail apportée par le système cubique. C'est en cela que la classe « Concept » constitue un excellent exemple pour distinguer notre domaine d'action de la dynamique lui étant appliquée. Si les domaines de l'inventivité et de l'imaginaire disposent de cette indépendance à même de dépasser la constatation simple, ils peuvent tout de même se comporter avec pragmatisme et sens pratique.

Et c'est en cela que l'application de la classe n°24 s'avèrera riche et irremplaçable. Elle permettra d'acheminer notre présence d'esprit vers des hypothèses logiques, des innovations pratiques, des anticipations réalistes… mais on l'utilisera également pour développer des mondes imaginaires inspirés des mécanismes du réel et immersifs. Cette classe se révélera ainsi être une excellente alliée pour qui souhaite donner une nouvelle ampleur aux expériences anodines que la vie nous donne à croiser par l'œuvre originale magnifiée.

Constituée d'une pierre puissante et d'une pierre douce, nous sommes face à une classe qui nous expose à un choix simple de gamme de puissance. La fluorite violette apportera ainsi une structure tranquille à notre imaginaire, nous accompagnant vers des voies plus stables, tandis que le spinelle violet posera un réel cadre d'anticipation structuré et cohérent.

Disposant de peu de contre-indications, cette classe permettra un épanouissement à des personnes éprouvant une confiance familière face aux repères apportés par ce système cristallin. Les plus créatifs aux besoins de changement et de perspectives d'inspiration large pourront se sentir bridés dans leur élan créatif et considérer le résultat comme étrange et déroutant.

Pierres de la classe « Concept »

Fluorite violette

Composition chimique : CaF_2

Puissance : 3/5

Disponibilité : 5/5

Spinelle violet

Composition chimique : $MgAl_2O_4$

Puissance : 4/5

Disponibilité : 2/5

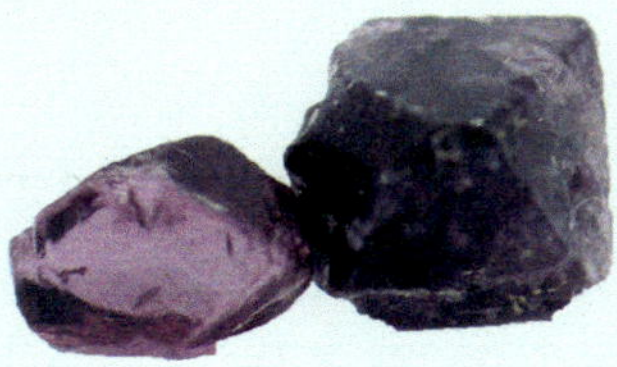

Classe lithosophique n°25

Précision

Caractéristiques

- Bleu foncé : observation, étude, compréhension.
- Cubique : apporter de la rigueur.
- Chakra associé : 3e œil.

Influence

Concentration et cadre apporteront ici un point culminant de l'efficacité intellectuelle. La classe « Précision » nous permet de comprendre en détail, de mettre en œuvre l'ensemble de nos aptitudes de réflexion, le tout avec une conscience des rouages décuplée… Nous sommes au royaume de l'esprit au summum de son potentiel qui poussera nos capacités à montrer le meilleur d'elles-mêmes avec clarté et discernement.

On utilisera ainsi la classe n°25 pour nous préparer à toutes les situations sollicitant notre concentration. Examens, étude, intégrations de nouvelles tâches administratives ou de gestion. Tout ce qui nous demande de la mémoire et de la concentration pourra être optimisé grâce aux pierres de cette classe. Un travail de méditation dans ce secteur pourra contrebalancer un état habituellement flottant ou « absent ». Notre écoute de nous-mêmes nous permettra toutefois d'identifier la fatigue générée par un tel état de maximisation de la présence d'esprit, certains naturels n'étant pas dans leur élément avec une telle posture.

Si la sodalite est la variété la plus courante et permet une accessibilité aisée à cette classe, il existe un beau choix de variétés rares apportant plus ou moins de calme et de profondeur. Ainsi le spinelle bleu, la boléite ou encore la lazurite développeront un esprit présent et posé, prêt à s'investir et maître de ses décisions. Notons que le lapis-lazuli, bien qu'étant une roche composée de divers minéraux, se constitue de quatre variétés bleues cubiques dont la lazurite, ainsi que de pyrite qui appartient également à ce même système cristallin. Malgré la présence de calcite (classe n°1) dans ses veines blanches, elle est globalement considérée comme assimilée à la classe n°25.

S'il est une vigilance à apporter à l'utilisation de cette classe, c'est une vigilance des travers de nos habitudes culturelles. La définition et la restriction de la particularité humaine à notre capacité à penser comporte de nombreux excès comme notre difficulté à accueillir une information sans en faire une réponse emportée. De nombreuses conclusions hâtives sont aujourd'hui couramment répandues dans nos habitudes et nous amènent à nous repérer par des dogmes et clichés. Nos pierres de classe n°25 tendront ainsi à renforcer les difficultés de remise en question.

Pierres de la classe « Précision »

Sodalite

Composition chimique :
Na8Al6Si6O24Cl2

Puissance :

Disponibilité :

Spinelle bleu

Composition chimique :
MgAl2O4

Puissance :

Disponibilité :

Lazurite

Composition chimique :
Na3Ca(Al3Si3O12)S

Puissance :

Disponibilité :

Boléite

Composition chimique :
Kpn26Ag9Cu24Cl62(OH)48

Puissance :

Disponibilité :

Classe lithosophique n°26

Explication

Caractéristiques

- Bleu clair : tolérance, communication, sérénité.
- Cubique : apporter de la rigueur.
- Chakra associé : gorge.

Influence

Lorsque la communication se précise au contact de la dynamique cubique, elle devient transmission des repères, des cadres, des conventions… en somme elle devient un moyen d'accorder les violons pour mieux avancer ensemble et se comprendre. C'est là une des fonctions essentielles du dialogue qui se trouve renforcée. Si la classe n°26 ne s'avèrera pas être la plus ouverte et évolutive des manifestations du bleu clair, elle est en revanche une des plus fonctionnelles, en permettant à nos échanges de trouver une portée pratique utile et pleine d'ajustements.

Les pierres de cette classe pourront être investies avec efficacité sur des situations face auxquelles nous ne trouvons pas les bons mots, les bonnes formulations, les bonnes modalités de transmission pour que notre message parvienne à l'autre. Il est question de perfectionner tant la clarté du fond que le souci du détail et la pédagogie investis sur la forme pour qu'il atteigne sa destination. En posture d'écoute, la classe « Explication » nous permettra également de mieux considérer les informations extérieures en identifiant plus aisément les tenants et aboutissant des perspectives nous étant étrangères.

Les pierres de cette classe tendront au bleu vif, selon les échantillons au bleu foncé, avec toutefois des nuances moins profondes que celles de la classe n°25. On y trouvera la fluorite bleue pouvant exister dans des couleurs très pâles jusqu'à bleu roi, et qui offrira une influence peu percutante, à même d'installer un dialogue naturel bien que cadré. L'haüyne, quant à elle, comptant parmi les pierres les plus rares et les plus percutantes, pourra développer une expression précise et sans détour. Elle est régulièrement utilisée pour lever des interdits sur la parole sans perdre le contrôle en cas de frustration retenue ou de souffrance gardée sous tutelle jusqu'alors.

Les limites de la classe « Explication » interviennent lorsque nous nous confrontons à l'aspect humain du dialogue. Peu à l'aise avec l'empathie ou le ressenti de l'autre, ces pierres s'appuient essentiellement sur notre capacité à identifier et définir. Elles pourront ainsi se montrer limitées dans les relations privées ou aux enjeux personnels centraux.

Pierres de la classe « Explication »

Fluorite bleue

Composition chimique : CaF2

Puissance : 🔥🔥🔥

Disponibilité : 🗝🗝🗝🗝

Haüyne

Composition chimique : (Na,K)3(Ca,NA)(Al3Si3O12)(SO4,S,Cl)

Puissance : 🔥🔥🔥🔥🔥

Disponibilité : 🗝

Classe lithosophique n°27

Éthique

Caractéristiques

- Vert : valeurs, idéaux, émotions liées à des principes.
- Cubique : apporter de la rigueur.
- Chakra associé : cœur.

Influence

Quelle approche le système cubique nous réserve-t-il pour le secteur des émotions ? Dans la sphère d'influence du vert, il pourra s'épanouir avec beauté en renforçant nos considérations humaines lucides. Que nous nous fixions sur des valeurs développées au contact de nos expériences ou sur une moralité inspirée de notre éducation et de nos repères culturels, les pierres de cette classe pourront développer notre fidélité envers ces principes. Nous invitant à investir notre part incorruptible, la classe n°27 pourra préserver ce qui fait sens dans notre existence.

On fera appel à ces pierres lorsque les conditions extérieures nous amènent à douter de nos convictions, ou lorsque les relations et événements nous poussent à sacrifier des parts d'âme. C'est lorsque notre responsabilité est mise en jeu, lorsque nos actes et décisions peuvent avoir des conséquences sur l'existence d'autres êtres vivants que le soutien de ces pierres devient le plus précieux. Elles nous aident alors à garder la perspective de ce qui compte vraiment, et nous insufflent la satisfaction d'œuvrer à ce qui est juste.

La fluorite verte constituera notre variété « douce » et abordable de cette catégorie. Le plus marquantes par la foi indéfectible qu'elles éveillent restent toutefois les variantes de grenat vert. Si cette famille est plus connue pour le grenat rouge elle comporte également des variétés vertes aux différentes compositions chimiques. On trouvera ainsi le grenat démantoïde, volontaire et affirmé, le tsavorite, plus représentatif de l'essence de sa classe, ou encore le grenat uvarovite dont les rares échantillons de cristaux massifs (un à deux centimètres) imposeront une stricte considération de nos principes bruts et épurés des détournements de toute nature.

Bien qu'elle porte sur notre rapport aux émotions, cette classe apporte le risque, en utilisation excessive, de voir nos idéaux prendre la primeur au détriment de notre compassion et de notre acceptation de l'autre. On restera dès lors à l'écoute afin que notre cœur vaillant ne se change pas en cœur de glace.

Pierres de la classe « Éthique »

Fluorite verte

Composition chimique : CaF_2

Puissance :

Disponibilité :

Grenat tsavorite

Composition chimique : $Ca_3Al_2(SiO_4)_3$

Puissance :

Disponibilité :

Grenat démantoïde

Composition chimique : $Ca_3Fe_2(SiO_4)_3$

Puissance :

Disponibilité :

Grenat uvarovite

Composition chimique : $Ca_3Cr_2(SiO_4)_3$

Puissance :

Disponibilité :

Classe lithosophique n°28

Mesure

Caractéristiques

- Rose : lien, importance donnée, émotions liées à des éléments existants.
- Cubique : apporter de la rigueur.
- Chakra associé : cœur.

Influence

Les liens de proximité et investissements émotionnels nous donnent à voir un nouvel aspect des pierres cubiques. La classe « Mesure » nous permet d'explorer nos attachements et contacts avec ce qui pourrait prendre de l'importance dans notre vie sans se sentir dépassé par les événements. Si les émotions s'expriment, elles le font avec une délicate nuance, pouvant être laissée de côté en cas de blessure ou de souffrance. Nous explorons dès lors cette nature de contact, avec toutefois une corde de rappel qui pourra sécuriser les plus réservés et les plus craintifs.

Les émotions étant une constituante innée et précieuse pour toute estimation de la vie humaine, chaque individu est amené à en faire l'expérience. C'est toutefois dans les situations où la souffrance ou la pudeur nous amènent à les figer que les pierres de la classe n°28 se montreront les plus utiles. Elles permettront alors l'éducation de notre résilience, de notre capacité à mettre en perspective nos expériences émotionnelles afin d'en limiter la puissance d'emprise, à un rythme progressif et ajusté à notre mesure d'expérience. Il devient ainsi envisageable d'apprendre à faire de ses émotions une force sans passer par d'ingérables destructions intérieures.

Nous disposons par ailleurs de toutes les gammes nécessaires à l'intégration de cette expérience de lien, des plus tranquilles comme la fluorite rose qui pourront simplement remettre en selle les cœurs frileux, jusqu'aux plus imposantes comme le spinelle rose qui génèrera le lien sous bonne garde de nos choix lucides. Le grenat rhodolite, comptant bien dans les pierres roses et non dans les rouges pourra apporter une approche concrète et investie, tandis que le diamant rose comblera les attentes les plus sophistiquées.

Une fois les premiers pas lancés grâce à cette classe éducatrice, il pourra toutefois être intéressant de faire évoluer cette rééducation vers des classes plus ouvertes. Pour préserver les repères ainsi fondés, on conseillera de se diriger vers les classes n°39 (accentuation des ressentis personnels) ou n°50 (accentuation de l'ouverture à l'autre).

Pierres de la classe « Mesure »

Fluorite rose

Composition chimique : CaF_2

Puissance :

Disponibilité :

Grenat rhodolite

Composition chimique : $(Fe,Mg)_3Al_2(SiO_4)_3$

Puissance :

Disponibilité :

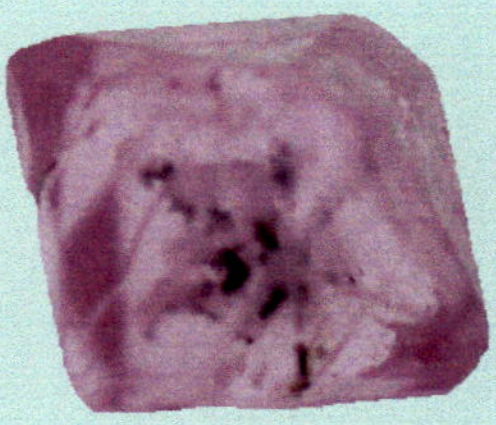

Spinelle rose

Composition chimique : $MgAl_2O_4$

Puissance :

Disponibilité :

Diamant rose

Composition chimique : C

Puissance :

Disponibilité :

Classe lithosophique n°29

Rôle

Caractéristiques

- Jaune : présence dans le collectif, charisme, rayonnement.
- Cubique : apporter de la rigueur.
- Chakra associé : plexus solaire.

Influence

Si notre aura doit émaner de notre être, se nourrir de notre naturel, elle se confrontera également immanquablement aux codes et valeurs du monde extérieur. C'est à cette part de notre existence dans les groupes et relations que les pierres de la classe « Rôle » portent à notre attention. Plus qu'un charisme naturel, c'est dans l'élaboration d'une image de soi, dans la construction d'une prestance choisie et forgée que cette classe excelle, permettant l'intégration du fonctionnement de notre choix dans nos comportements instinctifs.

L'application de ces pierres sera tout particulièrement adaptée aux changements de posture, de comportement, de nature de relation (établir plus d'indépendance, de respect, de prise en considération de nos besoins, correspondre à des caractéristiques nécessaires à un poste ou une fonction…) que nous avons identifiés et dont nous avons élaboré les modalités. L'orientation de méditation et les conditionnements pourront dès lors s'inscrire avec une grande efficacité, permettant de voir rapidement des résultats manifestes. C'est ici la conscience et la décision lucide qui seront maître d'œuvre. Plus la décision est solide plus la construction le sera aussi.

Nous avons à notre disposition deux variétés. La fluorite jaune apportera un solide soutien à notre construction, sans forcer le mouvement. Le diamant jaune, bien qu'onéreux, représente notre plus active pierre de cette classe avec une mise en place manifeste des fonctionnements souhaités. Quelle que soit la puissance d'impact, ces deux pierres permettront de faire le pont entre volonté lucide et conditionnement instinctif.

Si un risque se présente au contact de cette classe, c'est bien celui de malmener nos besoins instinctifs par nos souhaits en termes de comportements. Ainsi les colères, pulsions et autres besoins ressentis nécessiteront-ils des plages de naturel pour ne pas imploser. On veillera à entretenir les bilans avec des pierres autres que cubiques pour rester à l'écoute des états du moment.

Pierres de la classe « Rôle »

Fluorite jaune

Composition chimique : CaF_2

Puissance :

Disponibilité :

Diamant jaune

Composition chimique : C

Puissance :

Disponibilité :

Classe lithosophique n° 30

Naissance

Caractéristiques

- Orange : spontanéité, appréciation du moment présent, sentir le monde.
- Cubique : apporter de la rigueur.
- Chakra associé : sacré.

Influence

Lorsque l'énergie de vie spontanée et intimement investie dans le moment présent rencontre la structure cubique, nous entrons dans la sphère de la création, dans la forme réelle donnée aux sensations premières, dans la rencontre de l'âme et de la matière. Si d'autres classes des pierres orange pourront faire preuve de fluidité et de créativité par le mouvement, l'enjeu ici est de canaliser les pulsions instinctives vers le concret, d'explorer l'énergie de vie en lui donnant corps et en créant.

Les pierres de cette classe seront ainsi utilisées pour apporter des ressources naturelles et sincères à nos réalisations de tout ordre. Art, construction, composition, entretien des lieux, enfantement… tout ce que nous pouvons investir pour éprouver notre propre existence au contact des réalisations dans la matière se trouvera ici animé de notre âme et des ressources sincères qui en émanent. C'est d'ailleurs au travers de la forme que prendront nos réalisations qu'il nous sera alors possible d'identifier notre nature, de quoi sécuriser les naturels les plus réservés ne souhaitant pas subir les intrusions de l'inspiration sensitive.

La pierre la plus accessible de cette classe est également très intéressante pour sa composition chimique. La sphalérite, également appelée blende, contient du zinc qui tendra à nous apporter un meilleur ressenti sensible de notre corps. Ainsi la perception se développe-t-elle par les sensations physiques et non par les élans émotionnels. La porte reste ouverte sans grande prise de risques. Les grenats orange, le spessartite et l'hessonite, seront quant à eux d'excellentes pierres de réalisation des aspirations créatives, disposant d'une excellente force d'impact.

Les risques de cette classe résident plus dans le « pas assez » que dans le « trop ». Les créatifs souhaitant vivre une forte inspiration pourront ainsi trouver les pierres de la classe « Naissance » peu exaltées, trop « raisonnables ». Il conviendra alors de se tourner vers des oranges plus souples.

Pierres de la classe « Naissance »

Sphalérite (Blende)
Composition chimique : (Zn,Fe)S
Puissance :
Disponibilité :

Grenat spessartite
Composition chimique : Mn3Al2(SiO4)
Puissance :
Disponibilité :

Grenat hessonite
Composition chimique : Ca3Al2(SiO4)3
Puissance :
Disponibilité :

Classe lithosophique n° 31

Concrétisation

Caractéristiques

- Rouge : affirmation de soi, volonté, force d'action.
- Cubique : apporter de la rigueur.
- Chakra associé : base.

Influence

Donner corps à nos forces premières et nourrir l'évidence de notre existence au monde. Voilà le programme proposé par cette classe qui nous accompagnera dans une affirmation vraie et entière, sincère et sans compromis. Les pierres rouges cubiques sont porteuses d'une force nette et propre, accompagnée par la pensée lucide qui veillera à la maîtrise des retombées. Elles ont pour essence de laisser pleine expression aux dynamiques ressortant de l'être tout en canalisant sans jugement vers les choix établis par la volonté.

On fera appel à ces variétés pour installer une affirmation de soi simple, concrète et stable. Elles pourront générer une confiance et un naturel d'existence chez les personnes les plus discrètes, pouvant être amenées à laisser leur volonté s'effacer au profit d'une conciliation avec l'extérieur. Les pierres de cette classe génèreront alors une manifestation de la dynamique personnelle à même de répondre par les actes aux besoins individuels. Les pierres de la classe n°31 seront également tout particulièrement indiquées pour investir notre énergie dans la réalisation des projets et envies. Leur influence nous permettra de concentrer nos ressources vers les conditions nécessaires à l'aboutissement de nos démarches.

Le grenat almandin sera la variété la plus représentative de cette classe. Pierre la plus connue de la famille des grenats, on la trouve aisément seule ou en bijoux. À la dynamique d'ensemble très cohérente, elle ira chercher jusque dans les ressources du corps pour donner force à la volonté. La plus puissante de sa catégorie sera toutefois le spinelle rouge qui appliquera la dynamique de classe n°31 avec une vivacité bien plus percutante. Enfin, il sera possible de s'appuyer sur la cuprite pour un impact aussi physique que celui du grenat almandin et plus dense en termes de puissance.

Utilisée en méditation, la difficulté de cette classe ne se présentera pas sous forme de montée du stress ou de l'agressivité, mais par la pression de maîtrise imposée à soi-même. Bien que la volonté lucide puisse nous guider elle ne pourra pas respecter l'ensemble des besoins instinctifs et des moments de pause seront les bienvenus pour retrouver des repères plus spontanés.

Pierres de la classe « Concrétisation »

Grenat almandin

Composition chimique : Fe3Al2(SiO4)3

Puissance :

Disponibilité :

Spinelle rouge

Composition chimique : MgAl2O4

Puissance :

Disponibilité :

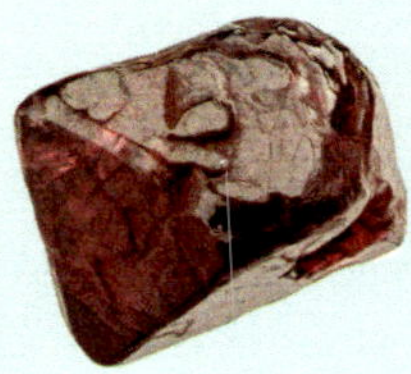

Cuprite

Composition chimique : Cu2O

Puissance :

Disponibilité :

Classe lithosophique n°32

Détermination

Caractéristiques

- Marron : connexion à la matière, imprégnation des réalités matérielles et temporelles.
- Cubique : apporter de la rigueur.
- Chakra associé : base.

Influence

La lucidité des pierres cubiques vient ici s'appliquer à notre ressenti de la matière et du concret. Du solide dans du stable… nous sommes face à un nouveau renforcement double d'influences similaires bien que non confondues. La classe « Détermination » tendra ainsi à structurer notre ancrage en le poussant à être conscient, géré, minutieusement calculé et maîtrisé. L'archétype classique des pierres marron qui seraient source d'organisation millimétrée pourrait bien ne s'exprimer pleinement que dans cette classe, ce résultat nécessitant une application des qualités de l'esprit au domaine du ressenti des corps.

La classe n°32 s'appliquera aux situations permettant une préparation du terrain. Élaboration des conditions nécessaires à la réalisation concrète, étude des étapes nécessaires, puis application de chacune pas à pas, avec patience et constance d'effort. Il s'agit d'œuvrer à la construction de la maison solide, pierre par pierre, étage par étage. L'orientation de méditation jouera une fois encore un rôle crucial dans l'optimisation de l'efficacité de cette classe, ses ressources matérialisation étant propices à s'accrocher sur une volonté claire et déterminée.

On ne disposera ici que d'une variété représentative, le grenat andradite, qui reste peu proposé car peu connu. Il est pourtant irremplaçable dans ses caractéristiques et gagnerait à être recherché pour ses qualités uniques. Parfois rapproché du grenat jaune, il peut également être appelé grenat topazolite, même si cette appellation reste aujourd'hui très peu employée.

Comme toute classe cumulant les influences qui abondent dans un même sens, on surveillera les risques d'excès en cas d'utilisations répétées. Marron et cubique tendent tous deux à une rigidité certaine. Aussi cette influence se doit-elle de rester un cadre profitable et non un état permanent qui nous enfermerait dans des habitudes et des contraintes arbitraires.

Pierres de la classe « Détermination »

Grenat andradite

Composition chimique : Ca3Fe3 (SiO4)3

Puissance : 3/5

Disponibilité : 2/5

Classe lithosophique n°33

Acquis

Caractéristiques

- Noir : introspection, connaissance de soi, ressenti de nos besoins.
- Cubique : apporter de la rigueur.
- Chakra associé : base.

Influence

Le point le plus profond de notre être, le ressenti de notre existence propre, connaît des étapes et des changements. Il garde toutefois une certaine constance, celle des souvenirs, du bagage, du parcours qui nous constitue. C'est cette part de notre essence que la classe lithosophique n°33 mettra tout particulièrement en évidence. Elle nous aide ainsi à nous appuyer sur la part solide de notre intériorité, à savoir le chemin parcouru et l'étape factuelle où nous en sommes.

Tout particulièrement adaptée aux reconstructions de notre connaissance de nous-mêmes après un passage de cap nous ayant intimement transformés, cette classe lithosophique, nous permettra de connecter notre conscience aux sensation intimes de notre être. Quelles que soient les circonstances ayant croisé notre route ou les remises en question nous ayant imposé d'abandonner l'ancien, ces pierres nous donneront l'occasion de développer une stabilité intérieure irréductible et indépendante. On pourra également faire appel à elles pour définir avec plus de précision l'état de notre vécu intérieur. L'introspection se montrera ici analytique et lucide, à même d'expliciter les sensations en idées.

Les pierres de cette classe disposent de puissances similaires et peuvent toutes être trouvées avec un peu de recherche spécialisée. Grenat mélanite, spinelle noir et magnétite apporteront toutes des variantes dont l'efficacité sera principalement liée à des affinités individuelles. Seule la sensibilisation permettra de départager ces variétés dans le cadre d'une utilisation personnelle.

En utilisations répétées, la classe « Acquis » expose l'utilisateur aux tendances à l'enfermement pouvant s'installer avec les pierres noires. Seuls les repères personnels paraissent alors « bons », les contacts avec l'extérieur paraissent très vite intrusifs et gênants... Si de telles réactions venaient à se présenter, pas de panique, il suffirait de revenir à des pierres plus interactives comme les orange ou bleu clair.

Pierres de la classe « Acquis »

Grenat mélanite

Composition chimique : $Ca3Fe2(SiO4)3$

Puissance :

Disponibilité :

Spinelle noir

Composition chimique : $MgAl2O4$

Puissance :

Disponibilité :

Magnétite

Composition chimique : $Fe2O3$

Puissance :

Disponibilité :

Classe lithosophique n° 34

Identité

Caractéristiques

- Blanc : ouverture, perception élargie, connexion à l'extérieur, clarté d'identification.
- Quadratique : se préserver.
- Chakra associé : sommer, outil de bilan (tous chakras).

Influence

Rassemblant les pierres de bilan les plus « personnelles », la classe « Identité » a pour caractéristique de nous permettre de ressentir le monde et les perspectives extérieures avec une vision très claire des conséquences sur notre sphère intime. Permettant une excellente perception de notre « jardin secret », ces pierres incolores rendent évidentes les similarités et différences pouvant apparaître en contraste de nos affinités. Ce sont d'excellentes pierres de repérage de notre propre personne et des caractéristiques que nous adoptons comme personnelles au fil du temps.

La question essentielle qui guide les bilans d'harmonisation ou spécialisés avec les pierres de la classe n°34 est donc « Est-ce que cela me convient / me correspond ? ». Les réponses se font limpides grâce à une réelle connexion à notre naturel instinctif accompagnée d'une clarté de décision permettant de gérer au mieux les situations rencontrées. Dans une perspective d'amélioration personnelle, les pierres de cette classe apporteront ainsi des informations parmi les plus adaptées et respectueuses des besoins qui nous sont propres.

La pierre la plus accessible de cette catégorie sera l'apophyllite incolore. De puissance medium, elle se montre parfaitement satisfaisante dans son rôle et pourra être ressentie même par les néophytes. Le zircon incolore permet également de monter en puissance d'impact, notamment dans les bilans spécialisés destinés à comprendre pourquoi une situation nous amoindrit ou pénalise notre vécu. Il s'agit d'une pierre parfaitement naturelle, un silicate de zirconium, souvent confondue avec l'oxyde de zirconium synthétique utilisé en remplacement de diamant en bijouterie fantaisie en raison de l'utilisation abusive du terme « zircon » pour nommer cette dernière dans le commerce.

Les excès de cette classe se présenteront dans les situations de conflit d'intérêt. La primeur à la préservation et à la réponse à nos besoins qu'elle inspire pourront entraver la mise en place d'efforts d'adaptation ou de compromis. Il pourra être alors judicieux de lever le pied pour se tourner vers des classes plus adaptables comme la n°56 ou la n°78.

Pierres de la classe « Identité »

Apophyllite incolore

Composition chimique : KCa4(Si4O10)2F•8(H2O)

Puissance :

Disponibilité :

Zircon incolore

Composition chimique : ZrSiO4

Puissance :

Disponibilité :

Classe lithosophique n°35

Élaboration

Caractéristiques

- Violet : anticipation, ouverture des perspectives, création par l'esprit.
- Quadratique : se préserver.
- Chakra associé : 3e œil.

Influence

Laisse libre cours à nos perspectives de préférences et de remise en cause des cadres, voici la dynamique de notre classe n°35. Son influence s'exprime pleinement dans la conception de conditions sécures et respectueuses du naturel personnel. Intégrer les expériences personnelles à la sphère imaginaire, inventer des voies de mise en image des valeurs personnelles, construire des fonctionnements neufs et plus permissifs de la nature individuelle... en somme tout ce qui vise à laisser une marge salutaire au naturel individuel sera favorisé par cette classe.

On y fera appel à la classe « Élaboration » pour mettre sur pied des fonctionnements neufs et respectueux de notre être. Envisager de nouvelles habitudes, revoir nos cadres de mode de vie, réévaluer notre rapport à l'entourage ou encore lâcher prise sur une moralité rigide entravant nos libertés individuelles... autant de perspectives pouvant ouvrir à de grandes améliorations de la qualité de vie à condition de laisser place à la remise en question.

Une unique pierre sera porteuse de la classe n°35. La scapolite violette s'avère également être une pierre rare, pouvant nécessiter des recherches spécialisées. Son pléochroïsme (changement de couleur en fonction de l'angle d'observation) pouvant présenter une nuance brune ou jaune minoritaire apporte également une nuance concrète, permettant un réalisme des élaborations mises en forme par synergie avec elle.

Relativement inoffensive, la classe « Élaboration » nous concentre sur des hypothèses et guide nos possibles. Il faudra toutefois veiller à entretenir notre empathie et notre considération envers l'entourage afin de ne pas tomber dans l'écueil du bénéfice à sens unique.

Pierres de la classe « Élaboration »

Scapolite violette

Composition chimique :
(Na,Ca)4[Al3Si9O24]Cl

Puissance : 🔥🔥🔥🔥

Disponibilité : 🗝🗝

Classe lithosophique n°36

Priorités

Caractéristiques

- Bleu foncé : observation, étude, compréhension.
- Quadratique : se préserver.
- Chakra associé : 3e œil.

Influence

Partagé entre perception des instincts personnels et gestion lucide, le système quadratique nous conduit au contact du bleu foncé à prioriser les nécessités et à identifier les entraves extérieures à leur mise en place. Nous sommes maintenant pleinement connectés à l'importance de chaque élément crucial de notre vie. La classe n°36 nous conduit à construire un ordre de priorité de nos efforts et investissements et à préparer notre stratégie de choix pour assurer leur bonne application. Avancer vers ce qui compte, sans naïveté ni gâchis de nos ressources, voilà la vision développée par cette catégorie d'influences.

Précieuse alliée dans un environnement concurrentiel ou sujet aux conflits d'intérêt, la classe « Priorités » nous permet d'analyser les situations que nous rencontrons pour pouvoir y assurer notre préservation. Radar instinctif et observation y seront conjointement mis à profit pour développer une perception réaliste des conditions extérieures rencontrées et une compréhension à la fois intellectuelle et humaine des enjeux qui nous entourent. Loin des idéalisations pouvant nous exposer à des risques, cette classe nous permet de renforcer notre potentiel de gardien éclairé de notre propre vie.

L'unique pierre de cette classe, la carletonite, est rare et difficile à trouver. On ne la rencontrera qu'occasionnellement dans les circuits spécialisés, aussi pourra-t-il être nécessaire de prendre son mal en patience avant de trouver la pièce de ses rêves. Comme pour toute pierre rare, il est conseillé de la tester au préalable, par exemple auprès d'un lithosophe professionnel disposant d'un échantillon de travail, afin de s'assurer qu'elle corresponde sensitivement à l'idée préalablement construite.

La conscience des facteurs de risque nous entourant et des contradictions entre nos besoins et la capacité de l'environnement à les respecter peut conduire la classe « Priorités » à exagérer notre méfiance. On veillera dès lors à la laisser en pause au profit de classes développant la confiance lorsque nos conditions de vie s'épanouissent auprès d'un entourage fiable.

Pierres de la classe « Priorités »

Carletonite

Composition chimique : KNa4Ca4Si8O18(CO3) 4(OH,F)•(H2O)

Puissance : 🔥🔥🔥🔥🔥

Disponibilité : 1/5

Classe lithosophique n°37

Persuasion

Caractéristiques

- Bleu clair : tolérance, communication, sérénité.
- Quadratique : se préserver.
- Chakra associé : gorge.

Influence

Une fois connectée à nos sensations personnelles et à l'enjeu de leur préservation, la communication devient joute dans laquelle on fait valoir notre point de vue, notre vécu. La classe n°37 excelle dans cet exercice tant les instincts qu'elle nous permet de ressentir s'y accordent avec une maîtrise intellectuelle de nos actes et, en l'occurrence, paroles. Elle nous permet ainsi de trouver plus aisément les arguments qui feront mouche, d'épurer nos propos pour les transmettre avec clarté, ou encore d'adapter notre discours à ce qui paraîtra fort à notre interlocuteur.

Utilisée pour prendre confiance en son discours et en sa capacité à élaborer ses propos avec pertinence, cette classe pourra nous aider à nous ouvrir au monde sans se sentir lésé dans les rapports humains. Son expression équilibrée nécessite toutefois que nos émotions puissent être gérées avec une bonne fluidité. Désillusions et blessures émotionnelles stagnantes (n'évoluant pas vers un développement de la résilience) tendront à nous exposer à du rapport à sens unique, pouvant paraître avantageux pour le lucide mais s'avérant destructeur par l'isolement instinctif qu'il génère. Cette évolution n'est toutefois pas une fatalité, la classe « Persuasion » pourra servir le partage clair des expériences personnelles, ou encore les qualités pédagogiques, et en continuant simplement à soigner notre lien à l'autre.

L'unique pierre de cette classe, le zircon bleu, nous pose un problème de disponibilité. Possible à trouver dans les secteurs de vente de pierres rares, cette variété est malheureusement nécessairement chauffée à partir des zircons rouges naturels pour lui donner sa superbe teinte bleu ciel. Notre expérience des pierres chauffées nous vient principalement de la citrine, variété de classe n°7, pour laquelle nous avons accès à la version naturelle comme à la version chauffée. L'influence de couleur de la version traitée y paraît plus agressive, moins posée, et par conséquent moins affirmée lors de l'installation d'un état instinctif. Cette transformation de l'état visuel de la pierre permet toutefois, dans le cas du zircon bleu, d'accéder à un tableau d'influences dont nous ne disposerions pas dans d'autres conditions. Aussi cette variété est-elle l'exception tolérée. Dans les cas le permettant nous remplacerons son utilisation par la représentante de la classe n°36, la carletonite.

Il sera temps de calmer l'utilisation de cette catégorie dès lors que nous identifions une tendance à centrer le discours exclusivement sur des déterminantes personnelles. Le partage de nos expériences personnelles ne devant pas y devenir le siège d'une négation de perspectives plus étendues.

Pierres de la classe « Persuasion »

Zircon bleu

Composition chimique : ZrSiO4

Puissance :

Disponibilité :

Classe lithosophique n°38

Principes

Caractéristiques

- Vert : valeurs, idéaux, émotions liées à des principes.
- Quadratique : se préserver.
- Chakra associé : cœur.

Influence

Bien souvent, les idéaux et modèles moraux issus de l'exemple extérieur se montrent, à l'expérience, peu respectueux de l'individu, de ses besoins et de ses choix de vie. Une souffrance ne devient légitime que lorsqu'elle est institutionnellement reconnue, une difficulté est toujours moindre si ses dégâts n'ont pas fait l'objet d'une sensibilisation collective, et un choix paraît toujours insensé tant que nous n'avons pas été informés qu'il correspond à un mode de vie « normal » d'une partie de la population… C'est ce décalage entre le vécu personnel, réel, et témoin de bien-être comme de malaises et la réponse de nos codes établis que la classe n°38 tendra à mettre tout particulièrement en évidence.

Elle nous permettra dès lors d'identifier les modèles qui permettent un épanouissement de nos choix personnels comme ceux qui s'en font les bourreaux, et de distinguer les véritables valeurs personnelles gardées intimes des comportements adoptés pour ne pas souffrir d'interdits arbitraires. Rentrer dans le rang se fait alors sans se renier intérieurement, les attitudes n'étant qu'un moyen de s'assurer une tranquillité et non un engagement de cœur. Pour vivre heureux, vivons cachés. Dans le cas de personnes ne disposant pas d'un tel naturel, cette classe permet d'apprendre que tout ne mérite pas d'être montré à tout le monde. Elle nous apprend à nous préparer également au contact avec des parts de l'humanité qui ne partagent pas nos idéaux et principes et qui œuvreront à affirmer les leurs. En nous permettant de préserver ce qui nous fait avancer elle nous apprend également à murir.

Apophyllite verte et vésuvianite verte nous offrent des variétés medium à puissantes à même de nous familiariser avec cette posture toute particulière du vert. C'est toutefois le zircon métamicte, d'un vert profond, qui nous apportera l'impact le plus marqué. Cette variété de zircon est naturellement irradiée, et voit ses caractéristiques optiques et physiques être totalement déstabilisées par ce phénomène. Un nouvel équilibre physique y est malgré tout trouvé une fois l'irradiation dissipée. C'est ainsi jusque dans sa formation que cette pierre est porteuse de ce maintien de l'être jusque dans les conditions lui étant les plus contraignantes.

Si la préservation de nos valeurs est essentielle, elle ne doit pas nous empêcher de respecter également celles d'autrui. Ne pas infliger à d'autre sla négation que l'on ne souhaite soi-même pas subir devrait ainsi être le guide qui nuance notre appel à cette classe en cas d'utilisations répétées.

Pierres de la classe « Principes »

Apophyllite verte

Composition chimique :
KCa4(Si4O10)2F•8(H2O)

Puissance :

Disponibilité :

Zircon métamicte

Composition chimique :
ZrSiO4

Puissance :

Disponibilité :

Vésuvianite verte

Composition chimique :
Ca10Mg2Al4(SiO4)5(Si2O7)
2(OH)4

Puissance :

Disponibilité :

Classe lithosophique n°39

Pudeur

Caractéristiques

- Rose : lien, importance donnée, émotions liées à des éléments existants.
- Quadratique : se préserver.
- Chakra associé : cœur.

Influence

Bien que précieuses, il est bien connu, nos émotions ne sont pas les conseillères les plus avisées. C'est la dynamique que représentent les pierres de cette classe qui permettront un ressenti fort de nos investissements et liens émotionnels, sans que ces derniers ne prennent pour autant la place prépondérante dans nos prises de décision. Il est ici question de savoir où l'on en est, tout en s'assurant que notre raison ait le dernier mot, un moyen sécuritaire d'être au clair avec soi-même sans risquer une instabilité de vie.

Les situations nécessitant le plein bénéfice de cette classe sont bien souvent difficiles à comprendre pour qui n'a jamais eu à se refuser un élan du cœur pour ne pas perdre des parts de vie encore plus importantes pour notre réalisation. Il peut s'agir de vies dans lesquels la carrière est centrale et sa réussite convoitée, de caractères pour lesquelles la perte d'indépendance est plus douloureuse à supporter que la solitude, ou simplement de besoin d'intimité émotionnelle, que nos états d'âme ne soient pas devinés au risque de nous exposer. Pour qui n'est pas familier avec cette nature d'être, la classe « Pudeur » permettra de continuer à gérer les nécessités adoptées par nos décisions lorsque nos affinités tendraient à nous en détourner. Elle nous permet de canaliser par la volonté sans nous couper de nous-mêmes.

La pierre la plus représentative de cette classe peut se montrer difficile à trouver. Il s'agit de la vésuvianite rose, qui bien que violacée sera associée à notre classe n°39. Le zircon naturel peut également exister en rose, avec toutefois quelques embûches sur la route de sa trouvaille. Des traitements par chauffe peuvent ainsi être appliqués pour en accentuer la couleur, et les pierres taillées vendues comme telles peuvent en réalité s'avérer être de l'oxyde de zirconium synthétique rose. Attention donc au très beau et vif en couleur pour pas cher, l'ordre de prix étant en soi un indice d'authenticité.

Le risque de notre classe « Pudeur » est bien entendu de sacrifier ce qui compte au profit de ce qui assure nos assises, notre pouvoir ou notre sécurité. Rappelons-nous que si être raisonnable peut nous assurer une vie meilleure, les interdits peuvent également nous priver de l'essence même de l'existence.

Pierres de la classe « Pudeur »

Vésuvianite rose

Composition chimique :
$Ca_{10}Mg_2Al_4(SiO_4)_5(Si_2O_7)_2(OH)_4$

Puissance :

Disponibilité :

Zircon rose

Composition chimique :
$ZrSiO_4$

Puissance :

Disponibilité :

Classe lithosophique n°40

Estime

Caractéristiques

- Jaune : présence dans le collectif, charisme, rayonnement.
- Quadratique : se préserver.
- Chakra associé : plexus solaire.

Influence

On ne le répétera jamais assez, l'estime est un sentiment essentiel de la vie humaine. Il apparaît lorsque notre perception de nous-mêmes tend à s'approcher de notre image lucide du mérite, de la valeur, de la beauté, de la réussite ou de tout autre facteur de reconnaissance, et nous permet d'expérimenter une appréciation intérieure de notre propre existence. Tenons-le nous pour dit, pour nous sentir en droit de nous aimer, il nous faut une bénédiction d'approbation, qu'elle vienne du monde extérieur ou de nous-mêmes.

Et les pierres de la classe n°40 s'avèrent être les plus indiquées pour construire cette approbation intérieure lorsqu'elle a été manquante dans notre parcours, ou pour la renforcer lorsqu'elle est mise à mal par les critiques et pressions extérieures. Indépendamment des conditions présentes ou non pour nous permettre de développer une estime, ces pierres permettront de la générer en interne et nous « arment » ainsi pour affronter les dénigrements et autres dégâts pouvant être encaissés dans la mise en concurrence réelle ou simplement ressentie par autrui.

Une unique pierre porte les caractéristiques de la classe « Estime », il s'agit de la scapolite jaune. Cette variété, uniquement diffusée dans les secteurs spécialisés ou chez les marchands experts se montre irremplaçable pour la préservation de soi dans un milieu social concurrentiel. Le confort à son contact est une indication de développement de nos possibilités d'affirmation de nos besoins malgré les conflits d'intérêt pouvant survenir dans un collectif.

L'estime étant réellement dénigrée et malmenée dans notre culture d'ensemble, il est difficile d'établir un quelconque risque à la travailler et à la renforcer (contrairement à ce que notre morale condamne). On veillera toutefois à ce que la valeur personnelle ainsi ressentie soit bien fondée sur des facteurs identifiés comme personnels, et à ce qu'elle puisse cohabiter avec la tolérance et le respect de l'altérite que l'on pourra travailler avec des pierres bleu clair et le chakra de la gorge.

Pierres de la classe « Estime »

Scapolite jaune

Composition chimique :

(Na,Ca)4[Al3Si9O24]Cl

Puissance :

Disponibilité :

Classe lithosophique n°41

Intimité

Caractéristiques

- Orange : spontanéité, appréciation du moment présent, sentir le monde.
- Quadratique : se préserver.
- Chakra associé : sacré.

Influence

Développer une sensation de notre propre plaisir, de notre appréciation personnelle du contact avec le monde et les sensations qu'il éveille en nous, c'est là la proposition de la classe n°41. Cette invitation à une expérience innocente et intime de l'énergie de vie nous permet d'extraire la notion de plaisir des carcans qui la placent habituellement au centre d'une véritable guerre de moralité aux enjeux de maîtrise de la vie privée des individus. Ici nous pouvons être dans notre univers, au contact des appréciations qui n'appartiennent qu'à nous, et dans une sélection des personnes avec qui les partager.

On fera appel aux pierres de la classe « Intimité » pour explorer et accentuer nos préférences, loin des limitations et interdits. Ces dernières peuvent dès lors se montrer surprenantes, ces expériences que l'on n'aurait pas imaginées plaisantes pouvant s'avérer fantastiques une fois sorties du dénigrement et de l'agressivité des personnes non concernées. Il y a ici une réelle chance de découvrir nos goûts, ce qui rend notre vie belle et agréable, le tout s'avérant tranquille à la simple condition de maintenir le respect naturellement dû à tout vécu source de bonheur. En ce sens cette classe représente un vrai atout dans la reconstruction personnelle consécutive à des abus sexuels. Ces pierres nous apprendront également à apprécier et assurer ce respect de la privacité. N'ouvrir le partage de nos expériences qu'en des occasions où elles seront acceptées sans jugement, ni agressivité, ni volonté de domination morale… le chemin conduisant à une vie épanouie impliquera également une bonne gestion de telles limitations.

Notre système quadratique étant peu répandu, les pierres orange le présentant seront une fois encore rares. Nous disposons de la wulfénite, puissante et source d'une superbe spontanéité qui s'extériorise puis se régule dans une perspective de préservation. La scheelite et le xenotime tendront quant à eux à travailler sur l'acceptation de terrain nous permettant de laisser émerger nos préférences dans les environnements le permettant.

Les instincts individuels ayant une place et un respect trop peu nourris dans notre culture, la classe n°41 est à travailler sans modération. La précaution ne se situera pas sur notre exposition à cette influence mais bien sur le cadre lucide permettant de la canaliser. Pour que nos expériences restent bonnes, nous veillerons au consentement de l'autre et au respect de son propre naturel. Les préférences personnelles ne pouvant trouver d'expression non destructrice devront quant à elles être canalisées et tempérées par des pierres d'acceptation (classes de géométrie triclinique).

Pierres de la classe « Intimité »

Wulfénite

Composition chimique :
$PbMoO_4$

Puissance :

Disponibilité :

Scheelite

Composition chimique :
$CaWO_4$

Puissance :

Disponibilité :

Xenotime

Composition chimique :
YPO_4

Puissance :

Disponibilité :

Classe lithosophique n°42

Maturation

Caractéristiques

- Rouge : affirmation de soi, volonté, force d'action.
- Quadratique : se préserver.
- Chakra associé : base.

Influence

La classe « Maturation » nous parle de gestation. Elle porte en elle l'essence de l'écoute de nos ressources, de l'existence qui s'exprime en notre âme, au travers de nos veines, et qui attend de trouver son évidence pour évoluer en accord avec sa volonté. La question que nous pose cette classe est « Comment puis-je réaliser mon naturel ? ». Elle nous invite à une réflexion intérieure sur les perspectives pouvant être aménagées dans le monde, pour permettre une existence respectueuse de ce qui est d'ores et déjà présent au cœur de notre être.

Les pierres de cette classe se montreront d'excellentes aides pour toute démarche d'affirmation de nous-mêmes nécessitant une approche lucide et pertinente pour avoir des chances d'aboutir. Nulle impulsivité ici, nos instincts, tout ressentis qu'ils soient, attendront l'aval de nos choix pour faire leur chemin. Nulle chance non plus de devenir bourreaux de nous-mêmes, l'existence première sera prise en considération et accueillie sans condamnation. La classe n°42 se trouve ainsi représenter un excellent équilibre de gestion de nos instincts. Ne pas interdire sans laisser les pleins pouvoirs… elle est pleinement profitable pour quiconque souhaite « dompter » les démons qui transpirent de notre être.

Nous disposons de deux pierres dans ce registre. Le rutile, bien que gris métallisé d'apparence se révèle être une pierre rouge dans sa forme de cristaux entiers et purs. Plus connue sous forme d'inclusions dans du cristal de roche également appelées « cheveux de vénus », cette pierre ne pourra apporter ses pleines propriétés que dans ses formes plus rares. Le zircon rouge est enfin une des couleurs les plus courantes de cette famille. Il est ainsi possible de le trouver au naturel assez aisément, seules les plus belles qualités de pierres taillées pouvant être remplacées abusivement par de l'oxyde de zirconium synthétique rouge.

La limite à observer nous sera alertée par nos sensations. Dès lors que la pression interne se fait trop forte il est temps de calmer la stimulation ici apportée pour trouver des exutoires concrets. Sport, écriture, épuisement du corps ou expression des frustrations sont par exemple des moyens de lâcher le trop-plein.

Pierres de la classe « Maturation »

Rutile
Composition chimique :
$TiO2$
Puissance : 4/5
Disponibilité : 2/5

Zircon rouge
Composition chimique :
$ZrO4$
Puissance : 4/5
Disponibilité : 2/5

Classe lithosophique n°43

Préservation

Caractéristiques

- Marron : connexion à la matière, imprégnation des réalités matérielles et temporelles.
- Quadratique : se préserver.
- Chakra associé : base.

Influence

Parlons survie, puisqu'il s'agit de l'essence même de la classe « Préservation ». Les pierres de cette catégorie sont porteuses d'une vive sensation de notre corps, des conditions qu'il rencontre et de son confort comme de ses tensions et dégâts, ainsi que d'une bonne conscience des conditions environnantes, des sécurités et risques qu'elles impliquent. Elles tendent ainsi à nous garder en alerte, prêts à prendre des mesures en cas de nécessité, à faire le nécessaire pour notre sauvegarde. Influence d'utilité publique, notre affinité à la classe « Préservation » détermine grandement notre capacité à veiller sur nous-mêmes.

Face à des situations de mise en danger, que ce soit par de la toxicité relationnelle, par du harcèlement professionnel ou collectif, ou encore des contraintes pouvant nous emprisonner, le travail avec les pierres de la classe n°43 permettra de rassembler nos ressources de survie et de percevoir avec clarté les options de sortie dont nous disposons. Mettre en œuvre une stratégie de repli devient alors plus évident, à la fois dans le plan à suivre que dans notre propre envie de tourner la page, et nous y laissons moins de plumes. Notons également que se sortir de situations critiques renforcera notre capacité à gérer la pression tout en maintenant une affirmation personnelle. Aucune expérience difficile n'est inutile sur la voie de la construction de soi.

Nous disposons ici du zircon marron, pierre la plus puissante de la catégorie, qui à l'instar du zircon rouge pourra se trouver dans les boutiques expertes ou dans les circuits spécialisés sans craindre outre mesure des confusions avec l'oxyde de zirconium synthétique. La vésuvianite marron sera quant à elle très sécurisante et propice à développer des réflexes de préservation de fond, qui pourront durablement soutenir nos efforts de construction de vie.

Seul l'enfermement dans une tour d'ivoire inaccessible au sein de laquelle nous souffririons de la solitude pourrait indiquer qu'il est temps de calmer le rythme de travail avec la classe n°43. En l'absence d'un tel extrême elle reste une des meilleures classes lithosophiques d'intégration du réel respect de soi, celui que l'on ressent et non celui par lequel on se soumet aux jugements d'autrui.

Pierres de la classe « Préservation »

Vésuvianite marron

Composition chimique :

$Ca_{10}Mg_2Al_4(SiO_4)_5(Si_2O_7)_2(OH)_4$

Puissance :

Disponibilité :

Zircon marron

Composition chimique :

$ZrSiO_4$

Puissance :

Disponibilité :

Anatase

Composition chimique :

TiO_2

Puissance :

Disponibilité :

Classe lithosophique n°44

Essence

Caractéristiques

- Noir : introspection, connaissance de soi, ressenti de nos besoins.
- Quadratique : se préserver.
- Chakra associé : base.

Influence

Qui sommes-nous ? Cette question si simple ne saurait trouver réponse qui s'énonce clairement. Ce pour la bonne raison que notre être n'est pas immuable. Il connaît de constantes évolutions et maturations qui l'amènent à modifier ses préférences comme ses repères au fil des expériences de vie. Or il est une classe lithosophique qui porte en elle le germe d'une connaissance fidèle à soi et durable, la classe « Essence ». Associant une écoute de notre être le plus profond et une excellente aptitude à la définition lucide, cette classe nous permet d'identifier et de définir ce que nous percevons de nous-mêmes. Au plus proche de la réalité, elle tient compte de ce qui n'a pas changé comme des évolutions.

Il nous est possible de faire appel à cette classe pour approfondir notre connaissance de notre nature. Sans mensonges ni faux-semblants, elle nous permet une connexion à nos instincts d'autant plus exhaustive que ces derniers ne sont alors pas destinés à teinter nos actes, mais simplement à être acceptés tels qu'ils existent. La forte présence de notre lucidité permet quant à elle de décider de ce que l'on laisse s'exprimer ou non, et en ce sens la classe n°44 nous éduque à une responsabilité de nos choix. Permettant de canaliser nos démons, elle nous rend d'autant plus observateurs de nos dérives que notre nature est accompagnée au lieu d'être enfermée. Nous ne cherchons alors plus à cacher le déplaisant, mais bien à le transcender vers une beauté d'existence aussi factuelle que méritante.

Une unique pierre nous permettra d'explorer cette « Essence », il s'agira de la cassitérite, un minerai d'étain présent dans les milieux collectionneurs. Elle pourra toutefois être trouvée avec quelques recherches spécifiques, les efforts mis en œuvre n'étant que plus porteurs d'appréciation de pouvoir la travailler. Tester les sensations qu'elle nous apporte avant toute acquisition peut également être un bon moyen de ne pas s'infliger une quête au résultat décevant.

Connaissance et affirmation de ses caractéristiques, y compris les moins morales, n'est pas à confondre avec de l'égoïsme. Toutefois, certains états d'être pourront nous amener à ne ressentir que notre propre expérience de nous-mêmes et à en voir notre compréhension des autres amoindrie. Il faudra alors veiller à laisser le lien se refaire au contact de pierres relationnelles. Enfin si nos démons paraissent ingérables, il sera précieux d'apaiser et de relativiser avec des pierres roses, vertes ou bleu clair.

Pierres de la classe « Essence »

Cassitérite

Composition chimique : SnO_2

Puissance : 🔥🔥🔥🔥🔥

Disponibilité : 1/5 (clés)

Classe lithosophique n° 45

Solutions

◇

Caractéristiques

- Blanc : ouverture, perception élargie, connexion à l'extérieur, clarté d'identification.
- Orthorhombique : s'adapter aux attentes extérieures.
- Chakra associé : sommet, outil de bilan (tous chakras).

Influence

Les pierres de classe n°45 ont pour naturel de nous connecter plus clairement aux nécessités et critères extérieurs tout en gérant nos potentiels pour y répondre au mieux. Vouées au perfectionnement de notre adaptation aux conditions rencontrées, elles nous permettent de percevoir plus nettement les solutions à notre disposition pour résoudre ou apaiser les difficultés et conflits qui croisent notre route.

Aussi ferons-nous appel à cette classe pour tout le bilan visant à élaborer nos réponses à des contraintes. Comment répondre aux attentes professionnelles ou relationnelles que nous rencontrons dans notre vie ? Comment trouver sa place harmonieusement dans les responsabilités qui nous sont données ? Ou encore comment remplir au mieux les tâches qui nous incombent… Que les sujets soient factuels, organisationnels ou relationnels, les pierres de la classe « Solutions » nous permettront d'élaborer les meilleures réponses. Enfin, ces pierres de bilan pourront nous aider à perfectionner des sujets dans lesquels les critères extérieurs ont un poids déterminant, comme l'image que l'on renvoie ou la façon dont on s'exprime.

Pierre la plus douce de la classe « Solutions », la danburite incolore forme de magnifiques cristaux d'une limpidité exemplaire. Elle permettra une installation tranquille et naturelle des efforts d'adaptation aux contraintes. La topaze incolore, beaucoup plus puissante, nous poussera à nous investir dans l'effort d'adaptation, nos ressources étant alors dévouées au résultat souhaité. Enfin, la cérusite apportera une certaine densité, permettant une observation concrète et fonctionnelle des changements à mettre en œuvre.

La grande difficulté de la classe « Solutions » est de proposer des efforts qui contraignent l'individu. Pour ne pas entrer dans le piège d'une impression de sacrifice, il est important d'identifier nos propres motivations instinctives (et non morales), comme le sentiment de synergie avec la satisfaction d'autrui, ou la sensation de sécurité issue de l'intégration, permettant à notre bilan de rester respectueux de nous-mêmes et non seulement commode pour l'entourage.

Pierres de la classe « Solutions »

Danburite incolore

Composition chimique : $CaB_2(SiO_4)_2$

Puissance :

Disponibilité :

Topaze incolore

Composition chimique : $Al_2SiO_4(F,OH)_2$

Puissance :

Disponibilité :

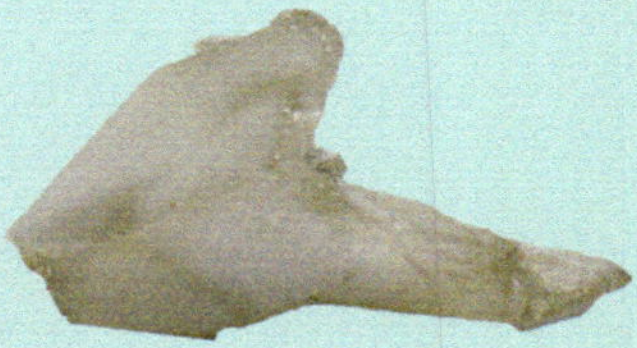

Cérusite

Composition chimique : $PbCO_3$

Puissance :

Disponibilité :

Classe lithosophique n°46

Adaptation

Caractéristiques

- Violet : anticipation, ouverture des perspectives, création par l'esprit.
- Orthorhombique : s'adapter aux attentes extérieures.
- Chakra associé : 3e œil.

Influence

Imaginer de nouvelles manières de nous intégrer dans un ensemble, de nous rendre utile ou de prendre soin de l'autre... voici le type d'innovations propres à la classe n°46. Les capacités d'élaboration sont ici mises au service du bien commun et des nécessités rencontrées. L'imaginaire pourra également s'investir dans la conception d'univers parfaits, où l'humain voit ses qualités magnifiées et ses défauts oubliés. En tant que classe de liberté, elle permet de s'évader dans un idéal où les travers du réel n'auraient plus prise.

Les pierres de cette classe se montreront pleinement utiles lorsqu'il nous est nécessaire d'élaborer de nouveaux fonctionnements pour un mieux général. Repenser nos façons de faire avec la famille ou l'entourage proche, revoir notre mentalité professionnelle, proposer des initiatives constructives... Tous ces sujets pourront se nourrir de notre inspiration au contact des pierres de la classe « Adaptation ». Nos idées les plus belles pourront dès lors accompagner l'ouverture de nos perspectives, avec une visée d'amélioration, et non de remise en question gratuite.

On trouve parmi les pierres de cette classe, la très appréciée tanzanite, qui de ses teintes bleues et violettes sera tout particulièrement efficace grâce à une excellente mise à disposition de nos facultés intellectuelles. Sa popularité en joaillerie la rendant toutefois peu abordable, c'est avec plaisir que nous pourrons disposer d'une variété moins renommée mais bien plus aisée d'accès, la purpurite. Malheureusement peu connue en lithothérapie généraliste, elle présente une excellente gamme de domaines privilégiés d'application avec un renforcement de nos capacité smémorielles grâce à l'influence de sa composition chimique.

L'image de perfection que la classe « Adaptation » tend à nourrir par son idéalisation peut enfin devenir un carcan, prenant peu en compte les différences de chacun et les besoins instinctifs. Il est conseillé de se préparer aux écueils pouvant se confronter à cette élaboration, afin de ne pas souffrir des désillusions nécessaires. Garder un pied dans le concret aidera à mieux comprendre et intégrer à notre vision les individus ne disposant pas du même épanouissement par les principes.

Pierres de la classe « Adaptation »

Purpurite

Composition chimique :
MnPo4

Puissance :

Disponibilité :

Tanzanite

Composition chimique :
Ca2Al3(SiO4)3(OH)

Puissance :

Disponibilité :

Classe lithosophique n°47

Responsabilité

Caractéristiques

- Bleu foncé : observation, étude, compréhension.
- Orthorhombique : s'adapter aux attentes extérieures.
- Chakra associé : 3e œil.

Influence

Nous voici face à la plus forte conscience des enjeux extérieurs dont la lithosophie dispose. La présence d'esprit est ici mise au service de la compréhension des nécessités qui nous entourent et tend à s'investir pour la résolution des problématiques rencontrées. La classe n° 47 pousse ainsi à une prise de responsabilité morale des situations observées, avec un potentiel intellectuel mis à profit du bien-être de l'entourage ou du collectif. L'étude et les observations seront favorisées dans une perspective de se rendre utile, et de perfectionner les conditions dans lesquelles évoluent notre groupe.

Cette classe se montrera particulièrement appropriée pour toute analyse nécessitant une bonne conscience de notre rôle et de notre impact sur les événements dont on est acteur, sur les réalisations dont on est co-créateur, sur les échanges humains dont on participe… Ce sont ces secteurs qui se définiront avec le plus de clarté et de précision. La classe n°47 nous permettra ainsi d'identifier les meilleurs voies d'amélioration de notre comportement et de nos choix, pour que l'évolution de notre vie aille dans le sens que nous souhaitons voir adopté.

On centrera la classe « Responsabilité » sur trois variétés majeures. La plus accessible sera la dumortierite, dont le bleu profond tacheté de noir favorisera une concentration durable. L'appellation peut parfois être à tort utilisée pour désigner certains quartz à inclusion de dumortierite. Dans un souci d'efficacité on préférera ce minéral en version pure. Pour ajouter un peu d'esprit pratique et pragmatique à cette influence de classe, on pourra faire appel à la cordiérite, dont le pléochroïsme bleu et marron apporte les deux aspects. Enfin la cavansite permettra une vision beaucoup plus légère et dynamique des situations observées.

La classe « Responsabilité » peut enfin faire porter une lourde responsabilité sur l'observateur qui s'appuie continuellement sur son soutien. Il est alors conseillé de lâcher un peu prise pour revenir à ses besoins personnels et rassembler ses ressources en vue d'un don de soi plus juste et efficace.

Pierres de la classe « Responsabilité »

Dumortierite

Composition chimique :
Al7BO3(SiO4)3O3

Puissance :

Disponibilité :

Cordiérite

Composition chimique :
Mg2Al4Si5O18

Puissance :

Disponibilité :

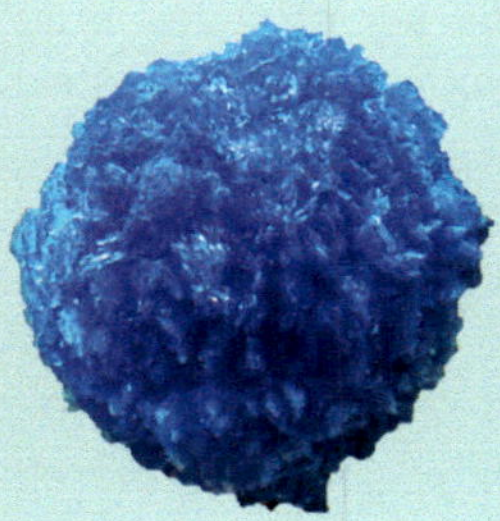

Cavansite

Composition chimique :
Ca(VO)Si4O10•4(H2O)

Puissance :

Disponibilité :

Classe lithosophique n°48

Diplomatie

Caractéristiques

- Bleu clair : tolérance, communication, sérénité.
- Orthorhombique : s'adapter aux attentes extérieures.
- Chakra associé : gorge.

Influence

S'adapter aux réactions extérieures pour faire passer les messages que l'on souhaite transmettre, voilà toute l'œuvre de délicatesse dont fera preuve cette classe. Pleine ouverture aux repères de l'autre et exigence d'adaptation personnelle se lient ici en une classe subtile, dévouée à l'harmonie des échanges et des rapports humains. Propice à la tolérance, elle nous invite à laisser place à un accueil centré sur nos propres efforts de partage, pour que les meilleures conditions puissent être rassemblées en vue d'une entente.

Ces pierres se montreront incontournables dans de nombreuses situations de vie. Par la porte de la gorge, elles nous permettent de questionner la part d'amélioration pouvant être apportée à notre propre posture dans les relations, de manière légère et ajustée. Nul risque de s'oublier dans le dévouement aveugle des pierres orthorhombiques, les contraintes sont ici passagères et pourront rapidement se dissiper. Il est question de simples compromis de convenance pouvant apporter en retour une grande tranquillité dans les rapports humains, et non d'un conditionnement profond de notre nature.

De nombreuses pierres se rassemblent sous la bannière de cette classe. La plus abordable et douce d'entre elles sera l'anhydrite, également connue sous l'appellation commerciale d'angélite. Tempérée et peu contraignante, elle permettra d'apaiser plus que d'éduquer. Afin d'obtenir des résultats plus manifestes, notamment si cette « Diplomatie » ne fait pas partie de notre naturel, il sera judicieux de faire appel à la topaze bleue, qui bien que pâle en couleur saura se montrer pleinement présente, ou l'hémimorphite dont la nuance vive en couleur pourra installer pleinement de nouvelles bases instinctives.

Notre risque sera ici très nuancé, et s'exprime plus fortement chez des personnes ayant déjà tendance à taire les critiques pour ne pas blesser ou contrarier. Les pierres de la classe n°48 pourront alors atrophier encore l'expression par des craintes de la réaction suscitée ou des sensations de malaise.

Pierres de la classe « Diplomatie »

Topaze bleue

Composition chimique : $Al_2SiO_4(F,OH)_2$

Puissance : 4/5

Disponibilité : 3/5

Anhydrite (angélite)

Composition chimique : $CaSO_4$

Puissance : 2/5

Disponibilité : 4/5

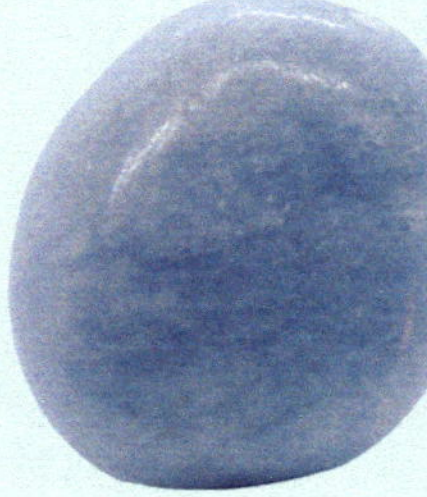

Baryte bleue

Composition chimique : $BaSO_4$

Puissance :

Disponibilité :

Hémimorphite

Composition chimique : $Zn_4Si_2O_7(OH)_2 \cdot (H_2O)$

Puissance :

Disponibilité :

Danburite grise

Composition chimique : $CaB_2(SiO_4)_2$

Puissance :

Disponibilité :

Kornerupine bleue

Composition chimique : $(Mg,Fe)_4Al_6(SiO_4,BO_4)_5(O,OH)_2$

Puissance :

Disponibilité :

Classe lithosophique n°49

Abnégation

Caractéristiques

- Vert : valeurs, idéaux, émotions liées à des principes.
- Orthorhombique : s'adapter aux attentes extérieures.
- Chakra associé : cœur.

Influence

Exaltation des émotions empreinte d'une confiance humaniste, la classe « Abnégation » nous permet de nourrir notre ouverture du cœur grâce à une foi naturelle en notre prochain. Elle peut ainsi susciter des sensations de bonne humeur, dissiper nos inquiétudes et craintes relationnelles, ou encore favoriser notre dévotion à l'Humain. Les efforts personnels tendront à offrir le meilleur de notre être sans attente de retours, les motivations personnelles étant alors sensitives, tant la synergie du « bon » peut donner des ailes.

Excellents cicatrisants des désillusions pour qui tend naturellement à se donner aux autres, les pierres de la classe N°49 pourront aider à se remettre de périodes difficiles ou à ouvrir notre regard aux beaux aspects des êtres après qu'un contre-exemple nous a négativement marqué. Pour des individus plus enclins à se centrer sur leurs propres enjeux, cette classe permettra de ressentir plus fortement les enjeux d'autrui, ceux qui peuvent nous amener à partager le bonheur plutôt que de l'appauvrir par l'isolement.

Une nouvelle fois, de nombreuses pierres sont à notre disposition dans cette classe centrale. La plus douce et accessible sera la prehnite, dont l'accompagnement léger et tranquillisant pourra être couramment employé. Présent sur de nombreux bijoux argent, le péridot se démarque quant à lui par sa vivacité joyeuse à l'origine de sa réputation de « pierre du coup de foudre ». Quant à la pierre la plus exceptionnelle de cette catégorie, l'alexandrite, elle se démarque indéniablement de l'ensemble des autres variétés par sa noble dévotion, aussi humaniste qu'investie grâce aux teintes rouges qui se révèlent en son cœur sous les lumières les plus chaudes.

Quelle précaution pourrait-on poser sur une classe aussi belle ? Aux idéaux les plus élevés doivent s'accorder l'observation de soi la plus fidèle. Forte est la tentation de se soumettre à l'influence de ces lignes nous décrivant une expérience formidable. Or tel n'est le cas que pour ceux disposant d'un naturel correspondant à cette dynamique. Notre risque est donc d'ignorer nos préférences naturelles pour se fondre dans un idéal nous paraissant beau, et pour cela il suffit d'ignorer les messages de nos instincts. Rappelons-nous qu'une expérience ne peut être bonne si elle implique la trahison de notre propre être.

Pierres de la classe « Abnégation »

Péridot

Composition chimique : $(Mg,Fe)_2SiO_4$

Puissance :

Disponibilité :

Prehnite

Composition chimique : $Ca_2Al_2Si_3O_{10}(OH)_2$

Puissance :

Disponibilité :

Alexandrite

Composition chimique : $BeAl_2O_4$

Puissance :

Disponibilité :

Chrysobéryl vert

Composition chimique : $BeAl_2O_4$

Puissance :

Disponibilité :

Classe lithosophique n°50

Considération

Caractéristiques

- Rose : lien, importance donnée, émotions liées à des éléments existants.
- Orthorhombique : s'adapter aux attentes extérieures.
- Chakra associé : cœur.

Influence

Après de nombreuses classes d'exigences morales, intellectuelles et individuelles, il était temps d'arriver à une influence qui place le lien à l'autre au cœur des préoccupations. C'est là le programme de notre classe N°50, qui associe adaptation personnelle et ouverture aux besoins de l'entourage dans le domaine des émotions de lien. Ainsi les éléments importants de notre vie pourront être accueillis selon leurs propres enjeux, pour une meilleure compréhension de leur différence et des compromis qui nous permettront de construire une meilleure qualité de lien.

Cette classe sera d'un grand secours en cas de difficultés à s'ouvrir réellement à nos proches, à leurs besoins, et au respect nécessaire de leur nature propre pour une vie en commun profitable à tous. En ce sens elle constitue une réelle voie d'équilibre relationnel, non pas dans une distanciation idéaliste plus friande d'humanisme que de lien à l'autre, mais bien dans un rapport de proximité affective. Un tel investissement personnel n'est bien entendu pas voué à s'universaliser. Il se concentre sur notre cercle particulier, mais pourra toutefois inspirer nos rapports humains plus larges et nous enseigner de précieux fondamentaux de respect de l'autre.

Malheureusement les pierres de cette classe se montrent rares, bien qu'on aurait souhaité une meilleure accessibilité de cette influence. Les topazes roses et impériales roses sont les premières représentantes de cette catégorie avec une présence marquante et un impact plus éducatif que nuancé. Il nous a été donné également de rencontrer des échantillons de tanzanite rose, peu répandue, mais disposant d'un bel équilibre de présence tranquille. Enfin la danburite rose, bien qu'encore en cours d'acquisition dans la collection Lithosophia au moment de l'écriture de ces lignes, semble très prometteuse, tant ses équivalents d'autres couleurs sont porteuses de subtile douceur.

Les excès de cette classe par suite d'utilisations répétées pourront s'exprimer sous forme d'acceptation de trop lourds dégâts en raison du lien privilégié nous unissant à l'autre. Les signaux d'alarme nous sont alors donnés par notre équilibre personnel, les changements de notre tempérament, les baisses de moral, ou encore les abandons de parts importantes du caractère premier.

Pierres de la classe « Considération »

Topaze impériale rose

Composition chimique :
Al2SiO4(F,OH)2

Puissance :

Disponibilité :

Danburite rose

Composition chimique :
CaB2(SiO4)2

Puissance :

Disponibilité :

Tanzanite rose

Composition chimique :
Ca2Al3(SiO4)3(OH)

Puissance :

Disponibilité :

Classe lithosophique n°51

Dévouement

Caractéristiques

- Jaune : présence dans le collectif, charisme, rayonnement.
- Orthorhombique : s'adapter à des attentes extérieures.
- Chakra associé : plexus solaire.

Influence

Présence de soutien assumée et investie, cette classe nous invite à adapter notre charisme pour se montrer véritablement digne de confiance et s'épanouir de cette osmose. On ajustera dès lors ses actes pour les rendre plus familiers, plus naturels à côtoyer, plus sécurisants pour l'entourage, le tout par simple émanation instinctive. Clef d'intégration dans le collectif, cette classe permet de construire sa place là où les besoins d'autrui l'accueillent volontiers. N'imaginons pas qu'elle soit pour autant source d'un faible rayonnement. Jovialité et entrain participent de l'ensemble, l'agrément étant un réel moteur de cette classe « Dévouement ».

Ces pierres permettront ainsi de nous adapter aux codes sociaux nous étant peu familiers, d'intégrer jusque dans nos instincts les « règles du jeu » de l'environnement que nous côtoyons. Si des pressions internes pourront être ressenties au cours de cette préparation, c'est pour que les rapports humains puissent se nouer dans le plus grand des naturels une fois plongés dans le bain des contacts. Il nous sera également possible d'investir l'influence de cette classe dans l'encouragement de notre bonne humeur, nous permettant de marquer les esprits sans nécessairement porter la responsabilité de faire le show.

Parmi les diverses pierres de cette classe, la plus emblématique est indéniablement la topaze impériale dont la puissante chaleur nourrit nos ressources morales d'une belle bienveillance. Il sera toutefois intéressant de pouvoir approcher cette catégorie à moindres frais, ce qui sera possible grâce au soufre natif. Reconnu pour son impact anti-dépresseur, il installe une vive dynamique qui décuple notre bonne volonté. Enfin, la curiosité de cette classe sera la diaspore, qui présente un effet alexandrite (changement de couleur en fonction de la température lumineuse) passant du verdâtre à l'orangé permettant une balance équilibrée entre bonne humeur et investissement sincère.

Le risque de la classe « Dévouement » est bien entendu de forcer notre personnage hors de notre naturel au cours de nos efforts d'intégration ou de réponse aux besoins. Aussi notre authenticité sera assurée par des retours vers des bilans plus neutres ou du travail avec des pierres des systèmes cristallins plus entiers (amorphe, monoclinique).

Pierres de la classe « Dévouement »

Topaze impériale

Composition chimique : $Al_2SiO_4(F,OH)_2$

Puissance :

Disponibilité :

Soufre natif

Composition chimique : S

Puissance :

Disponibilité :

Chrysobéryl jaune

Composition chimique : $BeAl_2O_4$

Puissance :

Disponibilité :

Adamite

Composition chimique :
$Zn_2(AsO_4)(OH)$

Puissance :

Disponibilité :

Anglésite

Composition chimique :
$PbSO_4$

Puissance :

Disponibilité :

Diaspore

Composition chimique :
$AlO(OH)$

Puissance :

Disponibilité :

Classe lithosophique n°52

Synergie

Caractéristiques

- Orange : spontanéité, appréciation du moment présent, sentir le monde.
- Orthorhombique : s'adapter aux attentes extérieures.
- Chakra associé : sacré.

Influence

Investie dans la mise en place d'un plaisir partagé, cette classe nous permet d'explorer l'expansion de sensation pouvant être ressentie par le contact à l'autre. L'énergie de vie n'est pas alors éprouvée par nos propres perceptions mais bien par les signaux qui nous sont renvoyés. Nous disposons ainsi d'un profil d'influence à même de développer notre capacité de contemplation, ce regard sur le monde qui en saisit tant la forme que l'essence de l'instant présent. L'expérience de notre environnement devient dès lors un miroir nous permettant de nous expérimenter nous-mêmes.

On pourra faire appel à ces pierres pour apprendre pas à pas à développer un bien-être interactif et galvanisé par l'appréciation qui nous est renvoyée. Excellent moyen de se reconnecter au partage instinctif lorsque ce dernier s'est peu à peu étiolé au cours de nos expériences purement individuelles ou unilatérales, cette classe nous rappelle que prendre plaisir par les appréciations de notre environnement double nos propres moments de bonheur. En ce sens cette classe se spécialise dans l'accentuation de la sincérité relationnelle la plus essentielle, celle de la communion des existences humaines.

Les variantes orangées de topaze impériale seront porteuses de l'influence la plus représentative de cette classe. On pourra toutefois faire également appel à l'andalousite gemme, présentant un pléochroïsme (changement de couleur en fonction de l'angle d'observation) orange et vert, permettant d'intégrer nos valeurs à cette démarche sensitive. Enfin l'eosphorite permettra d'explorer la classe « Synergie » avec une sophistication délicate, presque précieuse.

Seule ombre au tableau, à chercher nos repères dans les signaux extérieurs nous prenons le risque de ne pas connaître nos propres instincts. Aussi belle que soit l'ouverture de cette classe, elle ne doit pas nous détourner de nos propres préférences au risque de nous couper de nous-mêmes.

Pierres de la classe « Synergie »

Topaze impériale orange

Composition chimique :
Al2SiO4(F,OH)2

Puissance : 🔥🔥🔥🔥

Disponibilité : 🗝🗝

Andalousite

Composition chimique :
Al2SiO5

Puissance : 🔥🔥🔥🔥

Disponibilité : 🗝

Eosphorite

Composition chimique :
MnAl(PO4)(OH)2•(H2O)

Puissance : 🔥🔥🔥

Disponibilité : 🗝

Classe lithosophique n°53

Implication

Caractéristiques

- Rouge : affirmation de soi, volonté, force d'action.
- Orthorhombique : s'adapter à des attentes extérieures.
- Chakra associé : base.

Influence

Se donner pour nos actes avec minutie et dévouement, telle est l'essence de la classe n°53. Elle est plein investissement de nos ressources de vie dans les causes, relations, projets menés. Il est question d'offrir le meilleur de nous-mêmes pour ce à quoi nous nous vouons, et de donner sens à l'énergie ainsi investie par la réalisation concrète à laquelle elle participe. Notre existence peut de la sorte se manifester au monde au travers des projets et ouvrages qu'elle a rendu possible, et nous pouvons reconnaître notre étincelle de vie au travers de l'empreinte qu'elle y aura laissée.

Les pierres de cette classe permettront spécifiquement de nous consacrer à œuvrer dans un plus grand souci du résultat que de notre satisfaction. Représentant un des rouges les plus réservés, nous n'approcherons pas de l'essence de la classe « Implication » en recherchant un exutoire ni en exprimant notre pleine affirmation personnelle. Toutes ses nuances apparaitront en revanche à qui souhaite s'expérimenter au travers de ses réalisations dans le monde tandis que d'autres détournent l'attention et les regards. L'instinct que nous respectons est alors la pudeur, la tranquillité ressentie à être vu en ombres chinoises, au travers des conséquences de notre existence et non de sa manifestation première.

Nous disposons ici d'une variété rouge framboise accessible et à l'impact mesuré, la thulite. Adaptée à la délicatesse toute particulière de cette classe, elle n'en demeure pas moins légère pour qui doit forcer son naturel en vue d'un résultat de type « Implication ». Ce sont alors la tantalite et la brookite, variétés porteuses d'une densité d'impact qui permettront d'intégrer en profondeur cette dynamique et laisser notre œuvre parler d'elle-même plutôt que par les strass et paillettes.

La précaution à mettre en œuvre ici est évidente. Si une telle dévotion et discrétion correspondent pleinement à la morale occidentale, il serait pour autant inconsidéré de meurtrir un naturel plus spontané, de le brider et en éteindre les potentiels et talents simplement pour correspondre à une norme arbitraire. Se limiter à une classe n°53 peut générer une sensation d'oppression, de limitation ou encore de frustration de ne pas pouvoir exprimer son être tout en le voyant stimulé par le rouge. Il est alors temps de déconstruire les interdits qui voilent notre lumière et d'accepter le rayonnement d'être qui ne demande qu'à exister.

Pierres de la classe « Implication »

Thulite

Composition chimique :
Ca2Al3(SiO4)3(OH)

Puissance :

Disponibilité :

Tantalite

Composition chimique :
FeTaO6

Puissance :

Disponibilité :

Brookite

Composition chimique : TiO2

Puissance :

Disponibilité :

Classe lithosophique n°54

Appuis

Caractéristiques

- Marron : connexion à la matière, imprégnation des réalités matérielles et temporelles.
- Orthorhombique : s'adapter aux attentes extérieures.
- Chakra associé : base.

Influence

Combler notre besoin de sécurité par le sentiment d'être utile et à sa place, sentir notre existence nécessaire à notre entourage, telle est la tendance de cette classe lithosophique. Elle pourra développer nos repères dans des habitudes fonctionnelles, nous amener à nous renforcer par l'intégration et la préservation que notre entourage pourra nous assurer, ou encore intégrer dans notre mode de vie les valeurs morales qu'on nous a inculquées. C'est en somme une classe d'acceptation de nos repères culturels et familiaux et des ressources de stabilité qu'ils peuvent nous apporter.

On fera appel aux pierres de la classe « Appuis » pour investir un mode de vie serein et correspondant à notre modèle de perfection. Ressentir pleinement la tranquillité d'être « rangé », d'avoir abouti le parcours de vie que l'on s'était imaginé ou d'œuvrer en ce sens. On pourra également s'aider de leur influence pour se connecter aux valeurs premières, transmises par notre famille ou nos origines, lorsque notre vie nous a conduits vers d'autres horizons et que nous ressentons le besoin d'un retour aux sources.

Parmi les quelques variétés de cette classe on retiendra essentiellement deux variétés. La chiastolite, présentant une croix noire sur un ensemble marron. Excellente pierre de centrage à même de nous offrir une perspective des événements extérieurs en fonction de nos propres repères admis. Ainsi que l'enstatite dont les échantillons gemme offriront à voir une couleur nettement brune tandis que la pierre mélange en réalité un vert et un orange. Ainsi cette variété nous permet-elle d'approcher l'ancrage dans sa facette la moins contraignante, par les exemples offerts par autrui et non par une sensation dans nos chairs. Sa variante opaque, la bronzite s'avèrera être la plus « classique » de la catégorie, avec une empreinte douce et sans frivolités.

S'il est une précaution à observer, c'est celle de l'aboutissement vécu, pouvant s'avérer être un jeu/une pièce de théâtre que l'on se joue à soi-même. Nous entretiendrions alors notre propre conviction d'une stabilité, tandis que nos instincts réels ne la rencontreraient pas. De tels décalages pourraient dès lors amener certains événements de vie à mettre au jour des failles personnelles bel et bien présentes dans nos sensations alors que nous les pensions dépassées de longue date.

Pierres de la classe « Appuis »

Chiastolite

Composition chimique : Al_2SiO_5

Puissance :

Disponibilité :

Enstatite

Composition chimique : $Mg_2Si_2O_6$

Puissance :

Disponibilité :

Bronzite

Composition chimique : $Mg_2Si_2O_6$

Puissance :

Disponibilité :

Classe lithosophique n°55

Améliorations

♦

Caractéristiques

- Noir : introspection, connaissance de soi, ressenti de nos besoins.
- Orthorhombique : s'adapter aux attentes extérieures.
- Chakra associé : base.

Influence

Les explorations introspectives de cette classe permettront de laisser place à une saine auto-critique source d'améliorations et de bien-être dans les compromis. Nous sommes face à une influence qui cherche à saisir notre essence la plus profonde pour la perfectionner, nous conduire à la plus belle version (à défaut qu'il y en ait une meilleure) de nous-même. En ce sens, la classe n°55 comporte une dimension initiatique, propice non pas à une métamorphose des profondeurs, mais à une maturation de l'être par l'intégration des réalités extérieures.

Nous ferons appel à cette classe pour nous permettre de développer un intime sentiment d'accueil des remises en question nous permettant de mieux correspondre aux nécessités rencontrées dans notre vie. Conciliation avec des personnes différentes de nous, développement d'aptitudes là où nous ne disposons pas de talents innés, ajustement de nos aspirations et opportunités rencontrées… Ces pierres nous aident à éduquer notre satisfaction de ce que nous avons, et si elles ne feront pas directement apparaître nos nouvelles qualités, elles permettront d'aller à leur rencontre avec sincérité et tranquillité d'être.

Nous disposons ici de l'hypersthène, qui malgré son nom pour le moins austère est en réalité une superbe pierre aux reflets prune. Pierre de bonne disponibilité bien que les boutiques ne la proposent qu'occasionnellement, elle permet d'expérimenter cette classe tout en nuances. Pour une profondeur plus intense, l'ilvaite, plus difficile d'accès pourra nous ouvrir la voie vers le bonheur de ce qui est avec plus de poigne pouvant faire pencher nos habitudes.

Nous serons une nouvelle fois confrontés à une précaution d'intensité de contrainte. Les personnes se sentant confortables avec les pierres de classe n°55 devront rester observatrices des limites de respect de leurs besoins pour ne pas laisser les exigences d'autrui les éclipser. Quant aux sensations de tensions senties par d'autres, elles pourront être interprétées comme des courbatures d'apprentissage qui autoriseront des pauses dans cet effort une fois un palier déterminant atteint.

Pierres de la classe « Améliorations »

Hypersthène

Composition chimique :
(Mg,Fe)2Si2O6

Puissance :

Disponibilité :

Ilvaite

Composition chimique :
CaFe2FeSi2O7O(OH)

Puissance :

Disponibilité :

Classe lithosophique n°56

Univers

○

Caractéristiques

- Blanc : ouverture, perception élargie, connexion à l'extérieur, clarté d'identification.
- Amorphe : apporter de la créativité.
- Chakra associé : sommet, outil de bilan (tous chakras).

Influence

En un mot, se connecter au Tout. La classe « Univers » dispose d'une double ouverture. Celle de sa couleur, en faisant une classe de bilan, et celle de sa dynamique, inspirée par les cinq sens ainsi que par l'intuition et l'instinct, mariant les mouvements pour en toucher l'essence. Nous sommes face à la plus libre expression des classes amorphes, celle qui laisse tout émerger, qui accueille toutes les réalités de la plus factuelle à la plus créative. Véritable appel à l'entrée en résonance avec nos perceptions, elle nous invite à nous laisser porter par le flux des expériences.

Cette classe s'intègrera ainsi à une quête complète de notre être. Les bilans qui en émergent ne ferment la porte à aucune des facettes nous constituant, autorisant la pleine cohabitation de nos incohérences. L'enjeu peut dépendre de chaque individu. Définir chaque part pour élaborer une compréhension de la globalité se jouant en nous, ou nous laisser porter dans une transcendance qui laissera naturellement émerger le plus important… Tout dépendra de nos besoins de repères ou de nos élans de liberté.

Les pierres de cette catégorie seront les opales blanches, pouvant toutefois exister en différentes catégories aux caractéristiques nuancées. Ainsi les opales blanches communes, ne présentant pas de reflets de couleur également appelés « feux colorés », présenteront une puissance d'impact moindre, avec une présence plus neutre de l'ouverture de la classe « Univers ». Avec les opales nobles, présentant les fameux « feux colorés » à l'origine de la grande popularité de cette pierre, nous ajouterons non seulement de la puissance mais également une forte teneur en eau, qui tendra à accentuer nos perceptions émotionnelles et sensibles.

Nous veillerons ici à préserver des repères salvateurs, les utilisations répétées et intensives de cette classe pouvant tout simplement nous perdre dans des perceptions trop larges pour pouvoir en extraire une quelconque avancée. Saisir toutes choses pourrait ici nous amener à nous dissoudre dans le tout, or nous cherchons à nous construire pour expérimenter l'existence.

Pierres de la classe « Univers »

Opale blanche

Composition chimique : $SiO_2 \cdot n(H_2O)$

Puissance : 4/5

Disponibilité : 2/5

Classe lithosophique n°57

Imaginaire

Caractéristiques

- Violet : anticipation, ouverture des perspectives, création par l'esprit.
- Amorphe : apporter de la créativité.
- Chakra associé : 3e œil.

Influence

L'exploration de la liberté de l'esprit dans la dynamique d'expansion la plus large et la plus globale nous donnera, au sein des propriétés du violet, une expression prépondérante de l'imagination et de l'inspiration. L'anticipation, nécessitant une structuration plus marquée, restera ainsi hors du champ d'influence de cette classe. Notre n°57 nous invitera à laisser libre cours à notre originalité, nourrie par nos affinités, et favorisera une découverte de l'essence unique qui anime notre vision du monde et de la vie. Très créative, cette classe tend à donner forme par l'idée aux particularités de notre être.

À même de nous apporter une évasion toute naturelle des carcans pouvant « interdire » certains aspects de notre être, la classe « Imaginaire » nous permettra de développer un sentiment de douce sérénité à propos de tout ce que nous sommes. Elle représentera ainsi une aide certaine pour apaiser les tensions maintenues en nous par les critiques et jugements de notre nature, de notre personnalité, de notre façon d'être. C'est en permettant une pleine appréciation de tous les possibles qu'elle dépouille de leur sens les modèles limités ou normalisés de ce qui est « bon ».

L'unique pierre de cette classe est l'opale violette. Opaque et sans reflets, il serait pourtant trompeur de limiter son intérêt à la modestie de son apparence. Véritable nourriture de l'esprit, sa douceur permet une exploration progressive de l'influence de classe n°57 sans risques excessifs de se perdre dans une bulle de fantasmes à l'attrait trop vivace pour nous permettre de lui préférer le réel. Certaines opales nobles « noires » peuvent également présenter une base ou une transparence violette. Ces pièces nécessiteront toutefois une plus grande précaution d'usage.

Puisque si l'accueil de tous les possibles peut permettre de nous libérer, il peut également nous piéger de l'autre côté du miroir, là où nous ne connaissons ni les contraintes, ni la confrontation à des impossibles. La limite à poser sur l'utilisation de cette classe intervient ainsi lorsque la réalité inflexible nous devient pénible à considérer, perçue comme gênante et intrusive. Bien qu'une bulle de bien-être puisse être salvatrice, on veillera à ne pas la transformer en fuite au contact de cette influence supplémentaire.

Pierres de la classe « Imaginaire »

Opale violette

Composition chimique :
$SiO_2 \cdot n(H_2O)$

Puissance : 3/5

Disponibilité : 1/5

Classe lithosophique n°58

Conscience

Caractéristiques

- Bleu foncé : observation, étude, compréhension.
- Amorphe : apporter de la créativité.
- Chakra associé : 3e œil.

Influence

Bienvenue dans la bulle de la présence d'esprit la plus profonde, pouvant accueillir l'ensemble des observations larges qui l'entourent. Porteuse de pleine « Conscience », cette classe permet de faire le pont entre la pensée lucide et l'inspiration ample que le monde dans sonsensemble lui offre. Propice à une véritable sagesse, réfléchie et capable de grandes mises en perspective, cette classe est celle qui s'approche au plus près de notre image première de la méditation. Elle invite à une ouverture de l'âme sans perdre de vue l'existence.

D'une grande aide face à toute situation exigeant une vision d'ensemble, la classe « Conscience » sera d'un intérêt majeur lors de tout exercice d'observation large. Identifier l'ensemble des tenants et aboutissants, enrichir notre vision des multiples facteurs favorisant ou entravant nos aspirations… il sera possible de s'appuyer sur son empreinte en de nombreuses occasions de la vie courante, indépendamment de toute quête spirituelle. La posture du regard ici proposée permettra également une bien plus grande compréhension de tout enjeu à grande échelle qui pourrait nous échapper du fait d'en être nous-mêmes une partie.

Classe d'une unique pierre, cette catégorie a pour représentante l'obsidienne spider, un verre volcanique naturel bleu marine présentant des lignes grises. Les échantillons les plus appréciés seront ici les plus marqués en teinte bleutée, permettant une meilleure expression des spécificités de la classe n°58. D'une puissance d'impact marquante, cette variété nous emporte grâce à sa profondeur plus que par une quelconque vivacité.

Vision d'ensemble est également synonyme de perte de précision. Si cette classe nous permet de toucher du doigt un sens universel, elle voile également à notre regard les plus immédiates évidences. C'est lorsque nous perdons nos repères et notre capacité de réponse aux situations immédiates que l'on prendra nos distances avec cette influence, pour sauvegarder notre pertinence de pensée.

Pierres de la classe « Conscience »

Obsidienne spider

Composition chimique : verre volcanique

Puissance :

Disponibilité :

Classe lithosophique n°59

Fluidité

Caractéristiques

- Bleu clair : tolérance, communication, sérénité.
- Amorphe : apporter de la créativité.
- Chakra associé : gorge.

Influence

Invitation à libérer nos modalités d'échange et de partage, la classe n°59 nous permet de laisser place à de nouvelles façons de nous faire comprendre et de saisir les messages de l'autre. Laisser le sens être porté par les images, par les gestes, par les expériences partagées, peut amener à une compréhension plus essentielle, et notre influence ici présente nous conduit à le sentir pleinement. Bulle d'expression sans normes et sans règles, la classe « Fluidité » autorise une créativité de partage pour mieux s'accepter avec nos ressemblances et différences.

La dynamique de cette classe pourra dès lors s'investir avec efficacité sur toutes les adaptations de notre partage. Développer de nouvelles méthodes pédagogiques, transmettre par les sens et le vécu plutôt que par la définition et la description, emmener l'autre dans une expérience immersive plutôt que dans une simple narration... Il est question de donner vie à notre interaction, de donner une âme aux paroles, au-delà du simple aspect fonctionnel ou nécessaire de la communication.

La représentante de cette classe est l'opale bleue, présentant une douce nuance de délicatesse et de légèreté. Elle permet une pleine implication de l'émotion dans notre partage et véhicule une sincérité humaine par les mots. La présence d'eau propre à la famille des opales renforce ainsi la dynamique de la classe « Fluidité », pour faire de l'opale bleue une parfaite expression de cette essence d'influence.

Il nous sera toutefois difficile de développer un bon argumentaire au contact de cette classe. Aussi pourrons-nous ressentir le besoin de nous tourner vers des influences plus précises, nous insufflant un meilleur cadre, pour faire comprendre certains concepts. Il sera également préférable de rester vigilant quant à la qualité de transmission, le sentiment de communion de cette classe pouvant nous donner l'impression d'être sur la même longueur d'onde là où les conclusions ne concordent pas.

Pierres de la classe « Fluidité »

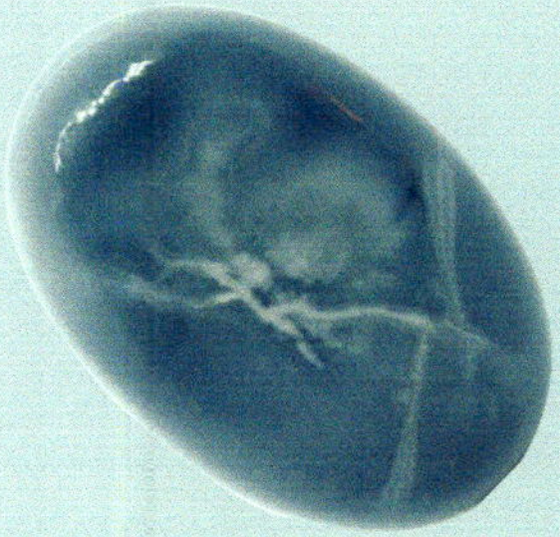

Opale bleue

Composition chimique : $SiO_2 \cdot n(H_2O)$

Puissance : 3/5

Disponibilité : 1/5

Classe lithosophique n°60

Espoir

Caractéristiques

- Vert : valeurs, idéaux, émotions liées à des principes.
- Amorphe : apporter de la créativité.
- Chakra associé : cœur.

Influence

Idéaliser sans limites de frontières, craintes hypothétiques ni pressions arbitraires, nous permet de donner le meilleur de la nature humaine qui nous anime. C'est là la dynamique inspirée par la classe « Espoir » qui nous invitera à préférer un optimisme des possibles à tout pessimisme revendiqué réaliste. Capable de faire pousser des ailes, cette influence est l'air qui rallume la flamme et redonne vie aux aspirations asséchées par le temps. Nous sommes face à une classe particulièrement universelle, profitable aux cheminements spirituels comme aux vocations professionnelles ou encore aux quêtes personnelles de bonheur.

Les pierres de cette classe permettront de passer outre toutes sortes d'entraves, des limitations imposées par un entourage qui ne croit pas en nous ou en nos projets, jusqu'aux discours nous considérant comme trop vieux, trop petit, trop femme ou trop « typé ». À cœur vaillant rien n'est impossible, et c'est ici une réelle sensation de foi qui nous pousse non pas à y croire, mais à le savoir. Nos découragements peuvent ainsi s'envoler avec une facilité déconcertante, pour laisser place à l'investissement de tout notre potentiel mobilisé par la confiance en une réalisation à venir.

Nous disposons de deux pierres nous permettant d'ajuster l'influence choisie à nos besoins. L'opale verte, douce et englobante, pourra apporter un « Espoir » latent, omniprésent, qui nourrira nos instincts telle une habitude, une amie rassurante. La moldavite quant à elle pourra nous donner l'élan nécessaire face aux résistances les plus difficiles, et donner vie à toutes nos perspectives. On rappellera que la moldavite n'est pas une météorite, mais du sol terrestre ayant fondu sous l'impact d'une « roche du ciel ». Elle n'en reste pas moins incroyablement porteuse.

C'est uniquement lorsque nos idéaux de réalisation future nous coupent de notre pragmatisme qu'il sera nécessaire de tempérer nos élans du cœur pour laisser place à la gestion des faits. Il sera alors temps de laisser les pierres de la classe n°60 de côté pour reprendre nos marques au contact de l'extérieur.

Pierres de la classe « Espoir »

Moldavite

Composition chimique :

verre d'origine météoritique

Puissance : 4/5

Disponibilité : 2/5

Opale verte

Composition chimique :

$SiO_2 \cdot n(H_2O)$

Puissance : 3/5

Disponibilité : 3/5

Classe lithosophique n°61

Lien

Caractéristiques

- Rose : lien, importance donnée, émotions liées à des éléments existants.
- Amorphe : apporter de la créativité.
- Chakra associé : cœur.

Influence

L'expansion par le ressenti de nos attachements. Telle est la dynamique de la classe n°61, qui nous invite à ouvrir nos émotions à la perception large de tout ce qui compte dans notre vie pour en laisser émerger le réel plaisir du cœur. Nous sommes dès lors dans une authenticité du lien qui cohabite avec une totale liberté d'évolution et de transformation, de telle sorte que le temps ne saurait en tromper l'authenticité. Permettant une excellente fluidité émotionnelle, cette classe permet ainsi de laisser circuler les blessures et de les cicatriser avec efficacité.

Puisque si un deuil, une déception, ou des confrontations fortes aux aspects les plus blessants auxquels la vie soumet provoqueront toujours une sensation de « choc » ces derniers peuvent toutefois évoluer en se cumulant, puis en se diluant dans les expériences plus agréables. C'est ainsi que notre guérison émotionnelle fonctionne et nous permet d'aimer à nouveau même après les plus violents éloignements de ce sentiment. Il nous sera ainsi possible de faire appel à cette classe pour rétablir un lien usé par les écueils, ou pour tranquilliser des sentiments blessés en vue de pouvoir les vivre à nouveau. Enfin, elle nous permettra d'investir tout notre potentiel humain dans l'entretien des attachements déjà présents et que nous savons vivants.

La pierre représentative de cette classe est l'opale rose. Ne présentant pas de feux colorés, elle compte parmi les opales communes. Elle dispose toutefois d'un doux rose marqué sans être agressif, qui la classe parmi les pierres « coton » comme le quartz rose (Classe n°6) tout en présentant un champ d'inspiration bien plus étendu et fluide. Une excellente alternative donc, pour permettre aux natures créatives d'être à l'écoute du plus sincère de leur cœur.

Si les pierres roses tendent à rendre les émotions très, voire trop prenantes lorsque notre sensibilité à fleur de peau nous éloigne de toute possibilité de gestion, la classe n°61 pourra ajouter à ce point de rupture une nuance de perte de repères. Ainsi les périodes de vie où nos blessures nous paralysent ou nous confrontent à de profondes détresses pourront nous donner une sensation d'être submergés, noyés. Il est en ce cas temps de laisser de côté l'opale rose en attendant des jours plus paisibles.

Pierres de la classe « Lien »

Opale rose

Composition chimique :
$SiO_2 \cdot n(H_2O)$

Puissance : 4/5

Disponibilité : 2/5

Classe lithosophique n°62

Aura

Caractéristiques

- Jaune : présence dans le collectif, charisme, rayonnement.
- Amorphe : apporte de la créativité.
- Chakra associé : plexus solaire.

Influence

En ouvrant les portes du rayonnement le plus naturel et le plus expansif, la classe « Aura » nous permet d'émaner autour de nous d'une présence authentique en chaque instant. Elle nous invite à laisser s'exprimer la sensation la plus positive qu'il nous soit possible d'émaner, dans une inspiration pleinement nourrie par le monde qui nous entoure. Nous sommes au monde et le monde est en nous tel un échange réciproque de chaleur vibrante. Puissante et ouverte, cette classe nous rappelle que nul ne peut atteindre la plus sublime grandeur sans se laisser traverser des forces de l'univers.

La n°62 constitue ainsi un pilier des classes de développement de notre présence instinctive dans les groupes et communautés que nous fréquentons. Charisme, enthousiasme communicatif et dynamique épousant le mouvement des tendances peuvent ainsi se nourrir à son contact, avec un confort d'autant plus marqué que nous nous montrons impudiques à partager au monde la nature qui nous anime. Elle nous permet ainsi de donner notre touche personnelle aux comportements sociaux adoptés tout en nous laissant porter par les règles du jeu, en une réelle alchimie entre intériorité et image de soi.

Nous disposons de plusieurs variétés afin d'explorer la classe « Aura ». L'ambre, la plus accessible d'entre toutes, est une matière unique en son genre au sein des pierres utilisées en lithosophie. Cette résine fossile apporte une chaleur unique et nourrit intensément nos ressources énergétiques. Elle est incontournable comme booster et présente un excellent rapport entre son prix et ses effets. L'opale jaune et la tectite jaune de Lybie permettent quant à elles de disposer d'une influence plus froide et plus propice à une approche canalisée lorsque l'on souhaite nuancer l'emportement de cette classe et lui apporter des précisions par l'orientation de méditation.

On veillera tout particulièrement à limiter l'usage de cette classe lorsque notre plaisir à ne faire qu'un avec notre entourage social, nos amis, collègues, ou notre public en cas de notoriété, nous conduit à perdre de vue notre existence propre en tant qu'individu. C'est en ces cas extrêmes que les feux du grand monde peuvent nous priver des chances de nous construire sans dépendance à une image ou à une valorisation.

Pierres de la classe « Aura »

Ambre
Composition chimique :
résine fossile
Puissance :
Disponibilité :

Opale jaune
Composition chimique :
$SiO_2 \cdot n(H_2O)$
Puissance :
Disponibilité :

Tectite jaune
Composition chimique :
verre d'origine volcanique
Puissance :
Disponibilité :

Classe lithosophique n°63

Créativité

Caractéristiques

- Orange : spontanéité, appréciation du moment présent, sentir le monde.
- Amorphe : apporter de la créativité.
- Chakra associé : sacré.

Influence

Expression la plus complète de l'énergie de vie, la classe « Créativité » cumule la spontanéité pure de l'orange avec l'ouverture ample et inspirée des pierres amorphes. Elle est totale expression du mouvement qui s'éveille en nous et qui prend forme par notre œuvre sans que la volonté n'ait pu en quoi que ce soit la brider ou la dénaturer. Classe d'appréciation, elle permet de nous connecter à l'essence plaisante de tout moment permettant à notre existence d'évoluer à sa guise, indépendamment des jugements moraux ou de valeur.

Au cours de notre vie, la classe « Créativité » constitue une aide précieuse pour renouer avec la liberté nécessaire à l'expression de notre sensation de désir et de plaisir lorsque nos perspectives sont closes, que ce soit par les interdictions que nous aurions pu intégrer ou par les verrous que nos habitudes auraient scellés au fil du temps. Classe de vécu spontané et respectueux de nos élans naturels lors des moments plaisants de l'existence, elle nous accompagne dans l'exploration d'une sensorialité ouverte à ce qui est, tant que cela est bon.

Sa représentante est l'opale de feu, notamment dans ses nuances pleinement orangées (les rougeâtres étant gardées pour la classe suivante). Cette pierre apporte une unique variante très percutante à cette classe n°63, aussi pourrons-nous regretter de ne pas disposer d'une variété plus douce qui permettrait une familiarité plus progressive et naturelle. Il faudra donc préparer le terrain avec d'autres classes, comme la très neutre n°8 ou encore la n°74 dont elle sera la plus proche parente. Une fois apprivoisée, cette pierre dispose toutefois d'une puissance des plus percutantes dans cette gamme de couleur.

Étant une classe de double renforcement (couleur et système disposant d'une même dynamique), il sera important de réagir aux premiers signes de pertes de repères. Ici l'emballement instinctif propre aux pierres orange peut entraîner un renforcement des addictions, d'autant plus rapide à s'installer que nous levons les garde-fous. Il sera alors judicieux de nuancer le choix de classe et de passer par un travail volontaire de levée des interdits par le conditionnement d'exercice.

Pierres de la classe « Créativité »

Opale de feu

Composition chimique : $SiO2 \bullet n(H2O)$

Puissance :

Disponibilité :

Classe lithosophique n°64

Dynamique

Caractéristiques

- Rouge : affirmation de soi, volonté, force d'action.
- Amorphe : apporter de la créativité.
- Chakra associé : base.

Influence

Laisser libre cours à notre action, d'aller là où les courants l'amènent, d'exister en pleine inspiration, tel est le mouvement de la classe n°64. Elle nous apprend à fluidifier notre affirmation personnelle pour en faire non pas une force qui se maîtrise et se contrôle, mais bien un naturel ayant besoin d'expression pure et suivant sa route. Notre existence devient création de ce que nous sommes au monde et peut apporter toute l'ampleur de son essence unique pour enrichir chaque élément qu'elle touche.

Nous pouvons faire appel à cette classe pour libérer notre droit d'exister lorsque nous avons eu le sentiment de déranger, de gêner ou de ne pas être conforme aux attentes. Au contact de la classe « Dynamique » il n'y a pas de mieux ni de pire, pas de bon ou de mauvais, simplement ce qui est et qui peut enrichir le monde tout en s'enrichissant à son contact. Elle nous permet également de constater ce que nous sommes en branchant la prise puis en laissant nos comportements nous indiquer la voie naturelle.

L'unique pierre de cette classe sera une variante de l'opale de feu, l'opale rouge. On pourra trouver certains échantillons orange très profond présentant nettement des teintes rouges. La plupart du temps ces pierres ne disposeront pas de feux colorés, mais certaines opales nobles d'Éthiopie à base brun-rouge peuvent tout de même figurer dans cette catégorie. Il faudra ainsi garder l'œil bien ouvert et sélectionner les pièces adaptées aux besoins de cette classe.

La précaution à prendre est ici évidente. Si le mouvement libre permet un accueil sans pareil de nos instincts et inspirations, il ne doit pas nous placer en situation délicate. Aussi garderons-nous une vigilance alerte pour calmer le jeu lorsque nous constatons des débordements pénalisants à nos yeux ou risquant de troubler l'ordre public.

Pierres de la classe « Dynamique »

Opale rouge

Composition chimique :

$SiO2 \bullet n(H2O)$

Puissance :

Disponibilité :

Classe lithosophique n°65

Ancrage

Caractéristiques

- Marron : connexion à la matière, imprégnation des réalités matérielles et temporelles.
- Amorphe : apporter de la créativité.
- Chakra associé : base.

Influence

Qu'est-ce que l'ancrage ? Distinct de la capacité d'organisation ou de la pensée pragmatique, l'ancrage est notre capacité à ressentir la présence de la matière, en notre corps ou dans l'espace qui nous entoure, et à l'investir sous forme de pleine incarnation ou d'imprégnation de notre territoire. Si de nombreux exercices s'en revendiquent, peu le génèrent de fait, tant son approche ne s'opère que par nos sensations et non par les représentations ou mises en scène. Or la classe n°65 s'y spécialise très spécifiquement par la fusion qu'elle génère entre nous et la densité matérielle, centrée sur l'imprégnation de l'un sur l'autre au-delà des simples idées et images.

Il nous est possible, au travers de son influence, de rendre naturelle notre implication dans des repères familiers. Développer un environnement de vie, qui nous convienne, trouver de la confiance par l'assise que nous offre notre quotidien... en somme planter en notre jardin personnel les germes de nos affinités, voilà tout le potentiel que nous offre la classe « Ancrage ». Outre la large diversité d'applications, l'influence ici installée est également adaptable et ouverte à tous modes de vie. Les voyageurs, nomades et artistes y trouveront une stabilité intérieure au même titre que les familles installées et employés de bureau. Nous investissons de la confiance sans contraintes, disposée à toutes les existences.

La pierre centrale est ici une obsidienne. La larme d'apache a la particularité de paraître noire à l'œil nu, pour présenter ensuite une transparence brune limpide sous l'éclairage d'une vive lumière. Elle dispose d'une variante en la très rare obsidienne de feu, qui en plus de ces caractéristiques dispose également de reflets de surface aux vives couleurs arc-en-ciel. Cette variété bien distincte de l'obsidienne œil céleste sera toutefois très difficile d'accès tant sa prospection et son travail restent entre les mains de quelques spécialistes. Enfin, certaines opales communes peuvent également présenter les quelques teintes marron qui nous intéressent, avec généralement une tranquillité incomparable.

Le principal risque de cette classe ne réside pas tant dans son excès que dans son inadaptation aux besoins de la vie courante. Le flegmatisme dont son usage courant peut nous animer s'avérant pour certains utilisateurs représenter une barrière à une implication de fait dans la gestion et le fonctionnement de la vie quotidienne. La sensation développée devient alors une chimère en ne passant pas l'épreuve de la réalisation factuelle.

Pierres de la classe « Ancrage »

Obsidienne larme d'apache

Composition chimique :
verre volcanique

Puissance :

Disponibilité :

Obsidienne de feu

Composition chimique :
verre volcanique

Puissance :

Disponibilité :

Opale brune

Composition chimique :
$SiO_2 \cdot n(H_2O)$

Puissance :

Disponibilité :

Classe lithosophique n°66

Intégrité

●

Caractéristiques

- Noir : introspection, connaissance de soi, ressenti de nos besoins.
- Amorphe : apporter de la créativité.
- Chakra associé : base.

Influence

Ressentir le liant de notre être, la connexion entre toutes ses facettes et une communion sensitive de ce tout. C'est là l'essence d'influence qui définit la classe « Intégrité », qui nous conduit à considérer l'ensemble de ce que nous sommes, non pas par la balance d'une tendance majoritaire, ni par un résumé simplificateur, mais bien par une cohabitation de l'ensemble des disparités et paradoxes. Instincts les plus ignorés et imprégnation de notre volonté lucide, différences entre l'image que nous maintenons et les besoins qui nous animent… Tous se rencontrent, dans le confort ou le refus.

La classe n°66 est régulièrement utilisée comme « épreuve du feu », comme test de notre capacité à nous voir tels que nous sommes et à nous accepter. Mais cette vision reste indéniablement réductrice tant un être humain quel qu'il soit s'avèrera riche et complexe et tant le travail libre ne saurait ici révéler toutes les possibilités enfouies. C'est dans l'application à des situations spécifiques, où l'acceptation nous est difficile, inaccessible, qu'il deviendra intéressant d'appliquer les pierres de cette classe. Leur participation à la dissipation des malaises nous permettra alors d'avancer également vers la dissipation de nos paradoxes et une profonde tranquillité de l'âme.

La série de pierre la plus marquante de la classe « Intégrité » est celle des obsidiennes noires. De la plus douce, la « flocons de neige », jusqu'à la plus puissante, l'œil céleste, ces pierres apportent une belle densité, accentuant à dessein les caractéristiques de la classe. La transcendance des barrières pourrait toutefois être plus aisée avec une tectite noire, verre naturel issu de l'impact d'une météorite, ou de l'opale noire. Cette dernière pouvant exister avec des feux colorés nuance la profondeur par l'inclination naturelle à accueillir le mouvement, pour un résultat doux, s'exécutant sans forcer.

L'immersion dans nos repères personnels et l'utilisation régulièrement répétée de cette classe, peut dans les cas extrêmes révéler des résistances au monde extérieur. Les différences doivent alors rejoindre nos repères pour être perçues comme bonnes. Nous pouvons également nous égarer en nous-mêmes en ne sachant plus hiérarchiser les aspects de notre être que nous souhaitons nourrir et renforcer. Il est alors temps de laisser cette classe de côté et de reprendre une lucidité plus présente.

Pierres de la classe « Intégrité »

Obsidienne flocons de neige

Composition chimique : verre volcanique

Puissance : 🔥🔥 (2/5)

Disponibilité : 🗝🗝🗝🗝🗝 (5/5)

Obsidienne noire

Composition chimique : verre volcanique

Puissance : 🔥🔥🔥 (3/5)

Disponibilité : 🗝🗝🗝🗝 (4/5)

Obsidiennes argentées et dorées

Composition chimique :
verre volcanique

Puissance :

Disponibilité :

Obsidienne œil céleste et mentogochol

Composition chimique :
verre volcanique

Puissance :

Disponibilité :

Tectite noire

Composition chimique :
verre d'origine météoritique

Puissance :

Disponibilité :

Opale noire

Composition chimique :
SiO2•n(H2O)

Puissance :

Disponibilité :

Classe lithosophique n°67

Préférences

Caractéristiques

- Blanc : ouverture, perception élargie, connexion à l'extérieur, clarté d'identification.
- Monoclinique : explorer ses préférences.
- Chakra associé : sommet, outil de bilan (tous chakras).

Influence

Être à l'écoute de soi, de nos réactions et « Préférences » peut se révéler difficile lorsque nous ne sommes pas habitués à considérer nos affinités comme essentielles à un équilibre général. Trop souvent reléguées au rang de caprices ou d'égoïsme, elles sont pourtant le terreau irremplaçable de notre harmonie relationnelle, professionnelle ou encore familiale. Sans elles nos choix ne deviennent que maltraitance de l'âme dont nous nous faisons complices par l'acceptation d'une négation irréaliste de notre être. Nous sommes ici invités à un respect de soi qui commence par la prise de connaissance de nos « goûts ».

Il est dès lors question avec cette classe de rétablir cet équilibre, pour permettre une construction de soi cohérente dans un premier temps, puis offrir à notre entourage un bonheur sincère dans un second. Les pierres de bilan de la classe n°67 permettent une prise d'information particulièrement subjective, teintée de la manière de voir et de vivre qui nous restera fidèle. Il nous est ainsi possible d'identifier avec plus de clarté les malaises ne nous permettant pas une intégration naturelle des modèles que nous tentons de nous imposer et d'ajuster nos choix avec considération pour soi.

Aux symboliques toutes deux lunaires, les deux principales pierres de cette classe sont la sélénite et la pierre de lune blanche (à reflets blancs). Douces et délicates, elles peuvent être utilisées sans inquiétudes tant que nous apprécions leur contact. Nous disposons par ailleurs d'une variété plus percutante grâce à l'euclase incolore, qui pourra intervenir telle une sonde partant activement à la recherche de nos affinités. Enfin, la howlite fait partie des quelques pierres de bilan opaques. Très discrète, elle permet toutefois une ferme installation des influences diffusées.

Nous aurons à faire à une double précaution avec cette classe. La première est de ne pas laisser l'extérieur la considérer comme inappropriée par commodité, notamment si nous ne disposons par d'un bon ego ou d'une bonne estime permettant de défendre nos préférences. La seconde est de rester attentifs aux moments où nos affinités personnelles nous ferment des portes ou nous font passer à côté d'opportunités qui nous sont importantes. On passera alors vers des alternatives comme les classes n°45 ou 78.

Pierres de la classe « Préférences »

Sélénite

Composition chimique :

CaSO4•2(H2O)

Puissance : 2/5

Disponibilité : 5/5

Pierre de lune blanche

Composition chimique :

(K,Na)AlSi3O8

Puissance : 3/5

Disponibilité : 4/5

Pétalite

Composition chimique :
$LiAlSi_4O_{10}$

Puissance :

Disponibilité :

Euclase incolore

Composition chimique :
$BeAlSiO_4(OH)$

Puissance :

Disponibilité :

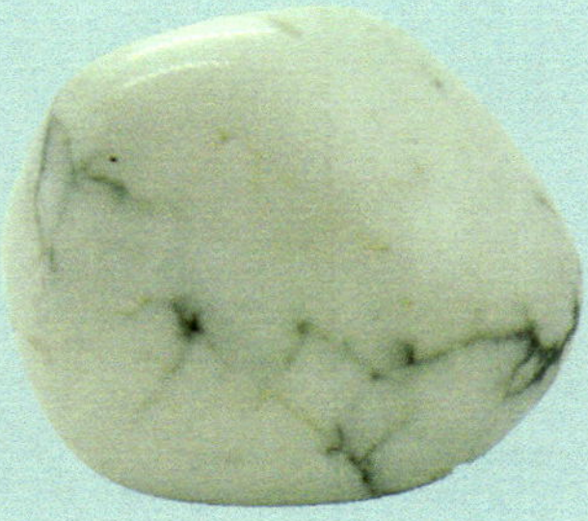

Howlite

Composition chimique :
$Ca_2B_5SiO_9(OH)_5$

Puissance :

Disponibilité :

Classe lithosophique n°68

Aspirations

Caractéristiques

- Violet : anticipation, ouverture des perspectives, création par l'esprit.
- Monoclinique : explorer nos préférences.
- Chakra associé : 3e œil.

Influence

Quelles sont nos perspectives ? Nos souhaits pour l'avenir ? Nos préférences d'évolution pour notre monde et notre environnement ? Ce sont là les projections que permet cette classe, centrée sur nos affinités et mue par l'ouverture créative de l'esprit. Elle nous permet d'envisager du mieux, de nourrir les évolutions qui nous conviennent, afin d'avancer pas à pas vers de meilleurs jours. Graine du positivisme, elle invite à ne pas s'arrêter sur un constat mais à rester focalisés sur les possibles pouvant conduire à une vie adaptée à nos besoins.

On pourra ainsi faire appel à son ouverture pour « se relever » pour « y croire à nouveau »... En somme pour relancer la machine lorsque, désabusés, nous avons été amenés à baisser les bras. Pierres de tous les possibles, les variétés de cette classe nous permettent d'atténuer par la douceur des perspectives intérieures les situations de contrainte inflexible. Nourrir l'après d'un travail destructeur, d'une vie privée que nous ne pouvons changer faute de moyens, ou encore d'une confrontation à des pression collectives. Nous pouvons dès lors traverser ces crises sans qu'elles ne nous abîment au plus profond par notre investissement vers une perspective meilleure.

Nous disposons dans cette classe de pierres accessibles pouvant être trouvées avec quelques recherches. Les muscovites violettes, souvent appelées lépidolites, peuvent être classées dans cette catégorie malgré leur fréquente assimilation aux pierres roses. Délicates et nuancées, elles nourrissent en douceur et apaisent. La charoïte offre une variété plus affirmée et installée. Aussi pourra-t-on l'utiliser comme alternative « dynamique » même si elle se comporte telle une approche de fond. Notre dernière variété, la spurrite, se voit rarement diffusée bien que disposant d'un excellent potentiel.

La précaution face à cette classe sera de ne pas en oublier les contingences concrètes nécessaires à l'évolution qu'elle nous fait miroiter. Si la tranquillité qu'elle nous apporte est pleinement à sa place pour nous anesthésier en vue d'une ouverture, encore faut-il se donner les moyens d'œuvrer en ce sens si l'on ne souhaite pas être simplement portés par une chimère.

Pierres de la classe « Aspirations »

Muscovites violettes (lépidolites)

Composition chimique :
$KAl2(Si3Al)O10(OH,F)2$

Puissance :

Disponibilité :

Charoïte

Composition chimique :
$K5Ca8(Si6O15)2 Si4O9(OH) \cdot 3(H2O)$

Puissance :

Disponibilité :

Spurrite

Composition chimique :
$Ca5(SiO4)2(CO3)$

Puissance :

Disponibilité :

Classe lithosophique n°69

Opinion

Caractéristiques

- Bleu foncé : observation, étude, compréhension.
- Monoclinique : explorer ses préférences.
- Chakra associé : 3e œil.

Influence

Laisser notre pensée se nourrir des informations, connaissances, vagues culturelles qui nous entourent pour ensuite voir s'affirmer celles qui parlent à notre être, telle est la forme que donnera la classe n°69 à la présence d'esprit des pierres bleu foncé. Ajustée à nos préférences ressenties, elle permet de nous forger une réelle « Opinion », non pas analytique et détachée, mais bien engagée dans les besoins. Ainsi cette classe s'applique-t-elle très justement à l'élaboration d'une pensée politique ou encore d'une philosophie de vie.

On s'appuiera sur son influence lorsque les conditions nous poussent à nous « faire une idée » en prenant en compte des informations pouvant peser sur notre vie à venir. Étudier un nouveau lieu dans lequel on projette de s'installer, comprendre le fonctionnement des cercles relationnels qui nous sont imposés, identifier des secteurs culturels qui nous plaisent et dans lesquels nous souhaitons nous investir... Autant de secteurs où l'esprit n'est pas mobilisé pour son détachement mais bien pour éclairer des préférences.

La principale pierre dont nous disposons ici est la rare et convoitée azurite. Ses formations en rose peuvent se trouver dans des budgets accessibles, les tarifs étant plus élevés pour les plus beaux cristaux naturels entiers. Nous veillerons ici à la choisir pure, sans mélange avec de la malachite, ces deux variétés pouvant aisément cohabiter. Parmi les pierres plus rares encore, nous pouvons faire appel à la lazulite, variété distincte de la lazurite de classe n°25, ainsi qu'à certaines euclases bleu foncé pouvant présenter de magnifiques couleurs profondes.

Notre garde-fou peut paraître évident ici. Une opinion n'est pas la réalité, elle est adaptée à notre vécu et nos besoins mais ne saurait s'universaliser. Il est en jeu ici de limiter les aveuglements qui pourraient ressortir de ce qui est évident à nos yeux, mais qui nient ou jugent les parts de réalités auxquelles nous n'accédons pas dans notre bulle de vécu.

Pierres de la classe « Opinion »

Azurite
Composition chimique :
Cu3(CO3)2(OH)2
Puissance :
Disponibilité :

Lazulite
Composition chimique :
MgAl2(PO4)2(OH)2
Puissance :
Disponibilité :

Euclase bleu foncé
Composition chimique :
BeAlSiO4(OH)
Puissance :
Disponibilité :

Classe lithosophique n°70

Partage

Caractéristiques

- Bleu clair : tolérance, communication, sérénité.
- Monoclinique : explorer ses préférences.
- Chakra associé : gorge.

Influence

Transmettre ce qui nous parle, ce qui nous fait vibrer, dans une sincérité de « Partage », c'est le thème de cette classe qui associe affinités personnelles et libre ouverture à l'autre. Elle est également une porte de découverte de nos amusements, de nos plaisances, de tout ce qui pourrait nous apporter un renouvellement agréable de notre champ d'expérience. Enfin elle permet de développer une réelle tolérance de l'autre, en installant chez nous un sentiment d'accueil propice à ne pas conclure sans information première.

Nous pouvons ainsi considérer cette classe comme multi-tâche. Elle nous sera d'un grand secours pour clarifier notre communication en la ramenant au plus proche de ce que nous souhaitons transmettre. Fidèle à nos messages, elle ne sacrifie pas le sens au profit de la forme. Nous pourrons également faire appel à elle lorsque nous nous sentons étouffer dans des injonctions ou des habitudes arbitraires. Elle permettra alors de piocher dans les propositions qui s'offrent à nous uniquement celles qui correspondent à nos préférences réelles et non à de nouveaux carcans. Enfin, elle peut nous apporter de la sérénité face à ce que nous ne maîtrisons pas en nous amenant à adopter ce qui nous plaît dans les avancées qui nous entourent.

Cette classe est représentée par une unique pierre rare, l'euclase bleu clair. On pourra la trouver en teinte bleu pâle unie, variante la plus nuancée, à l'action tranquille bien que puissante. Les euclases incolores traversées d'un trait bleu vif constituent quant à elles de véritables flèches d'exploration des préférences dans les grandes alternatives du monde. L'une comme l'autre peut être difficile à trouver et demander de minutieuses recherches dans les secteurs spécialisés.

C'est face aux rigidités d'un monde n'autorisant pas la libre existence de ses individus que cette classe verra ses qualités condamnées. Si l'instabilité et la difficulté à se fixer sur ce que nous souhaitons investir sont les signaux d'alarmes personnels de l'excès de cette classe, ses qualités peuvent être condamnées et malmenées bien avant face à des règles extérieures rigides et tendant à s'imposer sur autrui.

Pierres de la classe « Partage »

Euclase bleu clair

Composition chimique :
BeAlSiO4(OH)

Puissance :

Disponibilité :

Classe lithosophique n°71

Valeurs

Caractéristiques

- Vert : valeurs, idéaux, émotions liées à des principes.
- Monoclinique : explorer ses préférences.
- Chakra associé : cœur.

Influence

Nous y voici enfin, la fameuse classe qui nous permettra de laisser venir les principes humains correspondant pleinement aux inclinations de notre cœur sera la n°71. Puisque si le cadre moral nous permet d'intégrer ces repères de ce qui est « bon » ou « mauvais », nombre de ces règles peuvent s'avérer arbitraires et porteuses de peurs et de discriminations envers les autres comme envers nos propres instincts. La classe « Valeurs » nous permet ainsi d'identifier les éléments qui d'après notre expérience concrète apportent du bon, et de les séparer de ceux qui se révèlent destructeurs pour constituer notre bagage personnel de principes et de repères.

Il nous sera possible de faire appel aux nombreuses pierres de cette classe pour plus aisément accueillir les changements de considérations qui accompagnent nos désillusions. Lorsque notre cadre de pensée se heurte à une réalité n'y correspondant pas, cette classe permet alors de se laisser porter par le courant et d'intégrer les apprentissages qui accompagnent ce retour à la réalité. Les idéaux porteurs qu'elle éveille font alors germer les nouveaux principes qui remplaceront l'irréalisme précédemment ajusté. En ce sens elle permet la renaissance de rêves, plus armés, solides et ancrés que jamais.

Si de nombreuses variétés peuplent cette classe, nous nous concentrerons sur une poignée d'entre elles. La malachite sera laissée de côté en raison de l'aspect pesant de son influence. La fuchsite nous apportera toutefois une alternative abordable permettant une approche douce, et il nous sera possible de nous appuyer sur la séraphinite pour une puissance medium. Au sein des plus puissantes on pourra citer certains diopsides pouvant atteindre de splendides teintes vert vif, la vivianite, qui nuancée de bleu permet une réelle élaboration des désillusions en vue de leur dépassement, et le sphène dont l'impact demeure parmi les plus percutants de la discipline.

Une fois encore, la réelle limitation sera alarmée par notre difficulté à respecter les valeurs ne correspondant pas aux nôtres, nous sentant blessés ou mis en danger par l'existence de cette différence. Mais nous pouvons également subir des pressions extérieures trouvant notre affirmation de valeurs personnelles inadaptées, auxquelles il vaut mieux ne pas se sacrifier au risque de se trahir soi-même. Un équilibre sera dès lors à maintenir.

Pierres de la classe « Valeurs »

Malachite

Composition chimique :
Cu2(CO3)(OH)2

Puissance :

Disponibilité :

Fuchsite

Composition chimique :
KAl2(Si3Al)O10(OH,F)2

Puissance :

Disponibilité :

Séraphinite

Composition chimique :
(Mg,Fe)5Al(Si3Al)O10(OH)8

Puissance :

Disponibilité :

Diopside

Composition chimique :
CaMgSi2O6

Puissance :

Disponibilité :

Vivianite

Composition chimique :
Fe3(PO4)2•8(H2O)

Puissance :

Disponibilité :

Sphène (Titanite)

Composition chimique :
CaTiSiO5

Puissance :

Disponibilité :

Classe lithosophique n°72

Affinités

Caractéristiques

- Rose : lien, importance donnée, émotions liées à des éléments existants.
- Monoclinique : explorer ses préférences.
- Chakra associé : cœur.

Influence

Qui n'a jamais rêvé de laisser libre cours à ses émotions, de se laisser porter vers un mariage d'amour, ou de s'investir dans le domaine qui nous passionne ? C'est à ces entrains que la classe n°72 apporte son soutien et sa bénédiction, éveillant en nous un sentiment naturel de prise en considération de ces préférences de l'âme. Elle nous amène à faire la paix avec nos souhaits, à les intégrer telles des clefs précieuses du respect de soi, et à les mettre en œuvre dans l'intimité de notre vie privée lorsque les obligations nous conduisent aux conciliations dans la sphère publique.

Nous autorisant à laisser libre cours à notre sensibilité telle qu'elle est, sans critiques ni accusation d'exagération, elle cicatrise les cœurs à qui l'on interdit d'aimer à leur manière. Nous pourrons ainsi y faire appel lorsque nous avons été malmenés par une relation ne respectant pas notre sentimentalité naturelle. La classe « Affinités » se révèle également être le plus incontournable des guides pour qui souhaite identifier quels sont ses goûts et préférences, perdu dans les propositions extérieures sans écoute des appréciations personnelles à même de les hiérarchiser.

La pierre principale de cette classe sera la kunzite, allant du rose pâle au légèrement lilas. Puissante en impact et douce en approche, elle convient parfaitement aux situations de cicatrisation comme d'éducation de nos goûts, les gênes pouvant être ressenties à son contact se révélant bien souvent de la pudeur émotionnelle. On pourra également se tourner vers la très rare pétalite rose, légèrement plus incisive que sa consœur mais également plus difficile à trouver.

L'excès de cette classe s'exprime lorsque nous éprouvons des difficultés à supporter les situations qui contraignent nos préférences. Éloignement de personnes chères ou impossibilité d'atteindre le boulot de nos rêves peuvent alors devenir source de souffrance. Dans l'autre sens il faudra également veiller à rester vigilant quant aux négations de nos préférences dans nos choix si ces derniers dérangent l'entourage. La décision d'un éloignement de cette classe doit se faire en raison d'une douleur émotionnelle trop aisément déclenchée à nos yeux et non à ceux des autres.

Pierres de la classe « Affinités »

Kunzite

Composition chimique :
LiAlSi2O6

Puissance :

Disponibilité :

Pétalite rose

Composition chimique :
LiAlSi4O10

Puissance :

Disponibilité :

Classe lithosophique n°73

Personnalité

Caractéristiques

- Jaune : présence dans le collectif, charisme, rayonnement.
- Monoclinique : explorer ses préférences.
- Chakra associé : plexus solaire.

Influence

Rayonner selon les préférences individuelles, sans s'interdire d'offrir au regard du monde la nature de notre être, c'est là l'influence clef de la classe n°73. Impliquant une impudeur vivante, cette catégorie nous invite à adopter des caractéristiques bien souvent associées aux cultures « chaudes ». Adieu les conventions, bonjour à la joie de vivre la plus sincère et nourrie du plus intime de notre âme… Notons que le naturel de cette classe pourra s'exprimer le plus pleinement dans les groupes d'amis ou dans l'entourage personnel, sa naïveté l'exposant à de grandes déconvenues dans des environnements concurrentiels ne disposant pas de garde-fous humanistes.

Pour toute personne bien entourée, cette classe constitue toutefois l'un des meilleurs boosts des ressources morales. Elle nous insuffle une reconnaissance naturelle et un sentiment d'intégration solaire qui germe de l'intérieur et ne nécessite aucun compliment extérieur. Face aux critiques qui nous amoindrissent et fragilisent notre estime, elle est un bouclier de lumière ne laissant aucune malveillance nous imprégner. On pourra ainsi faire appel à elle pour retrouver la gaieté lorsque nos horizons sont obscurcis, ou encore s'appuyer sur ses qualités pour construire une réelle sensation de notre propre valeur.

La pierre douce de la classe « Personnalité » est l'orthose. Tempérée et à l'action progressive, elle imprègne pas à pas de son influence sans forcer. Si son action peut prendre du temps à être identifiée elle n'en est pas moins présente. Les plus percutantes de cette catégorie seront la brazilianite dont la nuance anisée en fait une petite bombe de bonne humeur, et l'euclase jaune qui pourra lancer le processus de l'estime chez les individus les plus complexés.

Notre précaution interviendra lorsque les codes et consensus sociaux nous semblent difficiles à supporter ou lorsque notre inadaptation à ces derniers nous ferme de précieuses portes. On rappellera toutefois l'importance de disposer d'un entourage bienveillant en cas d'arrêt d'un travail avec cette classe, nos difficultés à la laisser de côté pouvant également être liées aux blessures morales que nous subissons dans un cadre de dénigrement constant.

Pierres de la classe « Personnalité »

Orthose

Composition chimique :
$KAlSi_3O_8$

Puissance :

Disponibilité :

Brazilianite

Composition chimique :
$NaAl_3(PO_4)_2(OH)_4$

Puissance :

Disponibilité :

Euclase jaune

Composition chimique :
$BeAlSiO_4(OH)$

Puissance :

Disponibilité :

Classe lithosophique n°74

Plaisirs

Caractéristiques

- Orange : spontanéité, appréciation du moment présent, sentir le monde.
- Monoclinique : explorer ses préférences.
- Chakra associé : sacré.

Influence

Laisser ressortir les plaisirs les plus sincères, les réponses réelles d'attirance, d'appréciation et d'agrément qu'éveillent en nous les stimulations extérieures. C'est là l'essence même de la notion de plaisir, la plus simple, la plus naturelle, celle qui entreprend le moins de détours et permet la meilleure réciprocité. La classe n°74 est donc un élément central de l'exploration de soi, entre autres dans le cadre des sexualités bridées ou malmenées socialement (désir féminin, homosexualité, corps atypiques...). C'est là l'essence de la guérison des jugements et condamnations de ce qui nous fait du bien sans faire d'autre mal autour de nous que celui de la remise en question de normes arbitraires.

La classe « Plaisirs » pourra ainsi nous aider lorsqu'il nous est difficile de laisser nos envies nous guider. Lorsque nous ne parvenons pas à franchir le pas du « je veux », restant figés dans un « pourquoi pas » ou dans un « si ça ne dérange pas », ces pierres nous permettront d'identifier nos sensations réelles et de nous accompagner dans notre différenciation entre les élans sincères et ceux consentis uniquement par soumission aux injonctions extérieures. Dans cette voie, nous pourrions bien nous rendre compte que tout être est mu par le désir à condition de ne point le meurtrir sous les convenances.

Nous disposons d'une pierre principale qui agit avec douceur et tranquillité, nommée pierre de lune orange. Dotée d'un reflet de surface blanc, elle est d'une délicatesse exemplaire, mais reste toutefois insuffisante pour affronter les plus durs traumas et les plus lourds interdits. Il peut dès lors être intéressant de se tourner vers la crocoïte, variété plus puissante. Pierre toxique et friable, on ne l'utilisera qu'en méditation, en veillant à se laver les mains et la zone de contact après usage.

L'excès de cette classe se situera à l'inverse, dans la tendance à se laisser porter par nos envies au point de ne pas nuancer nos actes par le respect des droits et de la dignité d'autrui. Il nous faudra dès lors nous écarter de cette influence pour reprendre nos aises dans des couleurs plus froides, plus appropriées au retour d'une acceptation responsable d'une mesure à adopter.

Pierres de la classe « Plaisirs »

Pierre de lune orange

Composition chimique :
(K,Na)AlSi3O8

Puissance :

Disponibilité :

Crocoïte

Composition chimique :
PbCrO4

Puissance :

Disponibilité :

Classe lithosophique n°75

Flambeau

Caractéristiques

- Rouge : affirmation de soi, volonté, force d'action.
- Monoclinique : explorer ses préférences.
- Chakra associé : base.

Influence

La classe n°75 nous parle d'apporter au monde l'unicité de notre existence. Laisser s'exprimer l'essence de ce que nous sommes en un mouvement aussi naturel qu'intègre, pour que le « vrai » dont nous disposons puisse enrichir le grand tout. Cette émanation pure et fidèle à l'existence d'un être pourra plaire ou déranger, convenir ou dénoter, mais telle n'est pas la question. Cette classe se préoccupe bien plus de donner l'occasion qu'il soit ce qui est, avec nulle autre perspective de sens que la légitimité de l'étincelle première.

Canalisée et investie dans nos buts, la ressource ainsi révélée par la classe « Flambeau » pourra nous pousser à conquérir les buts les plus sincères de notre âme, les plus entiers de notre vie. Maîtresse de l'action de foi, cette catégorie nous donnera l'élan d'aller au-devant de nos aspirations les plus profondément ressenties. Elle apportera le courage de tenter, de se lancer, de suivre ses intuitions, ou encore de donner toutes les forces à notre disposition pour ne jamais ressentir de regrets. Quel qu'en soit le résultat, nous avons fait tout notre possible, et c'est en soi la plus grande des satisfactions.

La piémontite, bien que méconnue, reste la plus abordable des pierres de cette catégorie. Plus absente des rayons pour être méconnue qu'en raison d'une rareté excessive, elle peut être trouvée à des tarifs raisonnables avec un peu de recherches. Elle reste toutefois très douce et peu caractéristique de ce que l'on attend d'une pierre rouge, aussi les plus chanceux pourront se tourner vers l'une ou l'autre des variétés rares de la classe n°75, l'hubnerite et la clinohumite.

La précaution à prendre est ici évidente. Si la sincérité apportée par cette influence est d'une beauté incomparable, elle n'en reste pas moins difficile à maîtriser pour des tempéraments sanguins. On veillera donc à respecter quelques pauses d'observation dans notre travail et à ménager des exutoires non destructifs sur lesquels rediriger en cas de trop-plein.

Pierres de la classe « Flambeau »

Piémontite

Composition chimique :
$Ca_2(Al,Mn,Fe)_3(SiO_4)_3(OH)$

Puissance :

Disponibilité :

Hubnerite

Composition chimique :
$MnWO_4$

Puissance :

Disponibilité :

Clinohumite

Composition chimique :
$(Mg,Fe)_9(SiO_4)_4(F,OH)_2$

Puissance :

Disponibilité :

Classe lithosophique n°76

Repères

Caractéristiques

- Marron : connexion à la matière, imprégnation des réalités matérielles et temporelles.
- Monoclinique : exploration de ses préférences.
- Chakra associé : base.

Influence

L'écoute de nos affinités personnelles nous permet ici d'aller construire des « Repères » pleinement adaptés à nos préférences et besoins. S'approprier son environnement de vie, poser son territoire, trouver l'espace extérieur et la confiance intérieure nous permettant de nous sentir en sécurité et en phase avec notre vie… la classe n°76 nous conduit à tout cela avec la spécificité de laisser une place décisive à notre vécu subjectif. Nous pouvons à son contact trouver les modalités d'ancrage qui nous conviennent, et ajuster nos assises en fonction.

On fera appel aux pierres de la classe « Repères » pour nous y retrouver lorsque nous changeons de cadre, après un déménagement ou un cap de vie majeur. Reprendre ses aises après une séparation, ou en emménageant avec un(e) conjoint(e), identifier nos nouvelles marques après l'arrivée d'un enfant… les périodes de travail avec cette classe nous permettent de revenir à nous-mêmes, à notre façon de faire, et de retrouver nos aptitudes et facilités pour les intégrer à notre « nouveau » quotidien. Il est question d'aller dans le sens de ce qui nous est naturel pour nous donner plus efficacement par nos efforts.

La staurotide, également appelée « pierre de croix », est une référence dans cette catégorie, puisque la forme naturelle de ses cristaux maclés permet un centrage incomparable. Elle renforce ainsi les caractéristiques de sa classe par la symbolique extérieure, en plus de bénéficier d'un fort folklore qui en fait un incontournable. Nous disposerons également d'une variété plus douce mais pétillante, la creedite brune. Peu connue en Europe, elle a connu un franc succès comme pierre d'ancrage auprès des américains et constitue une alternative d'influence unique en lithosophie.

Nous veillerons toutefois à ce que notre sentiment de sécurité ne vienne pas à se montrer dépendant des habitudes personnelles spécifiques. La tendance à nous sentir soumis à risque lorsque les choses ne sont pas faites à notre manière, ou que nous ne nous trouvons pas dans un environnement pleinement choisi pourra nous priver de bons moments et rendre difficile la cohabitation quotidienne avec nos proches.

Pierres de la classe « Repères »

Staurotide

Composition chimique :

(Fe,Mg)2Al9(Si,Al)4O20(O,OH)4

Puissance : 🔥🔥🔥🔥🔥

Disponibilité : 🗝🗝

Creedite brune

Composition chimique :

Ca3Al2(SO4)(F,OH)10•2(H2O)

Puissance : 🔥🔥🔥🔥🔥

Disponibilité : 🗝

Classe lithosophique n°77

Choix

Caractéristiques

- Noir : introspection, connaissance de soi, ressenti de nos besoins.
- Monoclinique : explorer ses préférences.
- Chakra associé : base.

Influence

Classe des profondeurs, la n°77 part au plus intime de notre être, au plus proche de notre essence, pour en faire ressortir ce qui nous convient et ce qui ne nous convient pas. Les sensations de confort peuvent dès lors témoigner d'un respect de soi essentiel, allant jusqu'à nos parts les plus secrètes et gardées hors des yeux du monde, tandis que les inconforts nous parlent de ce qui n'est pas vu, pas accepté, pas guéris. Cette observation personnelle de notre propre être nous laisse face à notre état tel que nous le transportons chaque jour, avec toutefois plus de clarté et de présence.

Il nous est dès lors possible de faire de cet accueil de notre être sensitif une réelle base de choix. Un passage du feu qui détermine si une décision nous est coûteuse, représente un sacrifice douloureux, ou si elle peut être raisonnablement mise en œuvre sans en devenir bourreau de nous-mêmes. Par chance notre être est plein de nuances, et les sensations inspirées par cette classe sous le conditionnement des différentes possibilités de vie s'offrant à nous s'en feront le miroir, laissant de nombreuses marges de compromis entre le « tout va bien » et le « rien de va plus ».

Parmi les pierres de la classe « Choix » on distingue trois types. La pierre de lune noire tout d'abord. Disponible dans de très nombreuses enseignes, elle est un parfait mélange de douceur et de présence profonde. Pour imposer une puissance medium nous nous tournerons vers l'aegirine ou le psilomélane (parfois vendu comme merlinite chez les marchands américains). Enfin des pierres plus rares comme la neptunite ou la fluorichterite pourront nous apporter les vérifications maximales dont nous pourrions avoir besoin.

Hors usage courant de la pierre de lune noire, les autres variétés nous serviront occasionnellement, au moment de décider d'un choix majeur. Il est peu conseillé d'insister sur le travail avec ces variétés, leur influence nous centrant énormément sur des préférences personnelles. On leur préfèrera des pierres de classe n°66 pour un usage régulier.

Pierres de la classe « Choix »

Pierre de lune noire

Composition chimique :
$(K,Na)AlSi_3O_8$

Puissance :

Disponibilité :

Psilomelane

Composition chimique :
$(Ba,H_2O)_2Mn_5O_{10}$

Puissance :

Disponibilité :

Aegirine

Composition chimique :
$NaFeSi_2O_6$

Puissance :

Disponibilité :

Neptunite

Composition chimique :

$KNa_2Li(Fe,Mn)_2Ti_2Si_8O_{24}$

Puissance : 🔥🔥🔥🔥🔥

Disponibilité : 1/5

Fluorichterite

Composition chimique :

$Na(NaCa)Mg_5Si_8O_{22}F_2$

Puissance : 🔥🔥🔥🔥🔥

Disponibilité : 1/5

Classe lithosophique n°78

Voie

Caractéristiques

- Blanc : ouverture, perception élargie, connexion à l'extérieur, clarté d'identification.
- Triclinique : s'adapter aux événements extérieurs.
- Chakra associé : sommet, outil de bilan (tous chakras).

Influence

Ouvrant notre dernière série de 11 couleurs, la classe « Voie » développe en nous le lien direct avec les informations environnantes, les influences tranchées qui nous entourent. En ce sens elle nous invite à un bilan non pas pleinement personnel, mais bien global, intégrant les éléments extérieurs que nous pourrions entrevoir ou… recevoir. Puisque là est l'enjeu des pierres tricliniques. Développant notre perception intuitive, elles nous préparent à ce qui nous attend et nous rendent vigilants aux impératifs qui pourraient s'imposer sur notre route.

Les pierres de cette classe trouveront tout leur intérêt lorsque nous souhaitons, par notre bilan d'harmonisation ou spécifique, identifier les perspectives dans lesquelles nous nous intégrons en nous laissant conseiller par l'ordre des choses qui nous entoure. Ce sont de pures pierres de médiumnité qui pourront nous mettre sur la voie du meilleur nous étant réservé, ou nous indiquer les voies d'issue d'une situation nous paraissant impossible. L'essentiel est que sur la route où elles nous guident, nous ne voyageons pas seuls, mais éclairés par notre « petite voix intérieure ».

Nous trouverons dans cette classe la pierre de lune arc-en-ciel, également appelée labradorite blanche, et souvent délaissée pour ne pas être l'authentique pierre de lune bleue de joaillerie. Notons que cette dernière est une pierre de classe n°67 qui ne développe pas nos capacités de voyance ou de médiumnité contrairement à la classe n°78. Aussi serait-il profitable à tous de rendre ses lettres de noblesse à la pierre de lune arc-en-ciel pour ses spécificités bien plus proches de l'intuition recherchée en ces pierres. Enfin nous disposerons de l'amblygonite incolore, plus puissante mais également plus difficile à se procurer.

Pour avancer à l'aide de guides, il nous faudra rester vigilants à nos besoins propres. Si la sensation d'être portés par une destinée supérieure peut sembler résoudre de nombreux soucis, elle n'en reste pas moins une grande porte d'influence par laquelle nous pouvons perdre de vue notre libre arbitre et notre capacité à faire des choix personnels.

Pierres de la classe « Voie »

Pierre de lune arc-en-ciel (labradorite blanche)

Composition chimique :
(Na,Ca)AlSi3O18

Puissance :

Disponibilité :

Ulexite

Composition chimique :
NaCaB5O6(OH)6•5(H2O)

Puissance :

Disponibilité :

Amblygonite incolore

Composition chimique :
(Li,Na)Al(PO4)(F,OH)

Puissance :

Disponibilité :

Classe lithosophique n°79

Transcendance

Caractéristiques

- Violet : anticipation, ouverture des perspectives, création par l'esprit.
- Triclinique : s'adapter aux événements extérieurs.
- Chakra associé : 3e œil.

Influence

En tant que renfort de la capacité à approcher par la sensation des limites de notre vécu humain, la classe « Transcendance » est la plus proche de l'être désincarné. Propice à la fluidité de ressenti des milliers de voies s'ouvrant à notre avenir, elle emmène dans un voyage des possibles au cours duquel notre évolution devient claire et pleine de sens. Il est alors plus aisé de tracer sa voie avec une visualisation nette de la ou des destination(s) possible(s), et nous pouvons nous laisser porter par le chemin qui se dessine à nous.

Les pierres de cette classe pourront ainsi se porter secours lorsque nous nous perdons dans des considérations immédiates et nous enfermons dans notre état du moment, paralysés par la nécessité de décider. Ici nous pouvons laisser le flux des perspectives nous accompagner à notre destination suivante et nous épanouir dans le déroulement des faits. Notre foi devient également un moteur tant elle nous porte vers la vision qui nous guide et en renforce le probable résultat.

La seule pierre représentative de la classe « Transcendance » sera la magnésio-axinite, pierre rare présentant généralement des zones violettes et brunes. On la préférera bien entendu avec un maximum de zones violettes, en sachant toutefois que les nuances de brun pourront nuancer les excès de cette classe. Cette pierre étant particulière dans ses caractéristiques, il est fortement conseillé de la tester avant de se lancer dans la lourde quête de son acquisition.

Notons enfin que la classe n°79 est particulièrement orientée vers l'abandon de soi à la trame qui nous emporte. Aussi est-il conseillé de l'utiliser en disposant d'un solide équilibre général, et avec parcimonie. Son usage fréquent peut aisément enfermer l'utilisateur dans une dépendance aux révélations, considérées comme seules détentrices de notre voie d'existence.

Pierres de la classe « Transcendance »

Magnesio-axinite violette

Composition chimique :
Ca2MgAl2BO3Si4O12(OH)

Puissance :

Disponibilité :

Classe lithosophique n°80

Destinée

Caractéristiques

- Bleu foncé : observation, étude, compréhension.
- Triclinique : s'adapter aux événements extérieurs.
- Chakra associé : 3e œil.

Influence

Joindre la conscience à la perception intuitive nous permet d'identifier plus nettement le sens pouvant se dégager de la trame dans laquelle nous évoluons. La classe n°80 nous permet ainsi de dénouer les fils du destin et de pressentir les facteurs larges qui nous entourent. Nous pouvons, grâce à cette manière d'observer le monde, saisir les leçons auxquelles nous faisons face ou les influences poussant notre avancée au moment même où nous parcourons le chemin, rendant son enseignement bien plus profitable.

La classe « Destinée » nous permet d'accueillir les observations avec une grande acceptation. Aussi peut-elle se montrer d'un grand secours pour comprendre les tenants et aboutissants d'une situation qui nous abasourdit ou d'une problématique nous paraissant inconcevable. Grâce à son concours, notre esprit se trouvera plus apte à envisager de nouveaux angles d'observations et de nouveaux points de vue. Il nous devient possible de repenser l'élément non pas en modifiant la seule conclusion, mais bien l'ensemble de la structure de logique.

Nous disposons une nouvelle fois d'une unique pierre, mais qui pourra se trouver sous plusieurs formes. La cyanite bleue peut varier grandement de qualité selon les échantillons. Des cyanites fibreuses opaques jusqu'aux plus beaux morceaux gemme à la couleur intense nous pourrons voir l'intensité d'impact évoluer. On préférera les qualités opaques pour plus de douceur et des pièces translucides et vives en teintes pour augmenter la puissance.

Notre vigilance se portera ici sur la tendance de cette classe à susciter une grande adaptation aux conditions extérieures pouvant nous couper de nos propres ressources d'esprit critique. Aussi est-il bon de préserver un équilibre, en laissant son inspiration être un apport à notre façon de penser et non une loi qui s'y substituerait.

Pierres de la classe « Destinée »

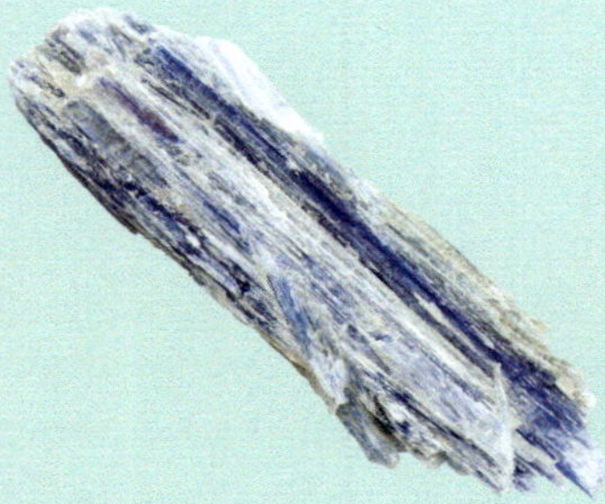

Cyanite bleue
Composition chimique :
Al2SiO5
Puissance :
Disponibilité :

Classe lithosophique n°81

Échanges

Caractéristiques

- Bleu clair : tolérance, communication, sérénité.
- Triclinique : s'adapter aux événements extérieurs.
- Chakra associé : gorge.

Influence

Face à la nécessité imposée par les conditions extérieures, il nous devient essentiel de transmettre et de recevoir l'information. Limpide et fidèle à l'ensemble de nos perceptions sensibles, notre communication se fait outil de notre avancée vers l'autre. Au travers de l'influence de la classe n°81, les discussions deviennent des occasions de trouver la tranquillité intérieure, en nous entourant face à l'ensemble des enjeux que nous côtoyons. Nous apprenons à y voir plus clair grâce aux autres et nous sentons moins seuls face aux événements.

Nous pouvons ainsi nous appuyer sur les pierres de cette classe pour apprendre à nous renforcer par la communication. Transmettre ce qui est nécessaire quand les conditions l'exigent, trouver les ressources d'adaptation pour que notre relationnel trouve une meilleure voie de développement, ou encore identifier et intégrer les signaux qui nous « montrent » la voie de la compréhension de l'autre… autant de résultats pouvant être obtenus au contact de la classe « Échanges » dont la ligne conductrice est l'amélioration par le lâcher-prise.

Nous comptons deux pierres parmi les représentantes de cette classe. Le larimar, premièrement, est une variété très populaire depuis sa découverte en république dominicaine. Les qualités disponibles sur le marché peuvent toutefois varier grandement, et les tarifs se montrer élevés pour une pierre opaque. Vient ensuite la turquoise, variété incontournable de l'étude de l'influence minérale, qui ornait les tombes des pharaons et est connue encore aujourd'hui comme pierre de passage.

Augmentant grandement la sensibilité aux avis et jugements extérieurs, on veillera toutefois à ne pas abuser de cette classe en cas de vulnérabilité déjà présente (critiques mal vécues, estime ou ego manquants…) ou d'exposition régulière à de l'hostilité, qu'elle soit pleinement déclarée ou simplement imposée par des comportements passifs-agressifs. Il sera alors conseillé de se tourner vers des pierres noires ou quadratiques pour tempérer la sensibilité ouverte.

Pierres de la classe « Échanges »

Larimar

Composition chimique : NaCa2Si3O8(OH)

Puissance :

Disponibilité :

Turquoise

Composition chimique : CuAl6(PO4)4(OH)8•4(H2O)

Puissance :

Disponibilité :

Classe lithosophique n°82

Acceptation

Caractéristiques

- Vert : valeurs, idéaux, émotions liées à des principes.
- Triclinique : s'adapter aux événements extérieurs.
- Chakra associé : cœur.

Influence

Tranquilliser notre cœur face aux déceptions, telle est la tâche de la classe n°82. C'est en permettant à nos émotions d'intégrer la réalité qui nous entoure, en nous permettant de la sentir et de nous en imprégner comme d'un vécu intérieur que nous pouvons dissoudre certaines oppositions. Ainsi est-il possible de tranquilliser les sentiments d'injustice ou encore de cicatriser les désillusions, tout en laissant le constat de la souffrance première devenir un moteur pour œuvrer à approcher la réalité humaine de nos idéaux.

Nous ferons appel à la classe « Acceptation » dès que la réalité rattrape nos aspirations, rêves et principes, pour imposer la preuve d'un impossible ou d'une illusion. Puisque quelles que soient les difficultés rencontrées, la majeure part de la réussite vient de notre capacité à y croire, notre travail sera dès lors d'intégrer les expériences que nous apporte l'épreuve pour ensuite nourrir une nouvelle foi, répondant à des critères plus ajustés. C'est là l'œuvre de cette classe qui peut, dans les plus durs moments, paraître contraignante avant de se montrer salvatrice.

L'amazonite, pierre très abordable et disponible dans la plupart des enseignes, nous permet d'accéder à cette précieuse influence très aisément. Très rassurante, elle est souvent mieux tolérée par les personnes ayant des difficultés à approcher les pierres vertes que les autres variétés de cette teinte. Enfin, la cyanite verte permet d'explorer la classe N°82 avec plus de fraîcheur et de légèreté. Chacun pourra distinguer ses préférences par sensibilisation.

La mesure à surveiller est ici celle de l'étouffement de nos ressources d'avancée. Si l'acceptation de cette classe peut cicatriser, elle peut également anesthésier en préservant l'individu dans une perspective belle mais peu à l'écoute de la colère ou des souffrances. N'oublions pas que nos sentiments « négatifs » sont là pour nous avertir d'une situation problématique pour nous, et que s'ils ne peuvent nous régir, ils n'en demeurent pas moins de précieux gardiens de notre équilibre.

Pierres de la classe « Acceptation »

Amazonite

Composition chimique :
KAlSi3O8

Puissance :

Disponibilité :

Cyanite verte

Composition chimique :
Al2SiO5

Puissance :

Disponibilité :

Classe lithosophique n°83

Modestie

Caractéristiques

- Rose : lien, importance donnée, émotions liées à des éléments existants.
- Triclinique : s'adapter aux événements extérieurs.
- Chakra associé : cœur.

Influence

Ressentir profondément l'état de fait des liens émotionnels qui nous entourent est essentiel pour trouver une sérénité intérieure face au déroulement de l'existence. Cette caractéristique fait de la classe n°83 un incontournable qui nous aidera précieusement en de nombreuses occasions de la vie. Qu'il s'agisse de sentiments qui ne trouveront pas satisfaction (amour non réciproque, manque d'une personne éloignée ou décédée, regrets de ce qu'on a perdu...) ou de perspectives auxquelles l'on n'ose pas croire (rencontre de la personne idéale, opportunités de réaliser un rêve...), cette classe nous invite à ajuster notre moteur émotionnel à ce qui est.

On pourra s'en servir pour nous apaiser après une rupture, après un changement de vie forcé dont on regrette les anciennes habitudes, ou plus durement, après la perte d'un être cher. Loin de nous couper du souvenir, de la mémoire ou du respect de ce qui est fini, elle nous amène à intégrer le présent pour nous permettre d'avancer. Chérir ce que l'on a aimé avec une tranquillité suffisante pour ne pas en être paralysés, tel est le don de la classe « Modestie ». Face à des perspectives idéales s'offrant à nous, elle nous permet d'intégrer le mouvement avec l'enthousiasme du rêve atteint, tout en tendant progressivement à un réalisme salvateur.

La représentante de cette classe est la rhodonite. Pierre incontournable de résilience émotionnelle, elle est le professeur de notre cœur, permettant d'y intégrer les leçons sans l'éteindre. Les qualités de la rhodonite varient des pièces opaques avec zones de noir, ou plus pâles comme celle du Pérou, jusqu'à des pièces gemme et rose vif très rares que l'on trouvera occasionnellement dans les circuits collectionneurs.

Le risque d'excès est comme pour toutes les pierres tricliniques celui de la passivité. Attendre que les « autorisations » du destin déterminent notre droit à nous investir émotionnellement ou notre devoir de prendre des distances et un extrême nous privant de notre spontanéité d'existence. On se tournera alors vers des systèmes plus libres comme le monoclinique ou amorphe.

Pierres de la classe « Modestie »

Rhodonite

Composition chimique : $(Mn,Fe,Mg,Ca)SiO_3$

Puissance :

Disponibilité :

Classe lithosophique n°84

Intégration

Caractéristiques

- Jaune : présence dans le collectif, charisme, rayonnement.
- Triclinique : s'adapter aux événements extérieurs.
- Chakra associé : plexus solaire.

Influence

Exister au monde signifie également faire partie d'un ensemble, d'un tout, d'une trame. Cette nuance du rayonnement personnel, nous mettant en corrélation avec les forces qui nous entoure permet une présence tout en nuance et en justesse. Sentir sa propre place, non la plus forte ni la plus commode, simplement celle qui nous sied tant par notre capacité à la remplir que par la nécessité de notre présence devient alors un art où ressenti et observation se mêlent pour obtenir le meilleur des situations rencontrées.

Cette classe nous permet ainsi un ajustement de notre posture. Avons-nous été trop dirigistes dans nos comportements récents, ou au contraire, n'avons-nous pas su faire valoir nos talents et leur donner leur juste place d'épanouissement face aux opportunités. Nos radars nous guident ici vers le juste rayonnement à adopter, nous permettant de sentir plus nettement les impossibles ou de nous lancer plus pleinement dans les voies ouvertes, pour une émanation en accord avec notre environnement et les possibilités qu'il nous offre.

Cousine proche de la labradorite, la bytownite également appelée « labradorite dorée » ne partage pourtant pas du tout son apparence. Pierre jaune pâle translucide, pouvant se confondre avec certaines citrines naturelles, elle est la représentante la plus abordable de la classe

« Intégration ». Pour une puissance d'impact plus marquante ce sera l'amblygonite jaune qui sera à l'honneur pour une imprégnation plus imposée de ces « desseins de la vie » qui nous mènent à une acceptation de notre place induite.

La vigilance que nous poserons ici se résume par le fait qu'une estime ne s'abîme que parce que la flamme s'éteint. Aussi la « justesse » de la classe n°84 ne peut être profitable qu'en compagnie d'une confiance demeurée intacte. Lorsque nos sensations nous conduisent à démissionner de notre rayonnement pour adopter une place par dépit, il est alors temps de laisser de côté cette influence.

Pierres de la classe « Intégration »

Bytownite

Composition chimique :

(Ca,Na)AlSi3O8

Puissance :

Disponibilité :

Amblygonite jaune

Composition chimique :

Li,Na)Al(PO4)(F,OH)

Puissance :

Disponibilité :

Classe lithosophique n °85

Émerveillement

Caractéristiques

- Orange : spontanéité, appréciation du moment présent, sentir le monde.
- Triclinique : s'adapter aux événements extérieurs.
- Chakra associé : sacré.

Influence

Apprécier ce que l'environnement et la vie nous offrent constitue l'essence de la classe n°85. Véritable source de reconnaissance envers le monde qui nous entoure, tant au sens d'en accueillir la perception que d'en éprouver de la gratitude, cette influence nous éveille à un enthousiasme sans cesse renouvelé, sans cesse porté vers de nouveaux objets. Tout devient inspiration potentielle à son contact, tout ce qui nous est offert d'expérimenter devient occasion d'une grande aventure.

On pourra ainsi mettre à profit cette dynamique capable de rendre chaque petite chose exceptionnelle à nos yeux pour ranimer la flamme d'un «Émerveillement » éteint, pour donner à notre quotidien un nouveau souffle de vie lorsque tout nous semble banal et attendu. Nous pouvons dès lors redécouvrir d'un regard neuf ce que nous côtoyons chaque jour sans en voir l'infinité de possibilités. Classe de jeunesse éternelle, de renouvellement de la vie en nous, elle nous nourrit en passant par l'âme, pour ne plus craindre ce que le temps ne manquera pas de nous enlever.

Si la pierre de soleil, principale représentante de cette classe, est plus largement répandue dans des qualités présentant de nombreuses zones blanches avec quelques reflets orangés, elle peut se trouver en belles qualités avec une couleur orange intense, miroitant sur l'ensemble de la surface. On évitera de la confondre avec les verres pailletés brun-orangé couramment vendus dans les enseignes grand public bien que fabriquées de main de l'homme. On disposera enfin de la cyanite orange, dont les belles nuances orange offrent une belle intensité d'impact.

La précaution de cette classe sera moins tranchée que pour les autres teintes en triclinique. Il est question de s'assurer qu'il nous est toujours possible d'exprimer et de rechercher nos moments agréables. La posture d'émerveillement étant relativement passive, il nous appartient de ne pas la laisser devenir une prison aliénante.

Pierres de la classe « Émerveillement »

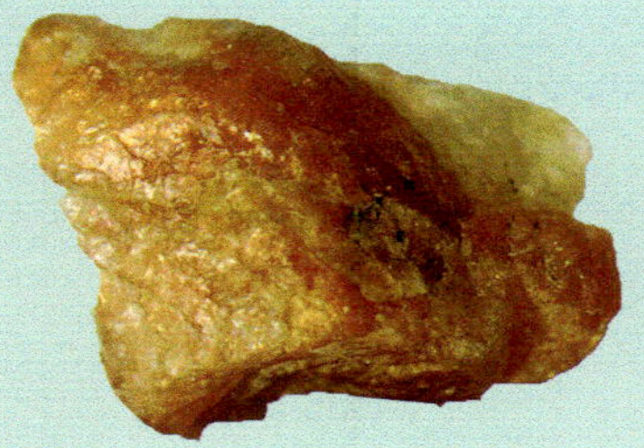

Pierre de soleil
Composition chimique :
(Ca,Na)AlSi3O8
Puissance :
Disponibilité :

Cyanite orange
Composition chimique :
Al2SiO5
Puissance :
Disponibilité :

Classe lithosophique n°86

Quête

Caractéristiques

- Rouge : affirmation de soi, volonté, force d'action.
- Triclinique : s'adapter aux événements extérieurs.
- Chakra associé : base.

Influence

Canaliser la force de notre corps, de notre existence, de notre affirmation vers un sens. C'est là l'enjeu de la classe n°86. Notre ressource première peut ainsi ne plus être seule, et participer du tout dans lequel elle trouve sa réalisation factuelle. Résultat dans le monde et existence personnelle entrent alors en synergie pour laisser l'un trouver l'essence de son avancée en l'autre dans un échange réciproque. Notre âme se lie dès lors à ce qu'elle peut sillonner en harmonie avec la trame qui la guide.

Il nous sera précieux de faire appel à cette classe dès lors qu'il nous faut épouser le mouvement qui nous entoure pour avancer. Lorsque nous ne disposons pas de but visible tout en ressentant le besoin de donner sens, lorsque nous ne savons pas encore ce qui est bon pour nous tout en sachant que la stagnation ne l'est manifestement pas… c'est en ces moments que la classe « Quête » nous permettra de nous appuyer sur notre existence première et irréductible pour poser un pied devant l'autre et faire confiance aux événements à venir pour résoudre notre énigme du moment.

Une unique pierre nous permettra de nous approcher de cette influence. Il s'agit de l'astrophyllite, variété opaque aux reflets rougeâtres. Cette pierre cumule la dynamique très exaltée de la classe n°86 avec une stabilité de fond pleinement appréciable. Ainsi le sens investit dans notre « Quête » peut-il se montrer mature et construit plutôt que de se laisser emporter dans une fuite qui aurait tout de la fièvre adolescente.

Notre soif de sens étant ici simplement guidée par les pas que nous franchissons, il est essentiel de préserver une excellente écoute de soi au cours de notre épopée en compagnie de la classe n°86. Bien que précieuse pour développer une confiance en la vie, elle est également une porte pour se laisser déterminer par des combats qui ne sont pas les nôtres. On restera dès lors vigilants à ne porter que les bannières qui parlent à notre âme et non la simple première se présentant à notre route.

Pierres de la classe « Quête »

Astrophyllite

Composition chimique :

$K_2Na(Fe,Mn)_7Ti_2Si_8O_{26}(OH)_4$

Puissance :

Disponibilité :

Classe lithosophique n°87

Confiance

Caractéristiques

- Marron : connexion à la matière, imprégnation des réalités matérielles et temporelles.
- Triclinique : s'adapter aux événements extérieurs.
- Chakra associé : base.

Influence

La sécurité par le lâcher-prise, nous sommes avec cette classe face au plus grand paradoxe de la lithosophie, et pourtant le plus enrichissant. Puisque si notre sentiment de maîtrise et de domination sur les situations nous donne l'impression d'être inatteignables, il ne fait que se rigidifier dans la crainte au constat progressif que rien, même le plus grand des pouvoirs ne saurait être éternel. Aussi la classe « Confiance » nous conduit-elle à cette sécurité ultime, par laquelle nous ressentons profondément qu'en toute tournure des événements, une voie de stabilité nous y attend, que quoi qu'il arrive, « tout se passera bien ».

Capable de développer en nous un ancrage mature, cette alliée nous sera d'un grand secours dans les périodes de changements, de chamboulement, de transformation, lorsque nos repères sont remis en question ou détruits pour laisser place à de nouveaux modes de vie. Véritable socle de notre capacité à rebondir, la classe n°87 nous rappelle si nous la connaissions, nous apprend si nous la découvrons, la sensation de la stabilité la plus essentielle, celle qui nous vient de notre simple existence en ce monde et non des atouts extérieurs à même de nous préserver.

La pierre correspondant à cette classe « Confiance » est l'axinite. Petite rareté présentant un pléochroïsme (changement de couleur en fonction de l'angle d'observation) passant du marron au rougeâtre. Associant sentiment personnel de sécurité et volonté de s'en sortir pour faire des épreuves un apprentissage, elle est le professeur rêvé des épreuves de vie. Difficile à trouver, elle pourra être consultée auprès de lithosophes professionnels, l'accompagnement étant aussi essentiel que la pierre elle-même lors des périodes de crises.

On veillera ainsi à laisser l'axinite de côté lorsque nous retrouvons une stabilité de vie. Pudique dans sa prise de territoire, elle est dès lors peu propice à une installation solide dans un mode de vie. Face à une sécurité de fait, son sentiment de pouvoir tout perdre à tout instant pourrait alors travailler contre notre épanouissement en nourrissant des craintes.

Pierres de la classe « Confiance »

Axinite

Composition chimique :

$Ca_2FeAl_2BO_3Si_4O_{12}(OH)$

Puissance :

Disponibilité :

Classe lithosophique n°88

Transformation

Caractéristiques

- Noir : introspection, connaissance de soi, ressenti de nos besoins.
- Triclinique : s'adapter aux événements extérieurs.
- Chakra associé : base.

Influence

Intégrer au plus profond de soi les expériences que nous traversons, les conséquences de nos choix comme les impondérables subits, pour en forger notre âme avec plus de bagage, plus de réalisme et plus de ressources nous permettant d'aller de l'avant. C'est là le message de la dernière des classes, la fin du cycle, celle qui nous met face à ce que nous ne pouvons changer, et qui par conséquent exigera que nous changions. Adaptation la plus profonde et la plus intime, elle est à la fois acceptation et évolution, pour épouser l'ordre du monde avec harmonie et paix.

Classe de finalisation de nos deuils, d'aboutissement de nos changements de cap, elle est incontournable lorsqu'il nous faut laisser notre moi passé derrière nous, dire adieu à de anciennes habitudes et fonctionnements en vue d'un meilleur à venir. Elle permet de nous souvenir sans regretter, de nous appuyer sur la route parcourue sans en dépendre. On appliquera ainsi la classe « Transformation » à toute période d'acceptation de l'évolution parcourue et des changements entraînés. Reine des mises à jour, elle nous permet d'intégrer pleinement la nouvelle personne que nous sommes devenus au fil des pérégrinations.

C'est la cyanite noire qui représentera cette classe. Peu diffusée et pourtant trouvée en quantités raisonnables, nous gagnerions à voir la disponibilité de cette pierre s'améliorer. Seule variété noire à même de générer une profonde acceptation, elle se voit irremplaçable dans une approche lithosophique. Comme de nombreuses pierres noires, sa puissance nuancée est accentuée par l'intensité du travail qu'elle procure.

Cette classe de soumission intérieure aux événements se doit toutefois d'être appliquée avec une observation de soi alerte. Les signes d'abattement, de mélancolie ou de tension instinctives doivent nous servir ici à arrêter le travail. Il se peut alors que d'autres étapes d'acceptation (émotionnelle, de confiance, etc.) ne soient pas encore suffisamment mûres pour aboutir cette phase finale.

Pierres de la classe « Transformation »

Cyanite noire

Composition chimique :
Al_2SiO_5

Puissance :

Disponibilité :

Avez-vous aimé Les Pierres d'épanouissement ?

Si vous avez aimé ce livre, nous aimerions vous demander une petite faveur en retour. L'écriture d'un ouvrage représente des mois d'écriture et souvent de longues années de travail en amont pour acquérir les connaissances nécessaires. C'est pourquoi, si vous le voulez bien, nous vous serions reconnaissants de prendre quelques minutes pour parler de ce livre autour de vous, à vos amis, à vos libraires, sur les forums, blogs, sites web, pages, réseaux sociaux etc., mais aussi pour laisser un avis sur les sites de vente en ligne.

Vos commentaires participent beaucoup à la visibilité du travail de nos auteurs, mais les aident (et nous aident) aussi à mieux cerner vos attentes, à apporter des améliorations à leur travail et à écrire des ouvrages sur d'autres sujets qui pourraient vous intéresser.

Un livre ne vit et n'existe que lorsqu'il se partage et devient accessible à d'autres. Or, cela ne peut se faire que s'ils en entendent parler. Voilà pourquoi votre participation est aussi importante, et pourquoi nous nous en remettons à vous.

Ouvrages du même éditeur

Les Pierres au Quotidien

AUTEUR : JULIA BOSCHIERO

Alors que la littérature abonde de dictionnaires des pierres relatant leurs nombreuses propriétés physiques et psycho-emotionnelles, rares sont les ouvrages qui initient vraiment le lecteur aux applications pratiques de la lithothérapie. Pourtant, on ne saurait limiter cette discipline au descriptif de ses outils tant la subtilité de son influence peut être enrichie par une bonne utilisation des pierres.

Telle est la vocation de cet ouvrage: Vous permettre d'employer au mieux la magie du monde minéral dans votre vie de tous les jours.

Laissez-vous envoûter par la beauté des pierres et la douceur de leurs bienfaits, et découvrez au travers de ce livre résolument didactique et magnifiquement illustré les multiples usages qui offriront à toutes les facettes de votre être soutien et influences bienfaisantes. De l'acquisition de vos pierres jusqu'au choix d'utilisation le plus pertinent pour résoudre une problématique, en passant par la compréhension des phénomènes en jeu et de ce qu'ils peuvent vous apporter, cet ouvrage vous accompagnera tout au long de votre découverte de la pierre et de son accueil dans votre vie.

Broché 15 x 21 - Illustrations Couleurs - 271 pages

Purification : Principes & Méthodes

AUTEUR : ARNAUD THULY

Peu de phénomènes ésotériques sont aussi conseillés et nécessaires que la purification. Purifier des lieux, des objets ou des personnes fait partie de la vie quasi-quotidienne des praticiens de toutes les disciplines énergétiques. Mais si beaucoup d'ouvrages ou de sagesses traditionnelles reprennent le sujet, aucune étude du phénomène n'a jusqu'à aujourd'hui été publiée dans le but d'aider les praticiens à en comprendre les mécanismes sous-jacents et à en percer ainsi les nombreux mystères.

Fruit de longues recherches menées en France, en Angleterre et aux Etats-Unis, cet ouvrage unique vous plongera dans le monde des énergies et ses subtilités, contribuant à vous faire découvrir les principes et les fonctionnements qui régissent toutes les formes de purification.

Apprenez à observer et à comprendre en profondeur les fonctionnements des émanations subtiles qui nous entourent afin de choisir la méthode de purification la plus adaptée à votre besoin. Découvrez comment utiliser simplement et efficacement toute une panoplie de techniques qui vous permettront de préserver bien-être et équilibre énergétique tant pour vous-même que pour vos proches.

Broché 15 x 21 - Illustrations N&B - 200 pages

Plantes & Encens de Purification

Auteur : Arnaud Thuly

Depuis l'aube de l'humanité et par delà toutes les civilisations humaines, les plantes et encens ont été perçus comme des sources de forces magiques et divines. Un sentiment légitime, entretenu par le caractère sacré qu'ils pouvaient revêtir, induit entre autres par leurs propriétés pharmaceutiques.

Mais ce qui a prévalu dans cette sacralisation, c'est la recherche des plantes et encens purificateurs : permettre l'acte divin ou magique sans être affecté par des énergies néfastes et perturbantes, pouvoir vivre sereinement au sein de son habitat ou repousser les entités et les esprits néfastes afin d'assurer à chacun une vie saine et préservée.

Cette quête a cependant mené à beaucoup d'attributions erronées et de raccourcis sur les propriétés purifiantes des plantes et encens, parfois par simple amalgame, parfois dans le seul but d'en faciliter le commerce. Ces abus obligent aujourd'hui à faire le point pour écarter les faux-semblants et remettre en lumière les merveilles que la nature nous offre pour purifier.

Après Purification : Principes & Méthodes, Arnaud Thuly met aujourd'hui à disposition des années de recherche méthodique sur les propriétés énergétiques et purifiantes des plantes et des encens, en nous livrant enfin tous leurs secrets.

Broché 15 x 21 - Illustrations N&B - 438 pages

Crédits photographiques

istock :

Fred_Pinheiro : p.1, p.181 (tourmaline verte, dioptase) ; Michael Young : p.14-15 ; benemaleistock : p.17 ; Haluk Köhserli : p.18, p.46, p.99, p.169, p.176 (tourmaline bleue), p.204 (aigue-marine) ; baona : p.21 ; efired : p.23 ; DrPAS : p.25, p.138 ; CoffeeAndMilk : p.26 ; Victor_Tongdee : p.28, p.110 ; photominus : p.30 ; ClaudioVentrella : p.32-33 ; Givaga : p.35 ; rzoze19 : p.37 ; mihtiander : p.38 ; knape : p.41 ; vernonwiley : p.42, p.155 ; nico_blue : p.43 ; valentinrussanov : p.45 ; FrancescoCorticchia : p.47 ; ronstik : p.49 ; fcscafeine : p.50 ; VeraPetruk : p.53 ; martin-dm : p.55, p.157 ; KAV : p.56, p.59 ; Serena Williamson : P.60, p.65, p.73 ; Linnas : p.62 ; Avesun : p.63 ; vvvita : p.66 ; amygdala_imagery : p.69 ; Janny2 : p.71 ; therightthumb : p.74-75 ; Arndt_Vladimir : p.77 ; peepo : p.78 ; gremlin : p.81 ; RomoloTavani : p.82, p.90, p.152 ; BreakingTheWalls : p.85 ; Antonprado : p.86 ; Ellerslie77 : p.88 ; Missing35mm : p.92-93 ; XiXinXing : p.95 ; OSORIOartist : p.97 ; tjasam : p.100 ; sankai : p.103 ; RossHelen : p.104-105 ; cherrybeans : p.106 ; metamorworks : p.107 ; Airubon : p.108 ; Rolfvandewal : p.111 ; taden : p.113 ; Elena-studio : p.115 ; lamiquela : p.116 ; LazingBee : p.118 ; Redline96 : p.121 ; ChesiireCat : p.122 ; shapecharge: p.124 ; alphaspirit : p.127 ; Jacob Ammentorp Lund : p.129 ; kieferpix : p.130 ; AlSimonov : p.133 ; Rawpixel : p.134-135 ; Muhamad Firhand Azmi : p.137 ; francescoch : p.141 ; Khongtham : p.142 ; Dafinchi : p.145, p.148-149, p.158-159, p.213 ; boule13 : p.147 ; sanjeri : p.151 ; Akkaradet : p.161 ; Diy13 : p.163 ; mirecca : p.165 ; aleskramer : p.166-167 ; danyskar : p.174 ; Dafinchi : p.213 ; TomekD76 : p.274 (cavansite) ; halock : ; travelpixpro : p.270 (topaze incolore) ; Obradovic : p.180 (chrysoprase), p.184 (quartz rose), p.331 (kunzite) ; Reimphoto : p.215 (béryl rouge), p.233, p.234 (grenat rhodolite), p.240 (spinelle rouge) ; Anna Usova : p.354 ; J-Palys : p.176 (saphir bleu) ; Reload_Studio : p.178 (calcédoine bleue) ; bjphotographs : p.178 (calcite bleue), p.200 (sugilite), p.319 (sélénite) ; mikheewnik : p.178 (tourmaline paraïba) ; benedek : p.180 (jaspe vert), p.202 (apatite bleue), p.225, p.226 (sodalite), p.305, p.328 (malachite) ; VvoeVale : p.180 (calcite verte), p.187 (jaspe jaune), p.196 (onyx), p.291 (bronzite), p.328 (fuchsite), p.341 (aegirine) ; Fred_Pinheiro : ; Willscape : p.183, p.184 (tourmaline rose) ; Stellar-Serbia : p.184 (calcite rose), p.208 (morganite) ; lermannika : p.184 (rhodochrosite); SageElyse : p.187 (calcite jaune); celticsky : p.189 (calcite orange) ; Epitavi : p.192 (jaspe rouge) ; Takis_Milonas p.194 (bois fossile) ; AndreasKermann p.196 (tourmaline noire) ; Willscape : p.202 (bénitoïte) ; Byjeng : p.206 (émeraude) ; MarcelC : p.211 (mimétite) ; ProArtWork :p.221 (diamant incolore) ; BruceBlock p.223 (fluorite violette) ; ABGlavin : p.231 (fluorite verte) ; PLG : p.236 (fluorite jaune) ; MissNiss : p.270 (danburite incolore) ; miriam-doerr : p.272 (purpurite) ; Kerrick : p.291 (chiastolite), p.324 (azurite), p.344 (ulexite), p.350 (larimar) ; wiiz : p.348 (cyanite bleue) ; phodo : p.352 (amazonite).

Julia Boschiero :

p.172 (calcite optique, magnésite, saphir incolore, phénacite), p.177 (saphir violet), p.181 (saphir vert), p.184 (saphir rose), p.186, p.187 (citrine, saphir jaune, tourmaline jaune), p.189 (cornaline, agate de feu), p.191, p.192 (hématite, rubis, cinabre, proustite), p.194 (quartz fumé, tourmaline dravite), p.198, p.200 (apatite violette), p.202 (covellite), p.204 (jeremejevite), p.206 (apatite verte), p.208 (apatite rose), p.210, p.211 (apatite jaune, héliodore, thaumasite), p.215 (painite), p.217, p.219, p.221 (fluorite incolore), p.223 (spinelle violet), p.226 (spinelle bleu, lazurite, boléite), p.228, p.230, p.231 (grenat tsavorite, grenat uvarovite, grenat démantoïde), p.234 (fluorite rose, spinelle rose, diamant rose), p.236 (diamant jaune), p.238, p.240 (cuprite, grenat almandin), p.242, p.244, p.246 (zircon incolore), p.248, p.250, p.252, p.254, p.255, p.256, p.257, p.261, p.262, p.264, p.265, p.268, p.270 (cérusite), p.272 (tanzanite), p.274 (dumortierite, cordiérite), p.276, p.277, p.279, p.280, p.281, p.282, p.284, p.285, p.287, p.289, p.291 (enstatite), p.293, p.295, p.297, p.299, p.301, p.303, p.307, p.309, p.311, p.313, p.314, p.316, p.317, p.319 (pierre de lune blanche), p.320, p.322, p.324 (lazulite, euclase bleu foncé), p.326, p.329 (séraphinite, vivianite, sphène), p.331 (pétalite rose), p.333, p.335, p.337, p.339, p.341 (pierre de lune noire, psilomelane), p.342, p.344 (pierre de lune arc-en-ciel, amblygonite incolore), p.346, p.350 (turquoise), p.352 (cyanite verte), p.356, p.358, p.360, p.362, p.364.

lithosophia@gmail.com 06 58 11 31 20

LITHOSOPHIA

FORMATION CERTIFIANTE

Cusus sur trois ans
17 jours résidentiels par an
Accès à l'ensemble des pierres de Lithosophie
Accompagnement de l'installation professionnelle

Information et inscriptions sur

www.lithosophia.com